Steven Lukes

史蒂芬・路克斯——著　林葦芸、陳雅馨——譯

獻給莎莉（Sally）

〈專文推薦〉

權力的千姿百態
及其三個維度，就三個！

葉浩

有一則源自十三世紀的古老故事，在二十世紀中以底下的版本開始流傳於社會科學領域之中。警察問路燈下的醉漢在找什麼，醉漢回說是鑰匙，警察接著問「是掉在燈下嗎？」，醉漢答說：「不是，是在對面那邊的草地。」警察於是又問：「不在燈下，那你為何在這邊找？」醉漢再答：「因為只有這邊才看得到呀！」

1974年問世的《權力：基進觀點》（*Power: A Radical View*），大抵在批評當時美國政治學界關於「權力」議題的論辯雙方不過是十步笑百步，都某程度上犯了類似上述的謬誤，因為他們都只關注在自己能看到的事物之上。而該書的副標，意味著本書將直指權力運作更深層且相對難以察覺的根本基礎，並藉此說明何為適當的研究方法，以及政治上該採取何種回應方式才能瓦解不當的權力運作。

根據本書的理解，爭論的雙方基本上可分為單向度和雙向度的理解，前者聚焦於誰在某一競爭或衝突當中勝出（例如誰最後決定了什麼政策或哪個議題成為政策的主軸，誰就是權力大的一方），後者則同時關注到了誰能阻止哪些議題被搬上議事檯面，或者不讓衝突浮上檯面。而作者認為，雖然雙向度的理解較為完整，但仍不足以掌握全貌，因為那還忽略了權力運作的第三個向度：徹底根除衝突之存在的能力，例如透過細膩的操控手段讓弱勢者不認為受到壓迫，甚至樂於接受並認可受支配的模式。

借用電影《葉問2》當中主角與英國拳王的擂台賽來說，單向度者看的是誰在擂台上打倒對方，雙向度者則注意到了英國拳王一亂陣腳裁判就改了規則，讓藉腳下功夫來改良詠春拳的葉問頓時處於劣勢，但三向度觀則更加關注到了為何會有這樣的擂台賽和怎麼會有人能接受這種比賽形式甚至認為那是公平競爭之類的問題。

尤需注意的是，本書主張三向度觀點才算完整，而非其他兩種觀點都是錯的，畢竟，三向度觀點本身也包含了其他兩種觀點，正如理解了何以有港人配合殖民官員促成一場不公平比賽，並不否定英國裁判展現了臨時改規則的權力或葉問終究打贏了這一件事。因此，關於「怎麼看待」權力才對這件事上，本書首要是論證從不同「向度」（dimension）來理解的差異，不是面向或層次問題，且爭的是完整與否，而非簡單二分的對錯。

然而當思維轉移到如何反抗權力之際，三種觀點也各自意味著不同方式：奮力打到對方，阻止任意改變拳賽規則，還是乾脆拆了擂台或至少不讓這種一開始即不公平的拳賽舉行，三者涉及了截然不同的策略與成敗條件。換言之，理解權力的方式形塑了人們對抗權力的方式，甚至也會影響到能不能「看到」權力運作的不當之處。實踐上，採取狹隘視野的方法論將導致了道德上對某些壓迫的漠視，從而在政治上無所作爲。若事只關己，眼不見爲淨或許可說是明哲保身之道，但對其他受迫者的無視，絕非是一種道德上的選擇。

至此我們才略窺作者路克斯（Steven Lukes）在三十三歲出版本書時的膽試與學術野心。本書初版即從研究方法及其道德意涵的角度，暗批了美國的實證主義與行爲主義，並揭露他們如何從方法論立場將許多形式的壓迫與奴役排除在視線之外，書中提出的三向度權力觀則提供了一種分析形塑人們價值觀的各種政治操作與意識形態之工具，並藉此一方面指出隱晦幽微的宰制與壓迫形式，一方面進行批判且提出解放的方向。

然而本書之所以是一本經典著作，不僅在於它指出並示範了批判與解放才是社會科學的志業所在，不該以方法論來逃避扎扎實實的學術研究，也因它預見了日後的幾場典範之爭。事實上，路克斯本人也無役不與，因此有了再版以及這本第三版。此時的主戰場是共和主義與自由主義之爭，以及三向度的權力觀是否還足以分析各種新形式的宰制模式。

路克斯指出了共和主義對「支配」的理解缺失，並主張三向度觀點即可，無需畫蛇添足。身爲受業弟子的筆者，似乎還深受英國師徒制的支配。

2021/7/30

本文作者國立政治大學政治學系副教授

〈專文推薦〉

走出經驗主義與實證主義

陳墇津

有關「權力」這個主題的作品，現在坊間能夠見到者多如過江之鯽。但是能夠歷經考驗，觀點創新發人深省者，爲數就不多了。本書是一本反省性質的作品。原書是歷經多年後再增訂，變成現在這種版本。本書作者引以爲自豪的地方是，儘管這是一本反省性的作品，但目前的版本（編按：第二版）除增加了第二章、第三章外，其餘的地方基本的論點幾乎都原封不動。一本書的論點能夠歷經三十多年的歷史和經驗的檢證，增補一些潤飾品，依原樣再在學術市場上自豪地端出來，可以說相當不簡單。

而且這本書隱藏了一段祕而不宣的學術祕密，就是美國學術界不能見容其他地區的學問，對於學術樹立了山頭，挾持了政治、經濟和工業的優勢，有了獨霸排斥的心態，但是作者也悄悄地把它原有的籓籬拆除了。這正是本書之所以能再度見長的原因。多年前，布迪厄（Pierre Bourdieu）就曾通過他和華康德（Loïc J. D. Wacquant）合著的《反省社會學導引》（*An Invitation to Reflexive Sociology*）嘆息，歐陸哲學要想到美洲大陸來產生影響大不易。這就無庸提及吸收和運用了。而本書作者居然能夠在英語世界無畏學術霸權的壓力，正面評估、坦然吸收和運用歐陸哲學的學理長處來討論問題，豐富見識，增加理論深度，實屬難得。

毋須諱言，歐陸自1968年以來，學術研究就有長足的進步。雖然這些學術研究的進展幾乎都出自左派或跟左派有關的人士，惟這種進展跟政治立場的派系無關，只能說這是人家研究學問的嚴謹和執著有以致也。這些學術研究發揮了本身特有的批判反省的精神，利用先輩原有的知識遺產，能夠見微知著，截長補短，終成一家之言。這些經過潛心研究發展出來的學問，確實發人深省，也能夠提升我們在知識上的認識，拓展我們研究上的視野。不過話說回來，一般別的門派或一般人對於這些學問要眞的能夠領略風騷，再進一步運用來研究學問，恐怕也不是那麼簡單。單是思考的角度不同，看個概念或瞭解個論點，可能持不同角度者折騰了半天，還摸不清所以然。而這些學問對於美國學術界來說，其中有些範疇和領域是根本就不會、也不可能研究和接觸的。這些學問討論的範疇和領域，倒不是無中生有或者不重要的，而是因爲視野的關係，在美國學術界（尤其是經驗主義和實證主義這一派）的眼界裡壓根兒就看不到。但是看不到，不是問題就不存在；只能說，研究還沒有到家。

本書的作者可能也是看到了歐陸學術研究的這些長處。書中不但推崇並引用了葛蘭西（Antonio Gramsci）、傅柯（Michel Foucault）的論點，還提到了布迪厄的思想。這在跟純粹經驗主義、實證主義或行爲科學有關的政治科學著作裡還很少見；因爲上述這些思想家的論點只有文化研究或討論它們相關思想的領域才會出現。應該說，這是一項長足的「進步」；因爲它打破了門戶之見，開始學習原先它所不知道的東西。這對於做學問確實是有幫助的；科學也正是這樣才建立起來的。

確實這本作品因爲有「行家出手」，暗中助一臂之力，讓它有不同凡響的效果。因此在它討論「權力」概念時，不單單能夠輕易地點出了別人所不能，還讓自己理解到：「較廣泛的權力概念的組成元素是可以被研究的，而且我們有充分理由以廣泛的角度理解權力。」因爲這樣，這本書也開創了在經驗主義和實證主義的領域進行學術研究的新視野。

本書作者的研究取向和吸取知識的態度是值得嘉許的。尤其這是從經驗主義和實證主義的領域跨出來的很好的「第一步」，也是很好的一本學習做學問的教材。這本書打從第一章起，便一步一步地告訴我們經驗主義和實證主義的研究會出現什麼問題，即使有所改進了（權力的第二向度），對於問題也還是深入得不夠。然後它又告訴我們，因爲什麼樣的「啓示」，才更體會出從「定義」上劃地自限的研究，出現了什麼樣的問題，又應該怎麼樣來跳脫。這是一種很好的反省歷程，對於學術的增進也確有助益。國際學術界這麼多年來就老是有屬於思想家的一些先輩感嘆，述說我們學術界的知識老是沒有準備好；也有人力主國際學術界要組成「國際學社」，共同捐棄成見，反省探索，以便站在紮實的科學基礎上，建立知識的大廈。不用說，本書這樣大方地跨出這一步，也樹立了良好的楷模。

不過，本書也不是沒有缺點。畢竟在一個地方裡久了，表情動作都難抹掉出身的痕跡。本書對於葛蘭西和傅柯等人的研究，可能還要下一點功夫；因爲連表述他們思想所使用的語言都講得有點繞口，更不用說他們的問題設定（problematics）了。這裡倒不是說「隔行如隔山」，而是說，要談論一件事，眞的是要下功夫去研究它的內容是什麼，不然學習到的東西就不深入，變成半調子了。當然瑕不掩瑜，本書的主力不在此，就無庸苛求太甚。每一本書都有每一本書的任務，既然它只是要提出「基進觀點」，那麼它的任務應該是已經完成了。我們只能期待本書作者在另一本作品，爲我們說明如何研究「第三向度」（或更多向度）的權力領域。

2006/09/07

本文爲本書第二版之推薦序

作者爲前政治大學國際關係研究中心研究員

〈導讀〉

紀念那些沒有發生、或者不再發生的抗爭與革命

陳嘉銘

《權力：基進觀點》在1974年的第一版，只是一本六十三頁的小書，可是竟成爲二十世紀最重要的政治學經典之一。這本書影響深遠，啓發了許多女性主義、種族主義、政治學和社會學的研究。作者史蒂芬・路克斯（Steven Lukes）在書中結合了無人能出其右的哲學分析能力以及對各種社會科學著作的驚人熟稔，做出了兩個重大貢獻。第一、在概念分析上，他幫助我們突破性地掌握了權力的概念。第二、在實質議題上，他揭穿了美國社會沒有權力支配者的謊言。

1960年代的政治科學家宣稱，基於他們對衝突的研究，美國社會是一個多元主義的民主社會，不同群體在不同議題取得上風，沒有一個權力集團在支配美國。路克斯揭露這個多元主義論述的虛假性。對路克斯來說，眞正深刻的權力，正彰顯在那些無聲無息的支配、那些沒有發生的抗爭、那些未曾發生的革命。

讓我們先回到一個讀者熟悉的問題。在一個有關香港民主抗爭的研討會中，我遇到一位來自中國的留學生義憤塡膺地

問：「爲什麼這些抗爭者可以造成人民正常生活的嚴重困擾？」他認爲中國的體制雖有缺陷，但是幫助上億人口脫貧，帶來經濟高速成長和龐大中產階級，在科學和產業上有極強競爭力，同時避免許多西方民主問題。他已經留學海外，了解西方民主，但仍然是中國體制的熱情支持者。

雖然中國社會仍有許多衝突和抗爭，但是不可否認，許多中國城市看起來繁榮發展、沒有衝突、缺乏抗爭，龐大的中產階級似乎自願支持共產黨的統治。我們可以說，「中國人民處於被權力支配的狀態，連他們的自願服從都是『虛假意識』嗎」？或者，他們的利益獲得足夠的滿足，因此我們不可忽視他們對體制的由衷支持？

對於這個問題，社會科學家有四種答案：

第一、權力必是可見的：沒有衝突就意謂著沒有權力存在。只有衝突發生時，我們觀察到有權力者的決策壓倒了無權力的人，我們才能知道權力的存在。既然沒有抗爭發生，可見中國政府以物質利益和認同利益的回報，讓人民的主觀偏好獲得充分滿足，因此由衷支持體制，支配並不存在。

第二、有些權力是隱密的：雖然沒有明顯的衝突發生，我們也觀察不到有權力者做出決策，但是如果我們觀察到人們廣泛地私下表達不滿，我們可以說中國人民公開的自願服從是僞裝的。有權力者可能透過「不做出任何政策決策的決定」，設定議程，讓衝突沒有機會浮上檯面。因此雖然抗爭不存在，但支配是存在的，只要我們挖掘出人們私底下的怨憤。

第三、有些權力是看不見的，而更少支配的體制是可能的：我們觀察不到明顯或隱性的衝突，可能意謂權力的支配更深遠。權力藉由形塑人們的認知、慾望、價値和目標，安穩獲得了人們自願的服從（willing compliance）。然而如果支配鬆懈了，人們更知道自己的「眞實利益」（real interest），人們就會起而反抗。中國人民的眞實利益不只是物質利益和民族認同滿足，而且包括：人人有平等尊嚴、人人把彼此當作目的自身對待、每個人都有平等權利，在互惠的關係中，去形塑自己的生活和發展自己的天賦。因此中國人民雖然沒有抗爭、沒有衝突、主觀覺得滿足、不覺得自己被支配，客觀上他們仍然被支配，他們的自願服從是虛假意識。

第四、有些權力是看不見的，但是所有體制都是權力遍布的體制。中國威權體制和西方民主資本主義體制沒有太大的差別，因爲人們在這兩個體制都被各種制度的權力規訓和塑造，人作爲主體都是被各種權力體制建構的，每個人都生活在無法逃脫的綿密權力微血管的支配之中。

正確答案顯然是這四種權力都存在中國社會之中。這四種答案的不同，牽涉到對權力概念的看法不同，而這又進一步反映出研究者的方法論的不同、對主觀偏好的評價不同以及價値選擇的不同。

第一種答案可以說是經濟學古典自由主義的答案，他們認爲人們的主觀偏好就代表他們全部的利益。這類研究者採取行爲主義的方法論，認爲我們只能從人們的行爲以及決策的做成，觀察到衝突的存在，也才能觀察到權力的存在。因此當中國廣大中產階級的主觀偏好獲得滿足，沒有衝突和抗爭，也就沒有權力支配的問題。這也是路克斯批評的權力的第一個維度觀點。正是因爲美國的行爲主義政治學者抱持這樣的觀點，所以他們會認爲美國是一個沒有權力支配的多元社會。

第二種答案則是修正主義者的答案，也是路克斯批評的權力第二個維度的觀點。他們不贊同可觀察到的衝突和決策，才顯示權力的存在，因爲有權力者可以藉由「不做成政策的決定」，讓許多重要的議題無法進入政治議程，無法獲得討論，我們因此觀察不到明顯的衝突。但是修正主義者仍然認爲主觀偏好是關鍵，除非被支配者私底下吐露不滿，否則我們無法判斷支配是否存在。路克斯認爲第二種維度的觀點確實讓權力的研究推進很大一步，即使衝突和抗爭沒有發生，我們仍然可以指認有權力者的支配。但是這種觀點的限制在他們認爲隱性的衝突是必要的。可是，如果許多被支配者沒有怨憤、自願服從，我們還可以說支配存在嗎？

路克斯捍衛的答案是第三種，他認爲權力有第三個維度。這種維度的權力，不只是隱密的，更是看不見的，或者我會說無聲無息。支配者不需做出決策，因爲這種權力透過日常的制度、常規、習慣、資訊控制等等方式直接塑造了人們的欲望、認知、價值和目標，使得人們自願地服從支配。

但是如果人們自願服從、沒有怨言，我們要如何說這是支配呢?這是路克斯最關鍵和獨到的論點：因爲他們的服從違反了他們的眞實利益。人們的主觀偏好不等於他們的眞實利益。路克斯這樣的觀點引起許多批評，因爲二十世紀的多數社會科學不歡迎眞實利益這樣的概念，他們尤其批評馬克思主義自以爲可以加諸眞實利益在擁有虛假意識的人們身上，帶來可怕的災難。路克斯把他自認爲的眞實利益硬塞給一般人民，只是學者傲慢的家父長主義。

路克斯在2005年的第二版中借用當代政治哲學著作捍衛了他的權力第三維度觀點。他借用史賓諾莎的詞彙說，我們可以將眞實利益理解爲「按照人們的本性和判斷的要求而活」。權力可以扭曲人們的判斷，帶來各種各樣「理性的失敗」，例如：以爲自己的低下地位是自然秩序或神意、以爲改變不可能、欺騙、操弄、認知偏誤、議題架構策略、統計的誤導等等。權力可以阻礙人本性的實現，例如阻礙基本善的實現（約翰・羅爾斯）、阻礙基本能力的發展（阿馬蒂亞・森、瑪莎・努斯邦）、否定人的基本認同身分（查理斯・泰勒）等等。

路克斯進一步說，支配者不需要有意地去行使第三維度的權力，支配可能是無意圖造成的後果（unintended consequences）。但是這不妨礙我們指認出哪些集體在支配。支配者是那些擁有權力，有責任改變制度，減少支配的人。雖然他們可能沒有認知到他們享受的體制支配了他人，但是他們事實上有能力去知道他們無意圖造成的後果，可是他們沒有這麼做，所以他們仍然要對支配負起責任。路克斯反對我們將支配的責任完全推給體制，好像結構可以完全決定人們的行動。對他來說，當我們使用權力和支配這些概念，我們就假設了人的能動性，有人需要對支配負責。

路克斯因此拒絕了第四種答案，也就是法國思想家米歇爾・傅柯（Michel Foucault）影響深遠的答案。傅柯認爲權力建構了人的各種細微紋理，包括人們的身體感受、認知、喜好、個性、欲望和論述。權力使得人們有能力以及有意願去遵循諸如：監獄的細瑣規定、心智健全的標準、身體健康的準則、性慾的作爲等等「正常的生活細節」。傅柯和路克斯一樣認爲，權力是看不見的、權力會塑造自願服從、權力的效果不是有權力者有意的設計。

但是，傅柯否定人有眞實利益，他認爲每個權力體制決定了它的眞理論述，我們只能從一個權力體制跳到另一個權力體制，沒有眞正的眞理可以幫助我們獲得眞正的解放。因此他不像路克斯認爲我們可以改革體制，讓人們更能「按照本性和判斷的要求而活」。傅柯也對指認支配者缺乏興趣，因爲他對每個人都被權力體制徹底建構更有興趣。

路克斯在2021年的第三版（也就是本書）持續和各種權力的新分析對話。他批評新共和主義對支配的分析忽略了權力的無意圖性、不夠注意到「眞實利益」的價值分歧影響到人們認知支配是否存在、也忽視了被塑造的自願性。他也指出大數據時代的權力對人的威脅在於製造「知識性的分心」（epistemic distraction），威脅到人們形成自己的偏好和價值的自主能力。

脫歐和川普時代，極低度的信任和混和訊息對人的威脅在於製造有毒的困惑和不確定性。這些對權力的洞澈都立基於他的第三維度的權力觀點。傅柯的權力概念顯然遠不如路克斯的好用。如果香港不再發生抗爭，難道支配不是更徹底了？難道我們無法辨認支配者是誰？

我們如何理解眞實利益，最終決定了我們採取什麼權力概念。對路克斯來說，雖然這導致了權力是一個本質上必然不斷被挑戰的概念，但是對社會科學的研究者來說，這不是諸神的價值之爭，我們可以從社會科學的扎實研究中，去探尋我們對眞實利益的假說是否正確。路克斯身兼哲學家和社會科學家的雙重身分始終讓我們深深著迷。

2021/7/20

寫於南港四分溪旁

本文作者爲中研院人社中心副研究員

〈導讀〉

啓蒙教授的解放之路

——在戰後西方社會科學發展脈絡中閱讀《權力：基進觀點（第二版）》

吳叡人

> 如果你想將一個暴君趕下王位，你必須先摧毀他在你心中築起的王位。
> 如果不是在你們自己的自由之中殘存著暴政，在你們自己的驕傲之中隱伏著羞愧，一個暴君如何能統治一群自由而驕傲的人民？
>
> ——紀伯倫（Khalil Gibran），《先知・自由》（"Freedom XIV," *The Prophet*）

1

牛津出身的路克斯（Steven Lukes）是一個典型的文藝復興人。他不僅博通百家，並且喜好與人爭辯或對話。在專業訓練上，他至少跨越了哲學、社會學與政治理論：以涂爾幹（Émile Durkheim）研究成名，但也涉入馬克思主義與道德哲學的糾葛；長期鑽研「結構與個人」的古典社會理論難題，卻又捲入當代政治哲學「自由與共同體」的論戰之中，並且爲了這場論戰還「不務正業」地寫了一本名噪一時的哲學小說《啓蒙教授漫遊記》（*The Curious Enlightenment of Professor Caritat*）；在謹守分際地討論哲學的「人論」（on person）之餘，又忍不住要對已故的社會人類學大師蓋爾納（Ernest Gellner）在遺著《語言與孤寂》（*Language and Solitude*）之中，挾馬林諾斯基（Bronislaw Malinowski）以批判維根斯坦（Ludwig Wittgenstein）的公案進行仲裁。在政治上，他在 1980 年代曾經支持英國攻打福克蘭群島，1990 年代則強烈主張西方應對紛爭中的巴爾幹半島進行人道干預，然而如今他堅定反對美英的伊拉克戰爭以及美國的新帝國主義，並且與希鈞斯（Christopher Hitchens）等九一一之後右轉的老左派知識份子公開論戰、正面決裂。

顯然，這是一位好奇心旺盛，道德感強烈的知識份子的圖像。我們在眾聲喧譁之中，不時聆聽到智慧與倫理雜沓而厚重的跫音。不過，故事還不僅止於此而已。這冊《權力：基進觀點（第二版）》，同樣也是「啓蒙教授」路克斯與世界這段漫長的齟齬、爭辯過程中，另一次奇妙遭遇的產物。這次遭遇，涉及了二次大戰後西方政治學與社會學界延燒多年，牽連甚廣的一場——或者應該說，一系列——關於「權力」性質的重要論戰。在這場漫長的對話過程中，路克斯先後兩次出手：1974 年，他先以初版的《權力：基進觀點》介入戰局，然後在蟄伏、聆聽各界意見三十一年後，他再度以這本增補後的《權力：基進觀點（第二版）》回應他的批評者，並且辯護自己的原始主張。換言之，這本篇幅不大的書，其實涉及了一個複雜廣泛的對話脈絡。從「互文性」（intertextuality）的角度觀之，追索這個對話脈絡，應該會有助於我們掌握作者的論證與寫作意圖。

2

這一系列關於「權力」的漫長論戰，大體可以分成兩個階段。第一階段是1950年代後半到1970年代後半。點燃第一階段戰火的，是社會學大師密爾斯（C. Wright Mills）1956年的經典《權力菁英》（*The Power Elite*）。密爾斯從左翼的觀點，拆穿了1950年代的「美國夢」假象，指出在號稱「民主」、「多元」的美國，其實權力與財富都集中在少數統治菁英手中。這個基進論點，立即受到功能論社會學大師帕森斯（Talcott Parsons）來自右翼觀點的批判。帕森斯與密爾斯在1950年代後期的交鋒，進一步引發了兩場1960年代的相關辯論。一場是英國的米立班（Ralph Miliband）和希臘裔的柏蘭札斯（Nicos Poulantzas）兩位歐洲馬克思主義理論名家關於行動主體與結構的辯論。這場馬克思主義理論陣營內的論戰，一直延燒到1970年代末期。另一場則是美國行爲主義政治學者所點燃的戰火。1961年，耶魯大學的達爾（Robert Dahl）出版《誰統治？》（*Who Governs?*），批判密爾斯的權力菁英論，重申美國是權力分散的多元主義社會。有趣的是，達爾的主張，引發了政治學者巴克拉克（Peter Bachrach）和巴拉茲（Morton

Baratz）的批評。他們指出，達爾使用一種過於平面的「權力」概念，以致無法看到一種更深層的權力運作方式，也就是將特定議題排除於決策過程之外的權力。

達爾和巴克拉克與巴拉茲的辯論，引發了年輕的英國社會理論家路克斯的興趣。在一次巴黎大學的演講中，他對這兩方提出批判，指出他們都沒有看到隱伏在最深層的權力運作方式，也就是從根本去影響、塑造被支配者的價值觀，使他們同意強者的支配。這次演講內容，就是1974年的《權力：基進觀點》初版的濫觴。在書中，他將前述深層權力概念稱之爲權力的「第三向度」，以有別於達爾的「第一向度」與巴克拉克和巴拉茲的「第二向度」，並且引用當時開始受到西方重視的義大利馬克思主義理論家葛蘭西的「霸權」（hegemony）概念，支持自己的論證。

在這個階段，論戰的導火線是密爾斯所提出的「美國有多民主？美國是不是多元社會？」這個問題。這個經驗問題看似不難檢證，但是對「權力」概念的不同理解，卻導致了對這個經驗問題相當不同的結論。在1970年代初期的西方知識脈絡之中，相較於達爾保守的古典行爲主義和巴克拉克與巴拉茲折衷的「改良行爲主義」，路克斯具有新馬克思主義色彩的論證，毫無疑問地是一種「基進的」觀點。

第二階段是從1980年代到2000年代初期的今日。1980年代之後，在北美和英國社會科學界，行爲主義和功能論早已沒落，而關於「結構—個人」的爭論，似乎也因主流學界取得一個折衷主義的共識而暫告平息。另一方面，先前被視爲異端的馬克思主義研究途徑卻盛極一時，儼然新興的研究典範。不過，這個研究典範內部也出現兩個重要的發展趨勢。第一，傳統馬克思主義過度偏重結構的傾向有了改變，越來越多學者開始重視個人主體的能動性問題。這派學者當中最著名的是以芝加哥大學政治系教授埃斯特（Jon Elster）和普許沃斯基（Adam Przeworski）以及加州大學經濟系教授羅莫爾（John Roemer）等人爲主的「分析馬克思主義」（analytical Marxism）學派。第二，受到「西方馬克思主義」如盧卡契（György Lukács）與葛蘭西等理論家作品的影響，傳統馬克思主義偏重「下層建築」——也就是經濟和階級分析——的傾向也有了變化，學界開始注意「上層建築」的相對自主性，於是國家、政治、意識型態分析也重新進入社會科學家的研究視野。當然，這兩個新理論傾向的出現，相當程度反映了當時西方知識份子對社會主義實踐失敗的反省。他們彼此相互激盪、對話，在1980、1990年代之間，從不同角度對「權力」現象提出了種種富有創意的思考，進一步支持、補充、修正或者挑戰路克斯在1970年代中期提出的「第三向度」論。

分析馬克思主義者受到「方法論的個人主義」（methodological individualism）影響甚深，主張個人才是社會分析的基本單位，而作爲理性的行動者，個人具有自主與能動性。從這個角度，他們不只反對結構決定論，並且對古典馬克思主義「虛假意識」（false consciousness）或者葛蘭西「霸權」這些似乎過度低估個人自主性的概念抱持懷疑的態度。出身法國高等師範學校，曾受業於阿宏（Raymond Aron）和阿圖塞（Louis Althusser）等大師的挪威裔政治理論家埃斯特借用認知心理學理論，主張所謂「被壓迫者的同意」事實上是被壓迫者爲適應無法改變的現實時的自我心理調整。波蘭裔的傑出政治經濟學家普許沃斯基則提出「同意的物質基礎」（material basis of consent）概念，主張被壓迫者的同意必須基於某種交換關係才會成立，因此不存在什麼神祕的「霸權」。此外，深受無政府主義思想影響的耶魯大學政治系教授史考特（James C. Scott），則從底層群衆的主體性觀點否定壓迫者「霸權」的存在。他主張，被壓迫者只是陽奉陰違而已，他們從未放棄抵抗，儘管弱者的武器，只能是一種間接、隱晦的抵抗。他稱這些必須細緻爬梳歷史證據才能發現的抵抗爲「隱蔽文本」（hidden transcripts）。

對於重視上層建築自主性的學者而言，國家以強大的權力來塑造、影響民間社會，或者強勢階級以不成比例的資源來塑造或誤導弱勢者的信念與價值，當然是可能的。他們從不同的角度對「霸權」形成的經驗機制進行實證研究，如社會化、制度化等。最著名的例子，是政治學者葛分塔（John Gaventa）研究阿帕拉契山區貧困白人的名著《權力與無權》（*Power and Powerlessness*），以及雷頓（David Laitin）研究奈及利亞族群認同形成的經典《霸權與文化》（*Hegemony and Culture*）。

除了經驗社會科學之外，西方政治、社會理論界從 1970

年代起，也出現了關於種種「權力」思考的新典範。最有名的，當然是傅柯所描繪的那個無路可出的「規訓社會」噩夢。有論者甚至指出，這是一種遠遠超過路克斯視野的「極基進」（ultra-radical）權力論。另外，英國左翼政治哲學家拉克勞（Ernesto Laclau）則將「霸權」概念相對化，重新理解爲一種在權力極度分散的現代情境中，暫時而相對穩定的社會共識。在這裡，「霸權」已經被轉化成一個描述性、甚至規範性的概念了。

在這個階段，我們看到密爾斯在三十年前點燃的戰火繼續延燒，只不過交戰者已經從「保守對基進」轉移到基進陣營內部，而焦點已經從權力現象運作的不同層次，轉移到最深層的權力運作，也就是「霸權」或者「壓迫者取得被壓迫者之同意或默許」的現象之上了。換言之，在某種意義上，三十年來西方社會科學知識的發展浪潮，已經將路克斯的「第三面向」論逼到論爭的第一線，直接或間接地成爲同儕或後進檢驗批判的對象了。這就是《權力：基進觀點（第二版）》出現的知識脈絡。

3

在觀察、蓄勢三十年之後，路克斯以《權力：基進觀點》的增補新版，重新介入這場漫長而戰線不斷延伸的論戰，爲自己三十年前的論點辯護。三十年前，他站在左派立場，挑戰右派維護現狀的保守觀點。如今在這場基進陣營內部的辯論之中，他卻成爲「中間派」，左打傅柯的基進悲觀主義，右批史考特對弱者主體性的一廂情願，以及埃斯特對現狀的過度合理化。更值得玩味的是，在三十年前的初版之中，他援引馬克思主義者葛蘭西的理論批判行爲主義者，然而在三十年後的第二版之中，爲了辯護葛蘭西的「霸權」以及馬克思的「虛假意識」概念之可能與存在，他卻廣泛駁雜地引證古典自由主義哲學家斯賓諾莎（Baruch Spinoza）、彌爾（J. S. Mill），當代自由主義女性主義哲學家納思邦（Martha Nussbaum），以及後殖民理論家法農（Frantz Fanon）的作品，來駁斥分析馬克思主義者和無政府主義者。另一方面，爲了證明解放的可能，他也引用受涂爾幹社會學影響甚深的當代刑罰社會學家葛蘭（David Garland）的經典著作《懲罰與現代社會》（*Punishment and Modern Society*），來批判前期傅柯的後現代式虛無主義之缺乏經驗基礎。

這種看似戲劇性的知識結盟轉換所反映的，不是實用主義或機會主義，而是路克斯對不同時代知識與道德典範轉移的認知與回應：同一個問題在不同的時代，產生了不同的意義。三十年前，《權力：基進觀點》初版的目的在**揭露**民主社會中隱藏的支配與壓迫形式；三十年後，《權力：基進觀點（第二版）》的目的，卻在**提醒**虛無犬儒的後現代社會，提醒沉溺在甜美的消費夢幻中的我們，那些看不見的支配與壓迫並未消失，我們尚未解放。不管是面對當年自滿的行爲主義者，或是今天幻滅的後馬克思主義者，路克斯的立場都是一致的：**強勢者誘導、塑造、影響弱者，使弱者同意強者的支配的現象，理論上是可能的，經驗上是普遍存在的，在我們認識到這個事實，並且努力運用理性打破這種霸權之前，我們都不是自由的**。

這個關於權力的命題是否普遍有效？路克斯謙遜地否定了，因爲他認爲權力是一種「本質上易受爭議」（essentially contested）的概念，所有關於權力的理解，由於受到論者對人性的哲學預設與文化價值的制約，都是片面的、局部的，而且會引發爭議的。因此路克斯承認他的權力論，是一個對人類的自由與理性、對跨文化理解的可能存有預設，因此必然會引發擁有不同預設者反論的爭議性命題。然而這不妨礙他以哲學家的細膩、清晰與誠實，將自己對人的預設與信念娓娓道來，並且以此訴求所有誠實讀者的理性與信念。

讀者，你，有時也請傾聽那不安、猶疑的心罷：是否你的靈魂仍然殘留有專制的鞭痕、蒙昧的咒詛，是否你的理性正沉睡在那甜美的商品夢幻之中？你，你有多自由？

然而我們必須說，這一切都不妨礙信念堅定的路克斯教授在他的解放之路上繼續漫游。或許我們可以這麼想像：如果已經年近七十的路克斯在三十年後依然健在，依然充滿熱情與好奇心，依然精力充沛地與這個不完美的世界齟齬不休——當然我們必須先假設愚昧的人類不會先毀滅這個世界——那麼他或許會再出一冊《權力：基進觀點（第三版）》，在書中，我們垂暮的啓蒙教授或許會在一一駁斥種種關於人類解放的幻想與幻滅之後，用浮士德博士般的感嘆語氣，加上這段他鍾愛的解放哲學家斯賓諾莎《倫理學》（*Ethics*）的結語：

> 儘管我前面所指出的那條引領向自由的道路現在看來似乎很困難，但是還是可以找得到的。當然，不容易找到的事物必然是困難的。因爲，如果解放就在眼前，可以毫不費力地到手，那爲什麼幾乎人人都對它視而不見呢？然而所有美好的事物都是既困難而又罕見的。

2006/09/29寫於劍橋大學

本文爲本書第二版之導讀

作者爲芝加哥大學政治學博士、
中央研究院台灣史研究所副研究員

〈序言〉

第三版序

距離這本書的問世，已經過了近五十年了，而它所掀起的那場所謂「權力之辯」仍未有稍息的跡象。看來，這場辯論似乎並未走向蓋棺論定的方向。這是否意味著有什麼地方不對勁呢？我們現在是否應該像對待收入和財富一樣，以一種客觀而無可爭議的方式來探究權力的位置、範圍和分配，以及社會內部和不同社會間的權力模式呢？在可預見的未來，我們至少能考慮這樣做嗎？

在某程度上，權力概念就像收入和財富的概念，三者皆是人們所熟悉的，並且具有技術性：它們都是人們在日常生活中經常使用的概念，但也被專家和觀察者拿來使用。會計師、稅務稽查員、經濟學家和社會學家都了解什麼是收入和財富。雖然他們的理解通常更複雜也更精確，但基本上不會偏離我們的日常理解太遠。在常民或專家中間，對於何謂收入、何謂財富的看法也沒有顯著分歧。（此外，財富就像權力一樣，可以當作是一種庫存來持有，人們可能消耗也可能不消耗它，庫存會增長或是消耗殆盡。）當然，對於該怎麼做始終存在著爭論。家事應該有償嗎？社會或文化資本該視為財富嗎？更深層的問題是，我們對於這些物質資源的意義與價值，可以抱持著不同的看法。但是，就現狀而言，無論是身為常民或專家，我們都知道在任一特定時期誰擁有較多的收入和財富、誰擁有的較少，我們也都能毫無爭議地透過使用貨幣這個方便的度量標準來衡量並繪出它們的差距和分布。

然而，在最後提到的這些方面，權力可就不同於收入及財富了。我們（常民與專家）對於權力有**不同的**理解。我們對於什麼是權力有不同的看法，因此對於權力所在之處，以及我們社會的權力地圖是什麼樣子，也就無法達成共識。或者更精確地說，儘管我們可能對於行使權力的最明顯情況有一致的看法，比方說在投票中一組人馬擊敗另一組人馬，或是某人威脅另一個人交出錢來並成功達到目的，但是一旦我們把表象放在一邊並問到底發生什麼事時，我們就會立刻出現意見分歧。當然，這個問題的提出就會打開陰謀論、「暗黑勢力」、「深層政府」甚至是超自然力量運作的聯想空間。然而我們知道，權力可以在不引人注意的情況下偷偷在我們背後運作，也許在能動者（agent）和觀察者之類人都幾乎無法察覺的情況下，權力的運作最為有效。我們對於權力有一種理解（看法或觀點），我們透過這種理解駕馭我們在這世界上的生活，它使得我們能夠判斷權力何時起作用——也就是何時我們可以將通常被認為是不利的某種結果歸咎於某個其他能動者的權力，無論它是個人還是集體（比方說一家企業或是國家）。關鍵是，我們並沒有一致的看法。我們可能是宿命論者，將劣勢——比方說差勁的生活條件，或是缺乏機會——歸咎於「事情本來就是這樣」、非人的力量，或是「這個體制」等。（當然，如果體制是資本主義，一旦資本主義被推翻後，我們可能會認爲事情本來就是另一種樣子。）或者我們也可能是極端的個人主義者，認爲是我們個人，而不是其他來源的力量，必須爲發生在我們身上的任何事情負責。但我們大多數人都能看見其他人的權力對我們生活的影響，無論是好是壞，只不過對於什麼構成了這樣的權力，我們有不同的看法。

因此，正如我在接下來的篇幅中主張的，我們可以用多少是狹隘的觀點來看待權力。由羅伯特・達爾（Robert Dahl）在1960年代的研究所引發的論戰始於一個觀點，即我們可以透過聚焦於某些個人在決策情境中的權力行使來識別出權力，這些個人在存在明顯衝突的情況下能夠壓倒其他人。這個焦點在下個階段被擴大，以便將議程設定包括進來，議程設定通常是在幕後發生，權力的行使是透過事先決定什麼事可以被決定來進行，從而引入了藉由偏見、排除及壓制怨忿來迴避衝突的問題。但是這也引發出一連串進一步的問題，權力之辯已經轉向了這些問題。這些問題包括偏見是如何持久存在、意識形態與霸權，以及偏好的形成及信念的塑造，在這些情況中，當支配被受支配者視爲合法時，怨忿可能會消失。人們很快便清楚認識到，權力是種**潛在力量**，因此早期聚焦於它的**行使**是有誤導性的。權力是確保服從的能力，當它不需要被行使時，可能才是它發揮最大效力的時候。還有一點也變得更清楚，那就是權力對於被支配者可以發揮正面、甚至是滋養培育的效用，也可以發揮負面的效用；權力可以是合作性的，也可以是支配性的，這是協同行動而不是支配他人的問題。

本書從一開始就聚焦於支配權力，也就是確保符合權力者利益的權力，以及我所謂的「三維權力」，即通過塑造和影響人的欲望及信念來確保甘願的權力，這種權力形式的運作或機制最不容易被行動者或觀察者直接觀察到。我在本書的第三版嘗試闡明這兩個特性。

第四章將權力之辯連結到我所謂的「支配之辯」中，這是最近政治理論家及哲學家針對**支配**本質的最具啓發性的討論，在這場辯論中，基於奴隸制的類比，支配權力被構想爲一種持續依賴於他人之意願和歡樂的關係。[1]我想要揭示的是，正如這裡所考慮到的，權力是如何超越那場辯論所同意的範圍。第五章則企圖更緊密、生動地闡明三維權力的觀點來推進這場討論，我會以各種當今的相關例子爲例，先談談它不是什麼，再談談它是什麼。

容我重申，權力的概念正如收入和財富的概念，既是個常民概念也是個技術或分析性概念，但和它們不同的是，我們對於權力爲何的理解，既反映也影響著我們如何看待這個社會、世界以及我們如何在其中自處。就這方面而言，權力的概念更像是**自由**（liberty or freedom，我假定這兩個字是同義詞）的概

1　關於這場辯論的絕佳回顧，參見 McCammon 2018。

念，而不是收入或財富的概念。[2]正如你可以從更狹隘或更廣義的觀點來思考權力一樣，你也可以這樣來看待自由。就像自由一樣，與對於權力的不同看法相關連的是不同的看見或看不見權力的方式，以及不同的道德和政治態度。在提出以三種向度來看待權力的理由時，我同時也在表達一種道德與政治觀點。本書的副標題將這種觀點稱爲「基進」的原因不在於在左右光譜上搶占一個位置，而是想要表明用三維的角度來看待權力是要看得更多且更深——此一宣稱要求論述以及可取得的最佳證據的支持——考慮到權力的本質，這個要求向這位具有探究精神的社會科學家提出了一項格外艱難的挑戰。

---

2 這種相似性在「支配之辯」中表現得十分明顯，在這場辯論中，自由被視爲非支配（參見 Pettit 1996）。

目錄

導論

三十年前，我出版了一本名叫《權力：基進觀點》（*Power: A Radical View*）的小書，對當時美國政治學與社會科學界正在進行的論辯——如何從理論上思考權力，以及如何在實證上研究權力？——提供了我的看法。但是在該論辯之下，其實還隱藏著另一個問題：美國政治的特色究竟爲何？是單一統治菁英支配的情況，還是多元民主的展現？顯而易見地，要回答第二個問題，必須先找出第一個問題的答案。我的看法從以前到現在都沒有改變，即我們必須採取寬廣的角度、而非狹隘的角度——亦即從三個向度、而非一個或兩個向度——去思考權力，而且，我們必須處理權力最難以被觀察到的面向。事實上，越難被觀察到的權力，就越有效果。

無權力與支配以及兩者之間的關連等問題，是《權力：基進觀點》一書所參與的論辯的核心。密爾斯（C. Wright Mills）所著的《權力菁英》（*The Power Elite,* 1956）以及杭特（Floyd Hunter）所著的《社區權力的結構：對決策者的研究》（*Community Power Structure: A Study of Decision Makers,* 1953）在1950年代與1960年代引起廣泛的討論。《權力菁英》開頭的第一句就寫道：

> 一般人的權力被他們所身處的日常生活世界所框限，然而，不管是在工作、家庭或是住所之中，他們似乎都經常被既無法理解、也無法掌控的力量所驅使。（Mills 1956: 3）

密爾斯接著寫道，但是所有人「並非都同等平凡」。

> 隨著資訊與權力的工具日益集中化，某些人占據了美國社會中制高點的位置。他們俯視著一般人的日常生活世界，他們的決定影響及於一般人的日常生活世界……他們有能力使其決定產生重大的後果。他們有沒有做出這種決定本身並不重要，重要的是他們占據了這個關鍵的位置：他們不採取行動或不做此決定的行爲所產生的後果，往往比他們所做出的決定本身更加重大。因爲他們掌控了現代社會的主要階層與組織。他們主管大企業、掌控國家機器並握有特權，同時還操縱軍事機構。他們占據了社會結構中的戰略制高點，權力工具、財富與名聲現在都集中在這些制高點上。（Mills 1956: 3-4）

密爾斯的書既是一個激昂的論點，也是一本社會科學著作。在《權力菁英》的2000年新版中，沃爾夫（Alan Wolfe）在後記裡公允地論道：「密爾斯的熱情信念，使得他能夠對美國社會發展出更具科學性的瞭解，這是其他較客觀而冷靜的同儕所未能辦到的」，儘管他的分析必定會被批評爲低估了菁英權力的內涵以及對「快速科技轉型、密集全球競爭與不斷改變的消費者口味」的掌握。但根據沃爾夫所言，密爾斯對當時那個被認爲是「多元主義」（pluralism，多元主義主張「美國社會中的權力並沒有過度集中，因爲永遠會有一個團體去平衡另一個團體的權力」）與「意識形態終結」（the end of ideology，亦即「追求理念的熱情已經耗盡」，因此「我們只需要科技專家來解決我們的問題」）的時代的解釋，比當時的主流社會科學解釋「更加貼近眞實」（Wolfe 2000: 379, 370, 378）。

杭特的著作雖然較低調且較符合傳統意義上的專業（密爾斯形容該書是由「直接、不拐彎抹角且不會用糟糕文筆自我欺騙的調查者」所撰寫的「精湛著作」），但他對菁英控制了美國社會地方層級的看法與密爾斯相同。這本書是對於「擁有五十萬居民的城市——我稱之爲『區域城市』（Regional City）——的領導模式」的研究。杭特的看法如下：

> 政策制訂者主導著一組明確的固定政策項目……。改變舊有安排的要求通常既不強烈、也不持續，而政策制訂者也不認爲有必要就每個細微的改變去徵求人民的同意。操控的模式因而固定下來……社區中的一般人「願意」讓這樣的過程持續下去。而對於細微調整的同意，也轉移到對重大議題的處理上……。人民對於掌權者決策的遵循成爲習慣……。處理那些相對缺乏權力的下層結構的方法，包括……警告、恫嚇與威脅，在極端的情況下還包括暴力。在某些情況下，甚至還包括斷絕所有支持的來源，包含他的工作與收入。如同較大的政治單位，「分而治之」（divide and

> rule）的原則同樣適用於社區，而且一樣有效……對於事關基本文化意識形態的重大議題，上層領導者之間的立場泰半一致，很少彼此衝突。此時，下層結構的人們對於基本價值體系是沒有威脅的……。區域城市中的個人對政策決定是不發一言的，他們是沉默的群體。對於政策，下層結構中的專業者或許有話要說，但他們通常並不會受到注意。向下流動的資訊要比向上流動的資訊來得多。

舉例來說，杭特描述了「擁有權力者如何控制在社區中主管衛生與福利事務的公私機構的支出」，以及社區內的不同組織「從午餐俱樂部到兄弟會……是如何被具有影響力的人以迂迴的方式所控制，這些方式可謂是以『務實』之名來抑制公衆對於任何議題的討論，只有那些獲得權力團體同意的議題例外」（Hunter 1953: 246-9）。

以上這些對於菁英支配無權力大衆的震撼描寫，引發了耶魯大學一群政治學者與理論家的回應。達爾（Robert Dahl）在1958年刊登於《美國政治科學評論》（*American Political Science Review*）的文章〈對統治菁英模式的批評〉（A Critique of the Ruling Elite Model）中就多所譏諷。他寫道：

> 令人相當震驚地，不論是密爾斯教授，還是杭特教授，都沒有認眞地試圖用一些案例去檢測他們的主要

> 假設。然而，我相信，相較於過去幾年內的任何社會科學著作，這兩本著作都更加試圖要把複雜的政治體系詮釋爲統治菁英的存在例證。

達爾的批評相當直接。接下來的研究該處理哪些向度也相當明確。

唯有在以下這些條件下，統治菁英存在的假設才能被嚴格地檢測：

> 1. 假設的統治菁英是定義明確的團體；
> 2. 存在著一些重要政治決策的案例，其中假設的統治菁英的偏好與其他團體的偏好對立；
> 3. 在這些案例中，菁英的偏好通常是獲勝的。（Dahl 1958: 466）

達爾的批評與他所提出的方法論促成了經典研究《誰統治？》（*Who Governs?*, 1961）的出現。達爾在該書研究了1950年代紐海芬（New Haven）的權力與決策過程，啓發了此後關於社區權力研究的所有典籍。達爾的批評對象是「統治菁英模式」以及更廣泛的由馬克思主義（Marxism）所啓發並與之相關的「統治階級」（ruling class）概念。達爾的方法論是以決策爲焦點的「行爲主義」（behaviourism），這意指以權力之行使來辨識權力的存在（密爾斯曾寫道，有權力做決策比是否做出決策更爲重要）。這派學者認爲密爾斯與杭特對權力一詞的使用過於草率馬虎，他們認爲權力與眾多個別而單一的議題有關，它的行使必定具有在地脈絡，因此關鍵的研究問題是「相關行動者在此時此地對某些重要議題擁有多少權力」？所謂重要議題是指會影響大多數公民的議題，在達爾書中，這指的是都市更新、去除就學隔離以及政黨提名。權力在此被認爲是有意且主動的——事實上，它是藉由研究權力的行使來加以「測量」，包括探知在這些議題中誰輸誰贏的頻率，亦即誰在決策過程中勝出。這些情況都是利益衝突的狀況，利益被視爲是明顯的偏好，透過採取特定政策立場的政治行動者或遊說團體呈現在政治領域當中，而戰勝反對勢力，亦即擊敗對立的偏好，就是權力的行使。這些文獻的結論與主張通常被貼上「多元主義」的標籤：例如，有人會說，既然不同的行動者與不同的利益團體各自在不同的議題領域中勝出，就沒有全面的「統治菁英」存在，因此權力是多元地被分配。更廣泛地來看，這些研究的目的是爲了檢驗美國民主在地方層次的活力，而藉由呈現出在不同重要議題有不同贏家的多元性，研究者相信自己成功地證明了這樣的活力確實存在。

不管是方法論的問題（權力要如何定義與研究？）與具體的結論（權力的分配有多麼多元或民主？），還是以上兩者之間的關係（方法論的選定是否就決定了特定結論或排除了其他結論？），都是待處理的問題，這些都會在稍後的討論中進一步深入探討。批評者以不同的方式挑戰多元民主的自滿圖像（Duncan and Lukes 1964, Walker 1966, Bachrach 1967），質疑其描述的準確性（Morriss 1972, Domhoff 1978），並批評多元主義者所採用的「務實」（相對於「烏托邦式」）且最低度定義（minimalist）的「民主」概念，因爲這種概念——套用其中一個批評者的話來說——主張民主應該僅被視爲是一種方法，使得「菁英對於系統中正式領導位置的競爭可以是有限而和平的」（Walker 1966 in Scott (ed.) 1994: vol. 3, p. 270）。這種概念源自熊彼得（Joseph Schumpeter）對於「古典」民主觀的修正。對熊彼得以及多元主義的支持者來說，民主應該被視爲「個人透過爭取人民選票而獲致政治決策權力的制度設計」（Schumpeter 1962[1950]: 269）。多元主義的批評者（他們被稱爲「新菁英主義者」〔neo-elitist〕，這稱號有誤導之嫌）主張，這種觀點對民主太過不抱期望且流於菁英主義，同時其權力平等的概念「過於狹隘」（Bachrach 1967: 87），而且其**權力**的概念本身也過於狹隘。巴克拉克（Peter Bachrach）與巴拉茲（Morton Baratz）主張，權力擁有「第二面貌」（second face），不但不爲多元主義者所察覺，也無法以他們的研究方式來探查。權力並不是僅僅反映在具體決定之中，研究者必須考慮到以下的可能性：透過影響社群價值與政治程序和儀式，某些人或團體可以將決策限制在相對來說較無爭議的議題上，儘管該社群中存在著嚴重但隱藏的權力衝突。

因此，「當某個個人或團體——有意識或無意識地——創造或強化了對政策衝突的公共討論的障礙，該個人或團體就擁有了權力」（Bachrach and Baratz 1970: 8）。爲了證明這個想法，他們還引用了沙奇奈德爾（E. E. Schattschneider）的話：

> 所有政治組織形式都具有利用某種衝突並壓制其他衝突的偏見，因爲**組織就是偏見的動員**（*mobilization of bias*）。某些議題會被組織入政治當中，而其他議題則被排除在外。（Schattschneider 1960: 71）

但這又引發出更多的問題。研究者**是**如何去調查這些「影響行爲」（他們稱之爲「非決策制訂」〔nondecisionmaking〕）的？尤其是這些影響行爲超越了幕後的議題設定以及對潛在對手的整併或籠絡，而可能是「無意識」的，並包含了「價值」的影響與「儀式」的效果。面對多元主義者的反擊，巴克拉克與巴拉茲做了一些讓步，他們主張，如果要呈現出權力的第二面貌，就必定得要有觀察得到的衝突；否則，我們就只能假設「對於既有的價值分配存在著共識」。如果沒有觀察得到（不論是明顯或不明顯的）的衝突，我們就必須假設「共識」是「眞實」的。然而，爲什麼我們要排除這樣的可能性——權力運作也有可能是以取得同意爲目的，藉此避免衝突的出現？

這種想法以及沙奇奈德爾關於系統的「偏見」壓制了潛在衝突的概念，都無可避免地讓人聯想到馬克思主義者的意識形態概念，尤其是葛蘭西（Antonio Gramsci）在《獄中札記》（*Prison Notebooks*）中所進一步闡述的霸權（*egemonia*）概念。[1]面對西方世界革命的失敗，葛蘭西在法西斯統治下的義大利監獄中試圖處理這個問題：在當代條件下，尤其是民主制度中，對資本主義剝削的同意是如何取得的？這種同意該如何理解？他對這些問題的回答於1960年代末期在大西洋兩岸都引起廣泛的矚目，而且允許多種詮釋可能。

詮釋之一認爲，「在當代西方的社會形構中」，是「文化」或「意識形態」構成了「因同意而鞏固的階級統治模式」（Anderson 1976-7: 42），其方法是透過資產階級對「意識形態機器」的壟斷（Althusser 1971）。如費米亞（Joseph V. Femia）所述，葛蘭西

> 從先前的馬克思主義思想中擷取了一個不太重要的概念（或者說，充其量是個不成熟的概念）加以發展，然後在他自己的思想中賦予這個概念核心的地位。藉由這樣的方式，葛蘭西將馬克思的分析分法應用到過去一直備受忽略——且毫不科學——的理念、價值與信念領域。更精確地說，葛蘭西開啓了後來第二代黑格爾式馬克思主義者（Hegelian Marxist，也就是法蘭克福學派〔Frankfurt School〕）的主題：資產階級關係

---

1 葛蘭西概念中的馬克思與恩格斯（Friedrich Engels）思想基礎，在於他們主張「統治階級的概念在任何時期都是統治的概念，亦即階級一方面是社會的物質統治力量，另一方面也是社會的**知識**統治力量。掌握物質生產工具的階級，同時也掌握了心靈生產工具，因此，一般說來，那些缺乏心靈生產工具者的想法都受制於掌握物質生產工具的階級」（Marx and Engels 1965[1845]: 60）。關於葛蘭西霸權概念的討論，請見Williams 1965 與Bates 1975。

內化的過程，以及因此造成的革命可能性的降低。

在這種詮釋中，當「葛蘭西提到同意時，他指的是一種**心理**的狀態，其中包含對於政治社會秩序或該秩序的特定關鍵面向的接受，而這種接受不必然是明顯可見的」。同意是自願的，但在強度上卻有所不同：

> 就一種極端而言，同意可能源自深刻的義務感，源自對主流價值和定義的完整內化；但就另一種極端而言，同意也可能來自非常局部的同化，來自認爲現狀儘管極爲不公、卻是唯一可行的社會形式的不安感。然而，葛蘭西……卻未言明他所說的「同意」究竟指的是光譜上的哪個區段。（Femia 1981: 35, 37, 39-40）

詮釋之二是非文化性的詮釋。在這種詮釋中，葛蘭西的意識形態霸權具有物質基礎，而且在於支配團體與從屬團體之間眞實或物質利益的協調。根據普許沃斯基（Adam Przeworski）的看法，如果「意識形態要在日常生活中引導人們的行爲，那麼，它必須表達人們的利益與渴望。少數人或許會被誤導，但是誤解卻不會永存於大多數人身上」。[2]因此，受薪者對於資

2 針對這一點，荷姆斯（Stephen Holmes）曾提醒我熊彼得對於林肯（Abraham Lincoln）格言「你不可能永遠騙過所有人」的獨到觀察。熊彼得表示，光是在短期內騙過所有人就夠了，因爲「歷史是由一連串可以永遠改變事態的短期狀況構成的」（Schumpeter 1962[1950]: 264）。

本主義社會組織的「同意」，是由持續不斷更新的階級妥協構成，其中「不論是個別資本利益的集合，或是有組織的受薪者的利益，都不能違反某些特定的限制」。尤有甚者，

> **資本主義關係再生產所憑藉的同意，並不是由個別的心智狀態所構成，而是由組織的行為特徵所構成**。同意不該以心理或道德的方式來理解。同意是**認知**的與**行為**的。不論是個別或集體的社會行動者，都不只是他們的「先天稟性」的單純執行者。社會關係構成了選擇的結構，人們在其中思考、評估與行動。**唯有當他們選擇特定的行動路線，並在執行時依循這些選擇時，他們才是在表示同意**。唯有當受薪者表現得好像他們可以在資本主義的限制下改變自己的物質條件時，他們才是在對資本主義社會組織表示同意。

據此，同意被理解爲「與同意者的眞實利益相應」，它始終是有條件的，同時也存在著限制。超過那些限制，就不會給予同意；「超過那些限制，就可能會有危機」（Przeworski 1985: 136,145-6）。[3]

葛蘭西的霸權論所企圖回答的問題，在1970年代初期（亦

3 很難說哪種詮釋比較好。葛蘭西的文本就像維根斯坦（Ludwig Wittgenstein）的鴨兔說（從一個方向看，它是鴨；但從另一個方向看，它就是兔），而且不能與文本寫作的時空脈絡脫鉤。

即我撰寫《權力：基進觀點》的時代）成爲備受關切的問題。資本主義維繫與自由民主凝聚的理由爲何？一旦超過，便會發生危機的同意界線在哪裡？資本主義民主是否正經歷「正當性危機」（legitimation crisis）？在對現狀提出質疑時，知識份子的適當角色爲何？革命或社會主義是否出現在西方社會的歷史議程上？如果是，那麼是以何種形式在何處出現？在美國，言論自由、反戰、婦女、民權以及其他社會運動，駁斥了意識形態終結的論題，並挑戰了多元主義的模型。在英國，不論是階級妥協，還是國家治理能力，都在這段長達十年的時間裡飽受質疑。在歐陸，西歐的歐洲共產主義（Eurocommunism）與東歐的異議聲音，一時之間爲過去的渴望賦予了嶄新的生命。新馬克思主義（Neo-marxism）思想——黑格爾式、阿圖塞式（Althusserian）以及葛蘭西式——重獲振興，儘管幾乎完全囿限在學院之中。

正是在這個「歷史時機」（historical conjuncture）——套用當時的典型詞彙——上，我動筆寫下《權力：基進觀點》一書。時至今日，如果說那本小書所處理的核心議題——對支配的自願順從是如何獲致的？——已經變得更加重要且更加需要答案，應該是無庸置疑的。在共產主義垮台之後，緊接著美國的雷根主義（Reaganism）與英國的柴契爾主義（Thatcherism）而來的，乃是新自由主義（neo-liberalism）理念與假設在全球的驚人擴散（參見 Peck and Tickell 2002）。如果這構成「霸權」的超級事證，那麼，若我們想要充分理解它的影響，就得先找到一種適切的方式來思考權力，而且還要能夠處理提利（Charles Tilly）所提出的問題：「如果日常的支配持續不斷地損害從屬團體的利益，爲何從屬者要遵從？爲什麼他們不進行不間斷的反叛？或至少是一路抵抗？」

針對這個問題，提利提供了一連串可能的答案：

1. 這個假定是不正確的。事實上，從屬者不斷地進行反叛，只不過是以隱蔽的方式進行罷了。
2. 事實上，從屬者可以從服從中獲得某些回報，這些回報足以使他們在大多時候表示默許。
3. 透過追求自尊或認同等其他有價值的目標，從屬者涉入了那個剝削或壓迫他們的體系。（在某些情況下，答案3等同於答案2）
4. 由於受到欺瞞、壓抑或是單純無法取得其他意識形態架構，使得從屬者無法瞭解自己眞正的利益所在。
5. 武力威脅與惰性使得從屬者沒有採取行動。
6. 抵抗與反叛成本高昂，絕大多數從屬者缺乏必要的工具。
7. 以上皆是。（Tilly 1991: 594）

看了這串答案，我有些想法：首先，答案7顯然是正確的，我們不該認爲前六個答案相互排斥（也不該認爲它們已窮盡所有的可能性，沒有任何遺漏）。因此，正如我們稍後將會看到的，答案1掌握了日常生活中隱藏而祕密的抵抗行為的重要面向（史考特〔James C. Scott）曾對此進行深入探討[4]），但它顯然不會是事情的全貌（與史考特所言相反）。答案2是解釋資本主義維繫的重要一環（誠如普許沃斯基對葛蘭西理論所做的物質主義詮釋），但它同時也是任何一種社會經濟體系得以維繫的重要一環。答案2與答案3一同點出了我們必須關注行動者各種相互影響又相互衝突的利益。它們也指出了在物質主義與文化主義這兩種對立解釋之間不斷引發爭論的根本問題：在解釋個人行為與集體行動結果時，到底何者才是根本的——是物質利益，還是存在於「自尊」或「認同」中的利益？不過，與權力及其行使模式最為相關的，乃是答案4、答案5與答案6。正如提利所言，答案5的重點在於「強迫」，而答案6的重點則是「資源的缺乏」。無論如何，是答案4，才點出了所謂權力的「第三向度」（third dimension）——「透過形塑人們的想法、認知與偏好，以使他們接受自己在既有秩序中的角色，從而盡可能地防止他們產生任何不滿」的權力。《權力：基進觀點》一書的寫作，就是為了說明這一點，而本書的第三章也將就此深入討論。我始終認為，如果未能解釋這種權力，任何針對權力所發展出來的觀點便還稱不上是完備。

《權力：基進觀點》是本**非常**小的書，卻激發出學界與政

4　第三章會對這一點做出詳細的討論。

界等各個領域的諸多迴響，其中絕大多數是批評的聲浪。直到現在，它還是持續激發出許多討論，而這也是我終於答應重新出版這本書的原因之一。出版商一直希望我能夠在新版裡增添新的內容，包括對原書論證及其主題的再思考。第二個同意重新出版的理由，是我相信該書的錯誤與不足都十分具有教育性，尤其是因爲該書是以能夠清楚呈現錯誤與不足的散文文體寫成（正如十七世紀的自然主義者雷〔John Ray）所言，「就像烏賊，用了許多詞彙來解釋事物的人，其實是將自己隱身於墨汁之中」）。因此，我決定在幾乎毫不更動原文的情形下重新出版，並加入這篇導論來說明原書的時空脈絡。

在新增的第二章裡，我將原書的文本及其論點置於權力的概念地圖之中，藉此擴大討論的範圍。有鑑於如何定義權力以及如何予以研究的問題至今爭論不休，該章一開始先提問：我們是否需要權力這個概念，如果需要，又是爲什麼——這個概念在我們的生活中究竟扮演什麼角色？我認爲這些關於權力的歧見是有意義的，因爲你認知權力的方式，將會決定你在社會生活中看到多少權力以及在何處看到，而這些歧見部分關乎道德與政治，且不可避免地注定如此。不過，《權力：基進觀點》以及諸多關於權力的書寫與思考的主題，乃是更加特定的：所著重的，是**施諸**他人的權力，更精確地說，就是作爲支配的權力。《權力：基進觀點》以此爲焦點，探問：有權者如何取得被支配者的順從？更精確地說，就是有權者如何取得被支配者**自願**的順從？第二章接下來的部分則討論傅柯（Michel

Foucault）就該問題所提出的極基進（ultra-radical）答案。傅柯的權力著作影響深遠，人們認爲他的著作顯示出支配是無可迴避的，它「無所不在」，既沒有免於支配的自由，也沒有獨立於支配的理性。但我認爲，我們沒有必要接受這種極基進主義，因爲它是從傅柯著作的修辭、而非實質內涵所衍生而出。無論如何，傅柯的著作的確對現代的支配形式提出了極爲重要的新洞見，同時也是極具價值的研究。

第三章就《權力：基進觀點》對該問題提出的答案加以辯護並深入說明，不過，我會先指出該書的某些錯誤與不足之處。該書對權力的定義——「A對B行使權力的意思，即是A以違反B利益的方式去影響B」——是不正確的。因爲權力是指能力，而非指該能力的行使（因爲該能力可能永遠沒有行使，也可能永遠沒有必要行使）；再者，人們可以透過滿足或促進他人的利益以獲取權力。《權力：基進觀點》的主題——作爲支配的權力——其實只是權力的一種而已。此外，討論也不該局限於擁有單一利益的行動者彼此之間的二元關係上，因爲這樣的討論忽略了每個人的利益其實是多重、彼此不同且相互抵觸的。我對《權力：基進觀點》的辯護，則在於論證權力的存在是內在限制的施加。受制者在習得信念與形塑欲望上受到引導，使得他們在強迫或非強迫情況下同意或適應被支配的狀況。我將會討論兩種反對這種看法的意見，並予以駁斥：第一種是史考特的主張，他認爲這種權力並不存在或極爲罕見，因爲被支配者總是不斷地以明顯或不明顯的方式進行抵抗；第二種則是埃斯特（Jon Elster）的主張，他認爲這樣的權力完全**不能**獲致對支配的自願順從。不論是彌爾（John Stuart Mill）對維多利亞時期女性屈從情況的看法，或是布迪厄（Pierre Bourdieu）對於「慣習」（habitus）的習得與維繫的研究，都同樣訴諸了權力的作用，使得受制者視其自身情況爲「天經地義」，甚至是加以珍惜，從而無法體認其欲望與信念的眞正源頭。這些機制與其他機制構成了權力的第三向度，藉由誤導人們違反其自身的利益，從而扭曲其判斷能力。說到這種權力是以「虛假意識」（false consciousness）來隱藏人們的「眞實利益」（real interests），或許會令人聯想起一些不好的歷史記憶，並可能顯得傲慢而預設立場。但我要強調的是，這些概念並非在本質上便是不開明或父權的，如果適當地加以定義，它們對於瞭解權力的第三向度依然是至關重要的。

本文爲本書第二版作者導論

I
權力：基進觀點

1 導言

本章針對權力進行概念分析。在此，我將提出一種在理論與政治意義上（我認為這兩種意義是彼此高度相關的）皆屬基進的權力觀點（亦即一種辨識權力的方式）。這種觀點一方面無可避免地是評價性的，而且是「本質上易受爭議的」（essentially contested）（Gallie 1955-6）[1]；另一方面則具有經驗上的可適用性。我將證明這種觀點優於其他觀點，並進一步顯示其評價性與易受爭議性的特質並非缺點。我也將主張這種觀點是「可操作的」，亦即在經驗上是有效的，因為它所內含的假設在原則上是可驗證與可否證的（儘管當下有許多反對這種看法的論證）。另外，我也將就這些假設舉出例證，並就其中某些例證進一步證明為眞。

在論證過程中，我將觸及方法論、理論與政治的相關議題。方法論的議題包括行為主義的限制、價值在解釋中扮演的角色，以及方法論的個人主義（methodological individualism）。理論的議題包括多元主義的限制或偏見、虛假意識，以及眞實利益。政治的議題包括達爾（Dahl 1961）在紐海芬研究中所處理的三個重要議題（都市更新、公共教育以及政治提名）、巴爾的摩的貧窮與種族關係，以及空氣污染。我不會個

1 這種看法對立於帕森斯（Talcott Parsons）的哀嘆：「不幸的是，權力的概念並不是社會科學中確定的概念，不論是在政治學或是社會學中皆是如此。」（Parsons 1957: 139）

別地討論以上這些議題，只會在論證過程中的相關時點間接提及。我的論證本質上是具爭議性的。事實上，這也是我看法中相當關鍵的部分。

我的論證將始於討論一種具有深厚歷史根基（特別是在韋伯〔Max Weber〕的思想中）的權力觀點和相關概念，該觀點藉由達爾及其他多元主義者的著作而在1960年代對美國政治科學界產生重大影響。一些學者批判該觀點膚淺且局限，同時還會導致對美國多元主義的不實頌揚，因爲這種觀點認爲多元主義符合了民主的要求。在這些提出批判的學者裡，最爲著名的是巴克拉克與巴拉茲，他們發表了〈權力的兩種面貌〉（The Two Faces of Power, 1962）這篇影響深遠的文章，之後又發表了它的續篇（Bachrach & Baratz 1963，這篇文章後來被改寫並收於《權力與貧窮》〔*Power and Poverty,* 1970〕一書中）。他們的論點後來遭到多元主義者的強烈批判，其中包括波斯拜（Nelson Polsby 1968）、沃芬傑（Raymond Wolfinger 1971a, 1971b）以及梅洛曼（Richard Merelman 1968a, 1968b）；但他們也同樣激發出一些有趣的贊同意見，例如佛萊伊（Frederick Frey 1971），以及一個在實務上相當有趣的應用，即克蘭森（Matthew Crenson）的《空氣污染的非政治學：城市中非決策的研究》（*The Un-Politics of Air Pollution: A Study of Non-Decisionmaking in the Cities,* 1971）。我認爲，根據巴克拉克與巴拉茲提出的理由，多元主義者的觀點確實有所不足，而巴克拉克與巴拉茲的觀點是較爲深刻的，儘管如此，他們的觀點依然不夠深刻，有待更爲基進的強化。我將描繪出三個概念地圖，藉此呈現以下三個權力觀點的不同特徵：多元主義者觀點（我稱之爲單一向度的觀點）、多元主義批判者的觀點（我稱之爲兩個向度的觀點），以及權力的第三種觀點（我稱之爲三個向度的觀點）。接下來，我將個別說明這三個觀點的優劣，並試著證明第三個觀點比前兩者更能提供較深入且較令人滿意的權力關係分析。

2 單一向度的觀點

這種觀點通常稱爲「多元主義」權力觀點，但這名稱卻有誤導之嫌，因爲達爾、波斯拜、沃芬傑等人的目的是要證明（他們所認定的）權力實際上是多元地被分配的，不管是在紐海芬，還是在整個美國政治體系中都是如此。因此，若要像這些學者般來提及「多元主義的權力觀點」、「多元主義的權力取向」或是「多元主義方法論」，便等於意指多元主義的結論已內建於其概念、取向與方法中。但我卻不認爲如此。我認爲它們在某些例子中可以導出非多元主義的結論。我認爲，他們的觀點若應用於菁英主義的決策結構上，便會導出菁英主義的結論，若應用於多元主義的決策結構上，便會導出多元主義的結論（另外，若應用於被該觀點視爲多元主義、但其他權力觀點卻不如此認爲的結構上，它也會導出多元主義的結論）。因此，我試圖描繪這種權力觀點的特質，指認它獨立於它所用以導出的多元主義結論之外的特徵。

在〈權力的概念〉（The Concept of Power）這篇早期的文章中，達爾將他的「直覺式權力概念」描述爲「A對B有權力的意思，即是A能令B去做他原本不會做的事」（Dahl 1957, in Bell, Edwards and Harrison Wagner（eds) 1969: 80）。接著，他又以些微不同的方式來描述他的「直覺式權力關係概念」，即「A成功地嘗試令a去做他原本不會做的事」（ibid., p. 82）。値得注意的是，第一句指的是A（能令B去做某些事）的能力，而第二句指的則是一個成功的嘗試——這當然就是潛在權力與實際權力、權力的擁有與權力的行使之間的區別。唯有後者——權力的行使——才是這種權力概念的核心（目的在於反制所謂「菁英主義者」對權力名聲〔power reputation〕的強調）。達爾在《誰統治？》一書中的主要方法，是「將每個決策做出以下區別：哪個參與者提出最後被採用的選項、哪個參與者否決其他人提出的選項，或是哪個參與者提出被拒絕的選項。這些行動被認定爲個人的『成功』或『失敗』。而在全部成功數量中擁有最高成功比例的參與者，就被認爲是最有影響力者」（Dahl 1961: 336）。[2]簡而言之，如波斯拜所述：「多元主義取向……試圖研究特定結果，以判斷誰實際在社群決策過程中勝出」（Polsby 1963: 113）。重點在於研究具體的、可觀察的**行為**。根據波斯拜的看法，研究者「應該研究實際的行爲，或者

2　關於達爾使用自己的權力概念所引發的批判性討論，見 Morriss 1972。

透過第一手資料，或者藉由文件、資料提供者、報紙與其他適當資訊來源來重構行爲」（ibid., p. 121）。因此，用梅洛曼的話來說，多元主義方法論就是「研究實際的行爲、著重可操作的定義，並挖掘出證據。最重要的是，它似乎產生出符合科學典範的可信結論」（Merelman 1968a: 451）。

（値得一提的是，多元主義者往往交互使用「權力」與「影響力」〔influence〕等詞彙，其前提是「在**所有**這些概念之後，似乎都存在著一個原始概念」〔Dahl 1957, in Bell, Edwards and Harrison Wagner（eds）1969: 80〕。《誰統治？》一書主要是討論「影響力」，而波斯拜則主要是討論「權力」。）

由於多元主義者強調要透過可觀察到的行爲來辨識權力，因此他們以研究**決策過程**作爲主要工作。所以對達爾來說，唯有在「仔細檢視過一連串具體決定」之後，才能分析權力（Dahl 1958: 466）。波斯拜如此寫道：

> 我們可將「權力」——它與「影響力」和「控制」等字可權宜地被視爲同義字——視爲某個行動者可以做出影響及於另一個行動者之行爲的能力，而其行爲改變了特定未來事件的可能模式。這在決策情境中最能輕易地被看出。（Polsby 1963: 3-4）

波斯拜還主張，區辨「誰在決策過程中勝出」似乎是「判定哪個個人或團體在社會生活中擁有『比較多』的權力的最好方式，因為行動者之間的直接衝突所創造出的情況，相當近似於對他們影響結果的能力所進行的實驗測試」（ibid., p. 4）。

最後這句引言顯示，他們假定「決策」涉及「直接」的（亦即實際而可觀察到的）**衝突**。因此達爾主張，唯有檢視「涉及重要政治決策的案例，其中假設的統治菁英的偏好與其他團體的偏好相衝突」，而且「……在這些案例中，菁英的偏好通常會勝出」，如此才能精準地檢證關於統治階級的假設是否為真（Dahl 1958: 466）。多元主義者所謂的決策，是關於特定（重要）「議題領域」的**議題**——再一次地，他們假設這些議題是具爭議性的，而且涉及實際的衝突。正如達爾所言，「重要議題應該涉及兩個或更多團體的偏好的實際歧異，這是個必要條件，儘管可能不是充分條件」（ibid., p. 467）。

因此，我們瞭解到，多元主義者將其焦點擺在對重要議題進行決策的行為上，且這些議題涉及實際而可觀察到的衝突。值得注意的是，達爾或波斯拜的權力定義並未做出這樣的要求；他們僅要求A能夠影響或是成功影響B所做的事。事實上，在《誰統治？》一書中，達爾相當留意權力或影響力在沒有衝突的情形下的行使；他甚至寫道：「對於一個人的顯性或隱性影響力的粗略測試，是他在他人的反對下成功地推動一項重要政策、成功地否決一項由別人提出的政策或是**成功地推動一項沒有人反對的政策**的頻率」（Dahl 1961: 66）。[3]然而，這

3　粗體字非原文所有。Morriss 1972 大肆批評了這段話。

不過是比起達爾及其同僚所提出的概念與方法論的一般主張，《誰統治？》的文本其實更加精微且更加深刻的諸多例子之一罷了；[4]它與他們所提出的概念架構及方法論相抵觸。換句話說，它呈現出一種為單一向度的權力觀點所無法處理的洞見。

根據該觀點，衝突在權力歸諸的實驗測試中至關重要：這種觀點似乎認為，如果沒有衝突，權力意志的行使就無法顯露出來。那麼，衝突究竟存在於什麼之間？答案是：存在於偏好之間。這種觀點假定偏好是有意識地被設定的，展現在行動之上，因此可以透過觀察人們的行為加以發覺。尤有甚者，多元主義者假定**利益**應該被理解為政策偏好——因此利益的衝突等同於偏好的衝突。他們不認為利益可能會無法清楚言明或無法觀察，更不認為人們可能會誤解或沒有意識到自身的利益。正如波斯拜所言：

> 為了反駁「利益的客觀性」的假設，我們可以將階級間的意見分歧視為階級間的利益衝突，將階級間的意見一致視為階級間的利益和諧。與此相反的論點是怪異而不可思議的。如果關於團體在社群裡的實際行為的資訊與研究者的預期有所不同，就得被認為是不相關的，那麼，就無法否證階層化理論（該理論以階級利益為基本假設）的經驗性命題，於是，這些命題就必須被視為是

4 另一個例子出現在 ibid., pp. 161-2 以及 ibid., p. 321，達爾提及政治階層成員的權力部分在於決定一項問題是否成為「顯著的公共議題」，從而暗示了非決策的過程。

形上的主張，而非經驗的主張。認爲某階級的「眞實」利益可以由分析者所指定，這樣的前提讓分析者可以在該階級與分析者意見不同時，指控該階級擁有「虛假的階級意識」。（Polsby 1963: 22-3）[5]

我的結論如下：單一向度的權力觀點把重點放在就各種**議題**做出**決策**時的**行為**，在這些議題上存在著可觀察到的（主觀的）**利益衝突**，而所謂的利益，乃是明示的政策偏好，並藉由政治參與而得以呈現。

3 兩個向度的觀點

在對多元主義觀點的批判中，巴克拉克與巴拉茲指出它是局限的，並因而對美國政治描繪出充滿誤導且過於自滿的多元圖像。巴克拉克與巴拉茲主張權力擁有兩種面貌。第一種面貌如前所述，「權力完全體現並充分反映在『具體決定』或是做出具體決定的活動當中」（Bachrach and Baratz 1970: 7）。他們如此寫道：

當然，權力的行使出現在當A參與了影響及於B的決

5　比較蓋格（Theodor Geiger）對於馬克思將「眞實利益」歸諸無產階級的批判，馬克思認爲無產階級的眞實利益與其階級成員的願望與目標無關。蓋格批評道，「這裡缺乏對社會階級利益結構的適當分析——這裡有的只是宗教狂熱而已」（*Die Klassengesellschaft im Schmelzliegel,* Cologne and Hagen, 1949, p. 133，引自 Dahrendorf 1959: 175）。

> 策之時。不過，權力的行使也同樣出現在當A傾其力於創造或強化社會與政治價值及制度規範之時，因為這些價值與規範可以縮限政治過程的範圍，把公共討論局限在對A無害的議題上。只要A能成功辦到這一點，B就無法提出任何其決議可能會嚴重損及A偏好的議題。（ibid., p. 7）

巴克拉克與巴拉茲的「重點」，在於「當某個個人或團體——有意識或無意識地——創造或強化了對政策衝突的公共討論的障礙，該個人或團體就擁有了權力」（ibid., p. 8），他們還引用了沙奇奈德爾經常被引述的名言：

> 所有政治組織形式都具有利用某種衝突並壓制其他衝突的偏見，因為**組織就是偏見的動員**。某些議題會被組織入政治當中，而其他議題則被排除在外。（Schattschneider 1960: 71）

巴克拉克與巴拉茲作品的重要性，在於他們將「偏見的動員」的重要概念帶入對權力的討論中。他們寫道，它是

> 一套占有優勢的價值、信念、儀式與制度程序（「遊戲規則」），有系統地且持續地有利於特定個人與團體地運作，從而犧牲其他個人與團體。得利者占據著可以

> 捍衛並促進其既得利益的有利位置。「現狀捍衛者」往往是群體中的少數人或菁英團體。不過，菁英主義既非預先注定，也非無所不在：正如反對越戰者所證明的，偏見的動員能夠且確實經常有利於多數人。（Bachrach and Baratz 1970: 43-4）

那麼，兩個向度的權力觀點究竟是什麼？其概念地圖究竟像什麼？要回答這些問題並不容易，因爲巴克拉克與巴拉茲是以兩種截然不同的意義來使用「權力」一詞的。一方面，他們以比較廣義的用法來使用「權力」一詞，將它用來指涉A成功控制B的各種形式——也就是A取得B順從的各種形式。事實上，他們發展出一整套關於這種控制形式（而極爲有趣）的類型學——他們將這些權力種類分別歸類在權力的兩種面貌下。另一方面，他們將這些權力種類之一——藉由制裁的威脅來獲取順從——稱之爲「權力」。無論如何，在說明他們的觀點時，我們可以將第一種意義稱之爲「權力」，而將第二種意義稱之爲「強迫」（coercion），藉以避免混淆。

他們的「權力」類型學包括了強迫、影響力、權威（authority）、武力（force）與操控（manipulation）。正如我們已經瞭解的，「當A與B在價值或行動上發生衝突時」（ibid., p. 24），A藉由威脅剝奪B的所有物而獲取B的順從，即是**強迫**。[6]「當A既不訴諸隱示也不訴諸明示的剝奪威脅，但卻導致

6　關於強迫的討論，見Nozick 1972、Pennock and Chapman（eds）1972。另見Wertheimer 1987。

A改變其行動時」（ibid., p. 30），就是**影響力**。所謂**權威**，是「B之所以順從A，是因爲B認知到A的命令就B的自身價值來看是合理的」——或者因爲命令的內容是正當且合理的，或者因爲命令的下達程序是正當且合理的（ibid., p. 34, 37）。所謂**武力**，是A完全剝奪B選擇順從或不順從的自由，並不顧B的不順從而逕行達成其目標。至於**操控**，則是武力的一個「面向」或次概念（但與強迫、影響力與權威截然不同），因爲「在順從時，順從者並沒有認知到被加諸身上的要求的來源或本質」（ibid., p. 28）。

巴克拉克與巴拉茲對多元主義之單一向度權力觀點的批判重點，歸根究底在於**反行為**：他們主張多元主義者「過分地強調發動、決定以及否決的重要性」，因此「沒有考慮到權力的行使可能且通常是將決策的範圍限制在相對較爲『安全』的議題上」（ibid., p. 6）。另一方面，他們堅持（至少是在書中——這是爲了回應批評者的主張，後者認爲如果B因爲預期到A的反應而沒有採取行動，那麼就沒有事情會發生，也就是「非事件」〔non-event〕，因此就無法在經驗上被驗證）所謂局限了決策範圍的非決策（nondecision），本身就是一種（可觀察到的）**決策**。然而，這些非決策可能是不明顯的，可能沒有指涉特定議題，也可能並非有意識地用以排除潛在的挑戰者（現狀捍衛者很有可能沒有意識到他們）。然而，沒有意識「並不意味著支配團體不會做出保障或增進其支配的非決定。光是維繫既有的政治過程便足以產生這種效果」（ibid., p. 50）。

因此，較佳的兩個向度之權力分析，必須同時涉及**決策制訂**與**非決策制訂**兩個部分。所謂決策是「在不同行動模式中所做的選擇」（ibid., p. 39）；所謂非決策則是「可以就對決策者利益或價值的潛在或實在挑戰加以壓制或阻擾的決策」（ibid., p. 44）。因此，非決策制訂是「一種工具，可以在要求改變社群中既定利益與特權分配的呼聲發出之前就將它壓制，或將它隱藏，或在進入相關決策領域前將它消滅，抑或是在政策過程的決策執行階段中將它破壞與摧毀」（ibid., p. 44）。

在某種程度上，巴克拉克與巴拉茲也重新界定了政治議題的範疇。對多元主義者來說，這個範疇的邊界是由被觀察的政治體系或其中的菁英所決定的。正如達爾所言，「唯有吸引到政治階層中重要成員的關注，某個政治議題才能算是眞的存在」（Dahl 1961: 92）。觀察者接著從中挑選出明顯較爲重要或「關鍵」的特定議題，並分析與之有關的決策。相較之下，對巴克拉克與巴拉茲來說，去辨識出因非決策之阻礙而無法實現的**潛在議題**也是很重要的。因此，在他們的看法裡，「重要」或「關鍵」的議題可能是實在的，也可能是潛在的。而所謂關鍵的議題，是指「對於當下主宰著政策產出決定過程者的權威或權力資源，構成確實挑戰的議題」，也就是「對於政治組織中的價值分配方式……以及價值分配本身，提出持續轉型的要求」（Bachrach and Baratz 1970: 47-8）。

儘管與多元主義者有著重大的歧異，巴克拉克與巴拉茲的分析與他們的分析還是有個極大的共同點：對於眞實的、可觀察到的（明顯或不明顯的）**衝突**的強調。正如同多元主義者主張唯有當決策中出現衝突，權力才會存在，巴克拉克與巴拉茲也假定同樣的情況發生在非決策當中。因此，他們寫道，如果「沒有明顯或不明顯的衝突，那麼我們就可以假定社會對於當前的價值分配具有共識，因此非決策是不存在的」（ibid., p. 49）。他們主張，當這種衝突不存在時，「就無法準確地判斷某個決定的動機，究竟是否眞是爲了防止或避免公衆就可能危及決策者的改變要求進行嚴肅的討論」（ibid., p. 50）。如果「存在著對現狀的普遍默許」，那麼，就不可能「在經驗上去判定這共識究竟是眞實的，還是藉由非決策制訂而被迫使的」——他們還饒富興味地加了一句「對這個問題的分析不是政治分析者力所能及的，或許唯有哲學家才能做出成果豐碩的分析」（ibid., p. 49）。

最後這句引言，似乎意味著巴克拉克與巴拉茲在下列兩者之間舉棋不定：在缺乏可觀察的衝突時，到底是沒有非決策權力的行使，還是就算是有這樣的權力行使，但我們卻永遠無法得知？無論如何，他們認爲衝突發生在**利益**之間——一方是參與非決策者的利益，另一方則是被排除於政治體系之外者的利益。後者的利益該如何辨識？巴克拉克與巴拉茲如此答道：觀察者

> 必須決定那些顯然因偏見的動員而受損的個人與團體是否有明顯或隱藏的不滿……明顯的不滿，是指那些已經表達出來並在政治體系中形成議題者，而隱藏的

不滿，則是指那些尚在體系**之外**者。

後者「尚未被認定爲是『值得』大眾注意與爭議的」，但「觀察者還是可以觀察到它們未竟成功的形式」（ibid., p. 49）。換句話說，巴克拉克與巴拉茲對「利益」的概念比多元主義者更爲寬廣——儘管該概念仍是指主觀利益，而非客觀利益。多元主義者假定所有的公民都位居政治體系之內，將他們的行爲所展現出的政策偏好視爲利益；巴克拉克與巴拉茲則考慮了那些部分或全然被排除於政治體系之外者的行爲所展現出的偏好，這些偏好以明顯或隱藏不滿的形式存在。不過，不論是多元主義者，還是巴克拉克與巴拉茲，他們都假定利益是有意識地被表達出來的，同時也是可觀察到的。

綜合以上討論，我的結論如下：兩個向度的權力觀點，是對**側重行為**的單一向度觀點的**有限度批評**（之所以是「有限度」的，是因爲它假定非決策制訂也是決策制訂的形式之一），同時，它考量了避免在**潛在議題**上做出**決策**的方法，在這些潛在議題上存在著可觀察到的（主觀）利益衝突，而所謂的利益，具體表現在明示的政策偏好以及次政治的不滿上。

4 三個向度的觀點

毫無疑問地，兩個向度的觀點代表著從單一向度觀點跨出一大步——它將政治議程的控制以及潛在議題如何被摒除於政治過程之外等問題，納入權力關係的分析當中。儘管如此，我認爲兩個向度的觀點仍是不足的，理由有三：

首先，它對行爲主義的批評太過有限，或者說，它仍過分執著於行爲主義——亦即執著於明顯的、「實際的行爲」的研究，將衝突情況中的「具體決策」視爲典範。由於兩個向度的觀點試著把所有被排除於政治議程之外的潛在議題納入決策的典範當中，因此它讓人無法認清個人、團體與制度（尤其是後兩者）成功地將潛在議題排除於政治過程之外的方式。所謂決策，是指個人在各種選項之間有意識且有意圖地做出的選擇，但體系的偏見賴以動員、再造與強化的方法，卻可以與有意識的選擇無關，也可以與特定個人選擇的意欲後果無關。正如巴克拉克與巴拉茲所強調的，現狀捍衛者的支配地位可能會極爲穩固而深入，以致於他們沒有意識到任何潛在挑戰者，因而也沒有意識到（他們努力維持其偏見的）既有政治過程的任何替代方案。巴克拉克與巴拉茲寫道，「作爲研究權力及其後果的學者，我們關心的重點並不在於現狀捍衛者是否有意識地使用其權力，而在於他們是否運用它、如何運用它，以及它對政治過程與體系中其他行動者的影響爲何」（Bachrach and Baratz 1970: 50）。

尤有甚者，體系的偏見並非僅由一連串個別選擇的行動所維繫，更是由被社會結構化與文化模式化的團體行爲以及制度實踐來維繫，而這些都可藉由個人的不作爲來展現。如同多元主義者，巴克拉克與巴拉茲一樣採取了一種非常方法論個人主義的權力觀點。雙方都接受韋伯的指引。對韋伯來說，權力是指在面對他人抵制時，**個人仍能實現其意志**的可能性；然而，除非是將掌控政治議程與排除潛在議題的權力視爲集體力量與社會安排的功能，否則便無法有效地分析這樣的權力。[7]事實上，這其中有兩種不同的現象存在。第一種是集體行動的現象，亦即一個集體（不論是團體〔例如階級〕或是機構〔例如政黨或公司〕）的行動或政策是明示的，卻不可歸因於特定個人的決定或行爲。第二種是「體系」或組織效果的現象。正如沙奇奈德爾所言，偏見的動員導因於組織的形態。當然，這些集體與組織都是由個人組成的——但是它們所運用的權力卻不能單純地以個人的決定或行爲予以概念化。馬克思曾精簡地道出：「人們自己創造自己的歷史，但是他們並不是隨心所欲地創造，並不是在他們自己選定的條件下創造，而是在直接碰到的、既定的、從過去承繼下來的條件下創造。」[8]

批判兩個向度的觀點有所不足的第二個理由，在於該觀點將權力連結到實際而可觀察到的衝突。就這一點來說，多元主義的批評者與多元主義者實在太過相近[9]（同時，兩者都追隨韋

7　見 Lukes 1973, chapter 17。可以參考達倫道夫（Ralf Dahrendorf）決定「依循……韋伯有用而思慮周詳的定義」，根據韋伯的定義，「權力與權威最重要的區別，在於權力本質上與個人的個性有關，而權威則與社會地位或角色有關」（Dahrendorf 1959: 166）。

8　Karl Marx and Friedrich Engels, 'The Eighteenth Brumaire of Louis Bonaparte', in Marx and Engels 1962, vol. 1: 247.

9　這種相似性在《權力與貧窮》（Bachrach and Baratz 1970: esp. pp. 49-50）中最爲清楚。這本書的寫作，主要是爲了回應多元主義者對巴克拉克與巴拉茲關於非決策的文章（Bachrach and Baratz 1963）所具有的（潛在三向度）意涵提出的批評。見 Merelman 1968b 與 Bachrach and Baratz 1968。

伯，皆著重**不顧他人抵制下**的個人意志實現）。這種將實際衝突視爲權力關鍵的堅持並不管用，而其原因至少有二。

首先，根據巴克拉克與巴拉茲自己的分析，有兩種權力的種類與衝突無關：操控與權威——他們認爲它們是「建立在理性之上的同意」（Bachrach and Baratz 1970: 20），不過在其他地方，他們又說它們涉及「可能的價值衝突」（ibid., p. 37）。

這種堅持並不管用的原因之二，是假定權力的行使僅存在於這種衝突的情況中是不充分的。更直接地說，A可以藉由令B去做B不想做的事來行使權力，但是A也可以藉由影響、形塑或決定B的根本欲求來行使權力。實際上，讓他人擁有你要他們擁有的欲望——亦即藉由控制他們的想法與欲望來獲致其順從——不正是權力的終極展現嗎？就算不對《美麗新世界》（*Brave New World*）或史基納（B. F. Skinner）的世界做出長篇累牘的討論，每個人也都能理解到下面這點：思想控制有許多較非全面而較世俗的形式，例如資訊管制、大眾媒體以及社會化過程等。諷刺的是，《誰統治？》對這種現象有著相當精準的描述。試想十九世紀初「貴族」統治的時代：「菁英似乎都擁有支配團體所不可或缺的特徵——他們自己與一般群眾都共同認定，他們統治的主張是正當的。」（Dahl 1961: 17）達爾也發現，在現代的「多元主義」條件下，這種現象也是存在的：領導人「不僅**回應**選民的偏好，還**形塑**偏好」（ibid., p. 164），而且「幾乎所有成年民眾都受過**某種**程度的學校教化」（ibid., p. 317）。由於巴克拉克與巴拉茲跟多元主義者都假定權力（如其所概念化的）只出現在有實際衝突的個案當中，因而由此導出實際衝突是權力的必要條件，但這正是問題所在。這種看法忽略了一個重點——最有效且最狡猾的權力行使方式，是在一開始就防止這種衝突的出現。

批評兩個向度的觀點有所不足的第三個理由跟第二個理由有關，亦即它堅持只有當不滿被拒斥於政治過程之外而無法成爲議題時，才會有非決策制訂的權力存在。如果觀察者沒有發覺到任何不滿，那麼，他必定得假定人們對既有的價值分配有著「眞實」的共識。換句話說，它假定如果人們沒有感到任何不滿，那麼他們就沒有被權力行使所損及的利益。但這說法也是漏洞百出的。首先，到底什麼叫做不滿？以政治知識爲基礎的清楚需求？因日常生活經驗而引發的無特別目標抱怨？還是不自在的模糊感受或剝奪感？（見 Lipsitz 1970）其次，最高招、最深藏不露的權力行使方式，是藉由形塑人們的想法、認知與偏好（不論是因爲他們看不到或想不出其他的選擇，或是因爲他們認爲這是天生如此而不可改變的，抑或是因爲他們認爲這是上天注定而且是有益的），使他們接受自己在既定秩序下所扮演的角色，以避免人們產生不滿。認爲沒有不滿就等同於有眞實的共識，根本是在定義上就排除了虛假或被操控的共識的可能性。

綜而言之，權力的三個向度觀點對前兩種觀點**偏重行為**[10]**的立場進行徹底的批判**，指出這兩種觀點過於個人主義，並強調必須思考潛在議題被摒除於政治之外的各種方式，不論是透過社會力量與制度實踐的運作，還是透過個人的決定。尤有甚者，這可能發生在缺乏眞實且可觀察到的衝突（衝突是可以被有效地防止的）的情況下——儘管此處仍隱含著潛在衝突的可能性，但這樣的潛在衝突可能永遠也不會成眞。因此，它是一種**隱性衝突**，在於掌權者的利益與被排除者的**真實利益**之間的矛盾。[11]後者可能無法表達或甚至認知到他們自身的利益，但是我認爲，要辨識出他們的利益，最終永遠有賴於在經驗上可支持且可否證的假設。

三種權力觀點的特點可以摘要如下：

單一向度的權力觀點

偏重（1）行爲

---

10 在這裡，我是使用「行爲的」一詞最狹隘的意涵，用以指稱對明顯而實際行爲的研究，特別是具體的決定。當然，在最廣泛的意涵下，三個向度的權力觀點是「行爲的」，因爲它肯認行爲（行動與不行動、意識與無意識、實在與潛在）爲權力行使的歸諸提供了（直接與間接的）證據。

11 這樣的衝突是隱性的，因爲這種觀點假定一旦受制者意識到其利益時，在掌權者與受制者之間**會有**欲望或偏好的衝突。（我對隱性衝突與眞實利益的解釋與達倫道夫對「客觀」與「隱性」利益的解釋不同。達倫道夫將「客觀」與「隱性」利益解釋爲在「獨立於[個人]意識傾向之外」的協調組織中「以社會地位爲條件、甚至源自社會地位的敵對利益」〔Dahrendorf 1959: 174, 178〕。在我認爲是經驗上可確定的事，對達倫道夫來說是社會學上假定的事。）

（2）決策

（3）（關鍵）議題

（4）可觀察到的（明顯）衝突

（5）（主觀）利益，被視爲政治參與所呈現的政策偏好

兩個向度的權力觀點

對偏重行爲（有限度）的批判

偏重（1）決策制訂與非決策制訂

（2）議題與潛在議題

（3）可觀察到的（明顯與不明顯）衝突

（4）（主觀）利益，被視爲政策偏好或不滿

三個向度的權力觀點

對偏重行爲的批判

偏重（1）決策制訂與對政治議程的掌控（不必然透過決策）

（2）議題與潛在議題

（3）可觀察到的（明顯與不明顯）衝突與隱性的衝突

（4）主觀與眞實利益

5 權力的基本概念

以上三個權力觀點的共同特徵之一，是它們都是評價性的——每一個都是由特定的道德與政治視角出發並在其中運作。

的確，我相信權力是無法免於價值判斷的概念之一。我的意思是它的定義與用法一旦界定之後，就必然會與一套既定的（可能未被認知的）價值假定密不可分，因而預先決定了它在經驗上的適用範圍——在下文裡，我還會指出，其中某些用法可以使其適用範圍比其他用法來得更深且廣。正因如此，權力的概念一直是個「本質上易受爭議的概念」——一個「無可避免會涉及其使用者是否正確使用的永無休止爭議」的概念（Gallie 1955-6: 169）。事實上，參與這種爭議本身就是參與政治。

所有對權力的討論的根本核心（或是背後原初的概念），是「A 以某種方式影響 B」的概念。但是在把這個原初的（因果）概念應用於分析社會生活時，我們需要某種更深入的概念——亦即「A 以一種並非無關緊要或是重要的方式影響 B」的概念（參見 White 1972）。顯而易見地，我們無時無刻都以各種數不盡的方式影響彼此：權力的概念，以及強迫、影響力與權威等相關概念，標明了各種被認定爲「重要」的影響的範圍。一種在分析社會關係時會有用的思考權力方式（或是定義權力概念的方式），必然蘊涵著對以下這些問題的答案：什麼是重要的方式？是什麼使得 A 對 B 的影響具有重要性？如此界定的權力**概念**，在經詮釋與被使用時，導出了一個以上的權力**觀點**——亦即在實在世界中辨識出權力的方式。我們之前討論的三種觀點，可以視爲對同一個基本權力概念——當 A 以抵觸 B 利益的方式影響 B 時，A 對 B 便行使了權力——的不同詮釋與應用。[12]然而，還有其他不同概念化權力的方式（它們同樣易受爭議），各有其判定何爲重要的標準。以下舉其中兩者加以介紹。

首先，我們來看由帕森斯（Talcott Parsons）所發展的權力概念（Parsons 1957, 1963a, 1963b, 1967）。帕森斯試圖「將權力視爲一個**特定**的機制，可以改變其他個體或集體單位在社會互動過程中的行動」（Parsons 1967: 299）。那麼，對帕森斯來說，這個機制究竟有什麼特別之處，以致可被視爲「權力」？換句話說，帕森斯用來認定特定範圍的影響爲重要的、從而屬於「權力」的標準爲何？簡單地說，答案是以促進集體目標爲目的的權威性決策的使用。是故，他將權力定義如下：

> 權力是一種普遍性能力。當具約束力的義務因爲與集

12　「概念」與「觀點」之間的區別類似於羅爾斯（John Rawls）對「概念」（concept）與「觀念」（conception）之間的區別。羅爾斯寫道，

> 認爲正義概念與各種正義觀念截然不同，並扮演著這些不同原則與不同觀念的共同之處的角色，這是很自然的想法。那些抱持不同正義觀念的人仍可以同意，當賦予人們基本權利與義務時沒有專斷的區別（arbitrary distinction），而且有規則據以在各種相互競爭的主張之間達成適當的平衡（proper balance）以增進社會生活的利益，那麼該制度就是公正的。人們之所以同意上述對於公正制度的描述，是因爲「專斷的區別」與「適當的平衡」這兩個包含在正義概念之中的概念，是留給每個人根據他所接受的正義原則自由地加以詮釋的。這些原則指出人們之間的哪些相同處與不同處在決定權利義務時是相關的，也指出哪種利益分配是適當的。（Rawls 1972: 5-6）

與此相似地，對於何謂利益以及這些利益會如何受到負面的影響，抱持不同權力觀點的人提供了不同的詮釋。我同意羅爾斯的看法，不同的正義觀念（如同權力觀點）是「不同社會構想的副產品，而這些不同的社會構想又來自於就人類生活之必需品與機會所提出的不同觀點。爲了全面瞭解正義的觀念，我們必須釐清它所源自的社會合作的觀念」（ibid., pp. 9-10）。不過，我並不贊同羅爾斯的信念——他認爲一個正義的理性觀念或一組正義的原則終將可以發現。如同「權力」，「正義」也是在本質上易受爭議的概念。

> 體目標有關而取得正當性時，集體組織體系中的單元便使用權力來確保該義務的履行。而當面對反抗時，就推定有負面制裁的執行行動出現——不論制裁的執行者爲何。（ibid., p. 308）

「在具正當性的形式下，A施諸B的權力，就是A所做的決定優先於B所做的決定的『權利』，在此，作爲一個涉及集體過程的決策單元的A所做的決定符合有效集體運作的利益。」（ibid., p. 318）

帕森斯對權力的概念化，是把權力跟權威、共識以及對集體目標的追求繫在一起，而把權力跟利益衝突、強迫與武力（特別是後兩者）分開。因此，權力依賴於「權威的制度化」（ibid., p. 331），而且「被視爲有效集體行動動員許諾或義務的普遍性媒介」（ibid., p. 331）。相較之下，「如果缺乏正當性或證成，強迫性措施或強制性作用的威脅就完全不該稱爲權力的使用……」（ibid., p. 331）。是故，帕森斯批評密爾斯對權力的詮釋，因爲後者「只把權力當成是掌權者藉由防止別人（『出局者』）取得所欲、從而取得自己所欲的能力」，而非將它視爲「作爲一個體系的社會履行其功能的能力」（Parsons 1957: 139）。

接著，我們來看看鄂蘭（Hannah Arendt）所定義的權力概念。她寫道：權力

> 不僅相當於人類行動的能力，而且還是一致行動的

> 能力。權力從來不是個人的財產，它是屬於團體的，只要該團體一直維繫在一起，權力就繼續存在。當我們稱某人「擁有權力」，我們是指他被一群特定的人們賦予了權力，並以那群人之名行動。當那群產生權力的團體消失了（沒有人民或團體，就沒有權力〔*potestas in populo*〕），「他的權力」也隨即消散。（Arendt 1970: 44）

這是因爲

> 人民的支持提供權力給國家制度，而這種支持也正是導致法律產生的同意的延續。在代議式政府的情況下，人民理應統治那些治理他們的人。所有的政治制度都是權力的顯現與實體化；一旦人民充滿活力的權力不再維繫政治制度，它們就會僵化、腐敗。這就是麥迪遜（James Madison）說「所有的政府都依靠意見」的意思，這句話無論是在民主或是各種君主政體下都屬實。（ibid., p. 41）

鄂蘭對權力的思考方式，是把權力繫於溯及雅典與羅馬的傳統與字彙，據此，共和國奠基於法治之上，而法治則是依靠「人民的權力」（ibid., p. 40）。在這種觀點中，權力跟「命令—服從關係」（ibid., p. 40）與「統治的事務」（ibid., p. 44）無關。

權力是在雙方同意下成立的，它「不需要證成，它是政治社群的存在中所固有的，它需要的只是正當性……。當人民聚在一起並一致地行動時，權力就會出現，不過，它的正當性來自於人們最初的相聚，而非來自人民聚在一起之後的任何行動」（ibid., p. 52）。相較之下，**暴力**（*violence*）是工具性的，是達成目的的手段，但「永遠不會是正當的」（ibid., p. 52）。而權力「非但不是達成目的的手段，事實上，它是使一群人得以在手段—目的範疇方面進行思考與行動的條件」（ibid., p. 51）。

帕森斯與鄂蘭提出的權力定義頗爲類似，而它們的**重點**都在於爲他們的整體理論架構提供具說服力的支撐。在帕森斯的例子裡，將權力跟權威性決定與集體目標相連結，有助於強化他奠基在價值共識之上的社會整合理論，因爲正是在「權力」之名下，所謂「強迫」理論者所重視的所有問題都遭到掩藏。透過定義，強迫、剝削與操控等現象就不再是權力的現象——因此消失於理論的地景之中。紀登斯（Anthony Giddens）對這點做出傑出的闡述：

> 權威性決定往往爲部分利益服務，社會中最根本的衝突源自對權力的爭奪，以上這兩個明顯的事實都因爲帕森斯的權力定義而被排除在討論之外——或至少是與「權力」無關的現象。基於這種權力概念，帕森斯得以將整個分析重心從作爲個人或團體**之間**關係的表達的權力，轉向作爲「體系特質」的權力。集體「目

> 標」甚或其背後所隱含的價值，很有可能是「妥協的秩序」（negotiated order）的結果，建立在擁有不同權力的團體彼此之間的衝突之上，但這種可能性卻完全遭到忽視，因爲對帕森斯來說，「權力」假定了集體目標的預先存在。（Giddens 1968: 265）

同樣地，在鄂蘭的例子裡，權力的概念化扮演了說服的角色，藉以辯護她所提出的經人民同意而「非暴力地行爲且理性地論辯」的「公共事務」（*res publica*）概念，並藉以反對將公共事務化約爲統治事務，以及反對將權力跟武力與暴力在概念上做連結。她寫道，「事實上，對非暴力的權力的討論是多餘的」（Arendt 1970: 56）。這些區別使鄂蘭得以提出以下的主張：「誠如孟德斯鳩（Charles de Montesquieu）所見，獨裁是最暴力與最無效的統治形式」（ibid., p. 41）；「當權力瓦解，革命就成爲可能，但非必然」（ibid., p. 49）；「就算是我們已知最暴虐的統治，亦即主人對於奴隸（後者在人數上始終超過前者）的統治，也並非依靠強勢的脅迫手段，而是依靠優勢的權力組織——亦即依靠統治者的組織化團結」（ibid., p. 50）；「暴力永遠可以摧毀權力；槍桿子產生最有效的控制，導致最立即且完全的服從。但槍桿子永遠產生不了權力」（ibid., p. 53）；「權力與暴力是對立的：當一方主宰時，另一方就缺席。當權力處於危險時，暴力就出現；而當權力消失時，暴力就壯大」（ibid., p. 56）。

以上這些權力的概念是可以理性地加以辯護的。然而，我認爲與本書所討論的權力概念相比，它們較不重要，理由有二：

首先，它們是對權力概念修正後的再定義，偏離了傳統上所認爲的「權力」的核心意義以及權力研究者長期以來的關切。他們把重點擺在「從事……的權力」（power to），忽略了「施諸……的權力」（power over）。因此權力指涉的是一種「才能」、一種「能力」、一種「技能」，而非一種關係。正因如此，權力的衝突面——亦即權力**施諸**人們身上的事實——也就一併消失了。[13]隨之一併消失的，是原本之所以要研究權力關係的核心關懷——探討如何藉由克服或避免人們的反對而（企圖或成功地）獲致其順從。

其次，正如我們所見，這些定義的重點都在於強化特定理論立場；而在闡釋力上，本書所提出的概念架構遠遠勝過帕森斯與鄂蘭的理論工具，而且不會隱蔽權力的各種（核心）向度，但這些向度卻早在他們的定義中便遭到排除。舉例來說，帕森斯反對將權力視爲「零和」現象，而以經濟體中的信用創造來比喻；他主張，當被治者正當化他們對統治者的信任，權力的使用就可以達成全體所欲的目標，並對全體有利。贊成這種觀點的論者還進一步主張，「在任何一種團體當中，如此界

13 因此對帕森斯來說，「A對B擁有的權力」成了A所做的決定優先於B所做的決定的「權利」！

定的『領導』位置的存在，的確會『導致』可以用來達成團體多數成員所欲目標的權力的產生」（Giddens 1968: 263）。同樣地，鄂蘭想要表達的是，當一個團體行動一致時，就是在行使權力。根據本書所建立的概念架構，所有這類合作性活動的案例（亦即個人或團體在彼此沒有利益衝突的情況下相互影響）都將被標誌爲「影響力」而非「權力」的案例。本書的概念架構依然可以表達出帕森斯與鄂蘭希望就共識性行爲所做的所有討論，但同時也表達出他們希望從權力詞彙中移除的一切。

接下來我將提出一幅關於權力及其相關概念（「重要影響」的各種模式）的概念地圖（下頁圖一），這幅地圖大致依照巴克拉克與巴拉茲的分類方式。當然，這幅地圖本身在本質上是易受爭議性的——值得一提的是，雖然它的目的是要去分析並定位單一向度、兩個向度以及三個向度的權力觀點中的權力概念，但我並不主張各個觀點的支持者都必然會接受這幅地圖。理由之一是這幅地圖是根據三個向度的權力觀點發展出來的，因此整合並延伸超越了另外兩種觀點。

在這個架構下，權力可能會、也可能不會成爲一種影響力的形式——端視制裁是否存在；影響力與權威可能會、也可能不會成爲一種權力的形式——端視利益衝突是否存在。因此，在沒有利益衝突時，共識性權威並非一種權力的形式。

至於理性的說服是否爲一種權力與影響力的形式？這個架構並無法適當地處理這個問題。不過，我認爲它的答案既是「是」，也是「不是」。「是」是因爲它是一種重要影響的形

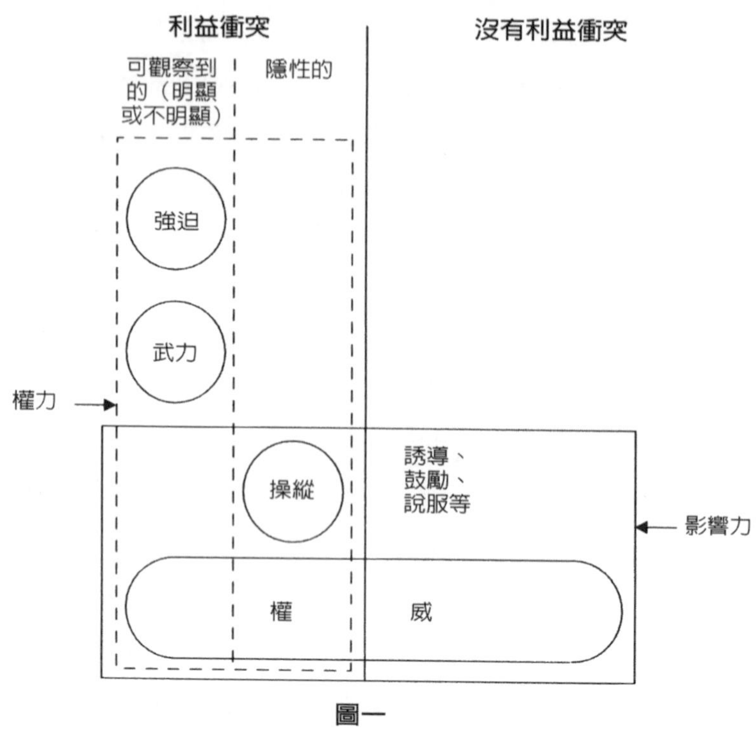

圖一

式：A使（導致）B去做或去想他原本不會去做或去想的事。「不是」是因爲B自動地接受了A的理由，因此我們會認爲導致B改變的原因並非A，而是A的理由，或B對A的理由的接受。我懷疑這裡存在著因果關係與自主性和理性之間的根本性（康德式〔Kantian〕）二律背反。我不認爲這個二律背反有解決的方法：兩者完全是相互抵觸的概念。

接下來要面臨的問題，是A能否在符合B眞實利益的情況下對B行使權力？也就是說，假設A與B的偏好是衝突的，但

A的偏好其實符合B的眞實利益。這可以有兩種回答：（1）A對B行使的是「短期的權力」（有著可觀察到的主觀利益衝突），但當B認知到自己的眞實利益時，這種權力關係就結束了，亦即它是自我取消的。（2）無論是A企圖控制B，還是A成功地控制了B，在絕大多數或任何情形下，只要B反對或抵抗，就構成了對B自主性的違反。由於B的自主性是符合其眞實利益的，因此這種權力行使絕不可能符合他的眞實利益。很明顯地，第一種回答很容易造成誤用，爲暴政提供了父權主義的背書；而第二種回答則提供了無政府主義式的反抗理由，把影響力的各種形式都視爲權力。儘管第二種回答頗具吸引力，但我還是傾向選擇第一種，因爲其危險可以藉由辨識眞實利益的經驗基礎來加以化解。眞實利益的辨識，是由B（而不是A）在相對自主的條件下做出選擇，並且不受A權力的影響（例如透過民主參與的方式）。[14]

6 權力與利益

我將權力概念界定爲「當A以違反B利益的方式影響B時，就表示A對B行使了權力」。「利益」必定是一個評價性的概念（Balbus 1971, Connolly 1972）：當我說某件事符合你的利益時，我的意思是你對該事有著初步成立（prima facie）的請

14　關於最後一點，見巴克拉克的著作。

求權，而當我說「X政策符合A的利益」時，這就構成該政策的初步成立證成。一般說來，談論利益，就等於是做出帶有道德與政治性質的規範性評斷。因此，不同的道德與政治位置，自然會有不同的利益概念。若用一種十分粗糙的講法，我們可以說，自由派人士視人們如其所是，重視他們的欲求，認爲他們實際的欲求與偏好即是他們的利益，而他們的政治參與彰顯出他們的政策偏好。[15]改革派則認爲每個人的欲求在政治體系之中並非平等，並對此感到痛心；他們也認爲人們的欲求與偏好即是他們的利益，但這些欲求與偏好的彰顯可以透過較爲間接而次政治的方式——以偏向、潛藏或隱匿的欲求與偏好的形式呈現。基進派則主張，人民的欲求本身可能是不利於其自身利益的體系的產物，唯有當他們可以自己做出選擇時，他們的欲求與偏好才會是他們的利益。[16]三種看法都各自指出了某些實際與潛在的欲求作爲道德評價的對象。綜而言之，我認爲單一向度的權力觀點是以自由派的利益概念爲前提，兩個向度的權力觀點是以改革派的利益概念爲前提，而三個向度的權力觀點則是以基進派的利益概念爲前提。（我認爲，任何一種權力觀點都建立在某種特定的規範性利益概念之上。）

15　見Barry 1965，以及本書作者在Lukes 1967中的討論。

16　可參考康樂勒（William Connolly）對真實利益定義的「第一個近似值」（first approximation）：「x政策比y政策更符合A的利益，如果A同時經歷過x與y的**結果**，就會**選擇**x作為他想要的結果。」（Connolly 1972: 472）我同樣也將真實利益與（相對）自主及選擇加以連結。當然，這裡需要對自主性的本質與條件（以及它和社會決定的關係）進行更深入的討論。見Lukes 1973, chapter 8, 18, 20。

7 三個觀點的比較

接下來，我要比較三個權力觀點的優劣。

強調決策制訂的單一向度觀點的長處相當明顯也經常受到強調：梅洛曼表示，多元主義者藉此得以「研究實際行爲、強調操作性定義，並提出證據」（Merelman 1968a: 451）。然而，這種作法的問題在於他們所研究的，乃是社群中重要決策的制訂，因此他們只不過是在接納並再生產他們所研究的體系的偏見罷了。達爾對都市更新、公共教育以及政治提名決策的分析，使得我們瞭解到紐海芬決策權力的**多樣性**。他指出這些議題領域都是彼此獨立的，而一般說來，在不同領域中會有不同的個人行使權力，因此沒有固定一群人或單一菁英擁有橫跨不同議題領域的決策權力。他進一步表示，決策過程會回應公民的偏好，因爲在參與決策過程時，因選舉而得到職位的政治人物與官員會考慮未來選舉的結果。他寫道，「低估選民藉由選舉而能對領導者決策進行**間接**影響的程度是不智的」（Dahl 1961: 101），任何選民認爲重要的議題，都不會永遠爲領導者所忽視。因此達爾認爲多元主義政治是多樣且開放的，他寫道，「政治光譜中各個不同部分的獨立性、穿透性以及異質性，確保了任何不滿的團體都能找到代言人」（ibid., p. 93）。

然而，達爾所看到的多元性與開放性可能是相當有問題的，因爲體系內權力的行使可以將決策限制於某些可接受的議題。個人與菁英可能各自去做出可接受的決定，但也可能採取一致的行動——或根本不行動——來把不被接受的議題摒除於政治之外，藉此防止體系變得比原本更加多元。有人曾說，「一個決策制訂過程多元的政治體，它的非決策制訂過程可能是單一的」（Crenson 1971: 179）。決策的方式可以防止該可能性被納入考慮。達爾主張體系可以為任何不滿的團體所穿透，但他之所以得出這樣的結論，是因為他只研究了成功的穿透案例，卻從未檢驗任何失敗的案例。尤有甚者，「選民所具有的非間接影響力使得他們可以控制領導者」的命題，也有可能會產生負面效果。因為間接影響力同樣可以防止政治人物與官員提出不被社群中特定團體或制度所接受的議題或提案。它不光僅僅為選民的利益服務，它也可以為單一菁英的利益服務。綜而言之，單一向度的權力觀點無法呈現出多元主義體系如何可以藉由較不明顯的方式而有利於某些團體，但卻不利於其他團體。

兩個向度的權力觀點試圖揭露這一點，算是一大進展——但它將自己局限於研究那些成功防止可觀察到的（明顯或不明顯的）不滿成為政治過程中的議題的個人決定所導致的偏見動員的情境。我認為，這一點充分說明了巴克拉克與巴拉茲對巴爾的摩的貧窮、種族與政治的研究的單薄與不足。這份研究其實只是敘述了巴爾的摩的市長與企業領袖如何避免讓黑人族群把他們的要求變成政治上具威脅性的議題（其手法包括特定政治任命、設立降低貧困議題威脅性的工作小組、支持某種社會福利措施等等），並說明了黑人族群如何透過暴動等抗爭手段來爭取政治參與的機會。他們的分析之所以失之於表面，正是因爲它局限於研究那些避免讓潛在威脅成爲政治危機的個人決定。更深入的分析需要處理領導者的**不作為**以及（政治、產業以及教育）制度的壓迫，探討它們長久以來是如何以各種複雜而細緻的方式將黑人族群摒除於巴爾的摩政治圈之外，甚至是使他們在很長的一段時間內連嘗試爭取政治參與都未曾嘗試過。

三個向度的權力觀點提供了這種分析的可能性。換句話說，對於政治體系如何防止要求成爲政治議題，或甚至是避免讓要求產生，它提供了進行嚴謹社會學解釋、而非僅是個人化解釋的展望。一個用來反對這種分析方式的標準理由經常爲多元主義者所提及：我們如何能研究，更遑論解釋，那些沒有發生的事？波斯拜寫道：

> 有人認爲非事件比決策事件所做出的決策更爲重要。這種主張有一定的道理與吸引力，但它卻對研究構成難以克服的困難。我們很容易便能瞭解這樣的困難究竟有多麼難以克服：讓我們暫且同意非事件比事件更加重要，那麼，接下來我們就得探詢在社群中究竟是**哪些**非事件被認爲是最重要的。答案當然不會是**所有**的非事件。每個發生的事件（不論如何定義）都必然伴隨著無限的其他可能性。那麼，究竟是哪些非事件被認爲是重要的？一種較令人滿意的答案是「那些爲社群中眾多行動者所欲、但卻未達成的結果」。就這

> 些目標都被社群中的人們以某種方式明白地追求著這一點而言，紐海芬研究的方法確實可以多少捕捉到這些人們所追求的目標。而一種令人完全無法滿意的答案則是「那些由局外觀察者在未參考社群居民欲求與活動下所規定的非事件」。這答案之所以令人無法滿意，是因爲這樣的作法明顯是不適當的：由局外人從所有沒發生的可能結果中挑選出他們認爲重要、但社群成員卻不如此認爲的一組非事件。這種方法極可能對研究的結果造成偏差……。（Polsby 1963: 96-7）

同樣地，沃芬傑主張「無限種可能的非決定……顯現出這種概念可以應用於各種意識形態觀點」（Wolfinger 1971a: 1078）。尤有甚者，假設我們發展出「一種政治利益與理性行爲的理論」，指出人們若完全自主時在特定情況下會採取怎樣的行爲，並據以主張一旦人們無法採取這種行爲，便是因爲存在著權力的行使，那麼，在這種情況下，沃芬傑認爲我們將無法判定以下兩者究竟何者爲眞：究竟是眞有權力在行使？或是該理論根本就是錯誤的（ibid., p. 1078）？

面對這些有力的論點，我要說的第一點，是他們已從方法論上的困難轉移到一種實質的主張。我們不能只因爲很難或甚至無法顯示權力在特定情況下被行使，就導出權力行使不存在的結論。不過，更重要的是，我不認爲我們無法辨識這種權力的行使。

什麼是權力的行使？行使權力意味著什麼？若進行仔細的檢驗，可以發現「權力的行使」與「行使權力」的說法至少在兩個向度上是有問題的。

首先，在日常使用上，這種說法具有雙重含意：有時它被假定爲是個人化且有意的，也就是說，它似乎意味著權力的行使是個人對他人有意識的影響。有些人似乎覺得表示團體、制度或集體在「行使」權力，或是表示個人或集體無意識地在「行使」權力，是種不妥的說法。這一點十分有趣地顯示出「權力行使是個人化且有意的」的假定已經內建在我們的語言之中——但它本身卻提不出任何讓我們接受這些假定的理由。因此我提議廢止這些假定，使得權力行使者可以是個人，也可以是團體與制度等等，而權力在行使時可以是有意識的，也可以是無意識的。支持這種修正的消極理由，是其他說法並不會比繼續沿用這種（經過修正的）說法更能滿足這些要求（將「行使」權力改成「運用」權力並不會帶來什麼太大的差別）；我將會在之後提出一個積極的理由。

「行使權力」的說法之所以有問題的第二個向度，是因爲它隱藏了一個有趣且重要的曖昧。我在之前曾引用達爾對權力行使的定義——A使B去做他原本不會做的事——然而，這個定義是過於簡化的。

假設A**在正常情況下**可以影響B。也就是假設在正常情況下（原本即假設如此）如果A做了x，就可以使B去做B原本不會做的事。在此，A的x行動，**足以**使B去做B原本不會做的事。但假如我們現在假設 A_1 也同樣可以在正常情況下影響B：A_1 的y行動同樣**足以**使B去做B原本不會做的事。現在假設A與 A_1 同時採取與B有關的行動，而B也因此改變他的行動。在此，B的行動或改變，極其明顯地是多重決定的（overdetermined）：A與 A_1 都以「行使權力」的方式影響了B，但其結果卻與只有其中任何一方行使權力時是相同的。在這個案例中，去探問究竟是A或 A_1 導致B的改變，或探問究竟是誰使得結果有所不同，根本是無關緊要的：因爲答案是A與 A_1 都有。在某種意義下，他們都「行使權力」——亦即一種**足以**產生結果的權力，但我們卻不能說他們之中的**任一個**使得結果有所不同。我們不妨稱這種「行使權力」的意義爲**運作的**（*operative*）意義。

接著讓我們比較另一個例子，在這裡，A**確實**使結果有所不同：在正常情況下，A藉由採取x行動，確實使B去做B原本不會做的事。x在這裡是個扭曲事件正常軌道的中介因素。與第一個多重決定的例子相較，第一個例子中有**兩個**中介的充分條件，而正因爲另一方的存在，因此沒有任何一個可以說「使得結果有所不同」。在那樣的情形中，事件的正常軌道本身因爲另一個中介充分條件的存在而發生扭曲。而在第二個例子中，A的介入就可以說確實使得結果有所不同。我們姑且稱這種「行使權力」的意義爲**有效的**（*effective*）意義。

（此處值得進一步分析的是，A對結果造成了**什麼**改變？A希望B去做某件事，但是，藉由對B行使有效的權力，A

對B的成功改變可以以各種方式發生。其中唯有當B的改變符合A的願望，亦即A取得了B的順從，我們才能準確地說這是一個**成功**的權力行使：在這裡，「影響」變成了「控制」。這種成功的權力行使或順從的取得，正是巴克拉克與巴拉茲的關切焦點。成功的權力行使可視爲有效的權力行使的亞種——儘管我們可以主張當運作的權力行使造成順從的結果時，它也同樣是一種成功的權力行使的〔不確定〕形式。）

我們現在再把焦點轉到如何辨識權力的行使。權力行使的要素之一，是A採取某種行動（或不行動），同時B做了B原本不會做的事（我使用「做」一字的意義很廣泛，包括「思考」、「欲求」、「感受」等）。在有效的權力行使的例子中，A使B去做B原本不會做的事；在運作的權力行使的例子中，A加上其他充分條件，可以使B去做B原本不會做的事。因此，一般說來，任何對權力行使的分析（當然包括達爾及其同僚所提出的那些）多半都會提出一個相關的反事實條件句（counterfactual），亦即如果不是A的話，或是要不是A及其他充分條件的話，B就會採取b行動。這就是爲什麼有那麼多學者（錯誤地）堅持眞實而可觀察到的衝突是權力的關鍵的原因之一（當然，除此之外，還有其他理論與意識形態的原因）。因爲這種衝突提供了現成的相關反事實條件句。如果A與B之間有著衝突，A欲求a而B欲求b，那麼，當A勝過了B時，我們就可以假定B原本應當會做b。而當A與B之間並沒有可觀察到的衝突時，我們就必須提出其他理由來主張相關的反事實條件句。也就是說，我們必須提供其他間接的理由來主張，要不是因爲A採取（或未採取）某行動的話——在運作的權力的例子中則是如果其他充分條件並未運作的話——那麼B就會做出與B實際所做的大不相同的行動。簡而言之，我們必須證成「如果不是因爲A，B就會做出與B確實所做的大不相同的行動」的預期，我們也必須明確指出A防止或是採取行動（或不行動）來防止B這麼做所用的方法與機制究竟爲何。

我認爲這些主張可以藉由經驗證據來支持——儘管我不認爲這是件容易的事。這表示我們必須進行比絕大多數當代政治學與社會學中的權力研究更加深入的分析。所幸，克蘭森的《空氣污染的非政治學：城市中非決策的研究》爲這種努力提供了良好的示範。這本書的理論架構可說是介乎兩個向度的權力觀點與三個向度的權力觀點之間：我認爲它是運用前者的嚴謹經驗研究，另外也加入了後者的某些元素。正因如此，該書代表著權力關係之經驗研究的重要理論進展。

該書試圖去解釋「沒有發生的事」，其假設是「正確的研究對象並非政治活動，而是沒有出現的政治活動」（Crenson 1971: vii, 26）。克蘭森問道，爲什麼空氣污染問題的突顯，在某些美國城市中不像其他城市那麼早而有效？換句話說，他的目的是去「發覺……爲何許多美國城市與鄉鎮無法使空氣污染問題突顯爲政治議題」（ibid., p. vii），從而顯現地方政治體系的特徵——特別是政治體系的「穿透性」。他首先說明各地區處理空氣污染問題作法的不同，不能單純歸因於實際污染程度的不同，或是各地區人口的社會特徵。接著，他提出一份對印第安那州兩個鄰近城市——東芝加哥（East Chicago）與蓋瑞（Gary）——所進行的詳細研究。這兩個城市的空氣污染程度相當，人口也差不多。東芝加哥在1949年採取行動處理空氣污染，而蓋瑞直到1962年才展開行動。簡單地說，他的解釋是蓋瑞是個由美國鋼鐵（US Steel）一家公司所主導的城鎮，並擁有強大的政黨組織；相較之下，東芝加哥內有許多家鋼鐵公司，也缺乏有力的政黨組織，因而有利於通過空氣污染防治法規。

克蘭森根據許多詳細資料指出，一手打造蓋瑞市並使之繁榮發展的美國鋼鐵公司，長期以來有效地防止人們提出空氣污染的議題，手段包括利用其權力名聲來運作預期反應、長期防堵該問題被喚起，最後還深度介入終於制訂的空氣污染防治法規內文。尤有甚者，它所採取的這些行動完全不在政治場域中進行。「無須實際權力行動的支持，光是它的權力名聲」，就「足以阻止空氣污染成為議題」（ibid., p. 124）；而當議題終於浮上檯面時（主要是因為聯邦政府或州政府採取行動的威脅），「美國鋼鐵……無須採取任何行動，就影響了空氣污染防治法規的內文，從而挑戰了多元主義者認為政治權力屬於政治行動者的箴言」（ibid., pp. 69-70）。克蘭森主張，美國鋼鐵所行使的影響力「來自於可觀察到的政治行為範圍之外……。儘管該公司極少直接介入該市空氣污染決策者的討論，但它卻能影響討論的範圍與方向」（ibid., p. 107）。他這麼寫道：

> 蓋瑞市內的反空氣污染行動者，長期以來無法使美國鋼鐵採取明確的立場。其中一人回顧過去爲空氣污染辯論不休的陰暗歲月，認爲該市最大公司的逃避作風，是使得空氣污染防治法規的初期立法努力屢屢受挫的主要原因。他表示，該公司的管理階層只會同情地點點頭，「並承認空氣污染確實很嚴重，然後拍拍你的頭，但是他們永遠不會**做**任何事。如果當時雙方發生爭執，或許還有可能會達成一些成果」！由此可見，對於蓋瑞市空氣污染議題的發展，美國鋼鐵沒有做的事情比起它有做的事情發揮了更重大的影響。（ibid., pp. 76-7）

接著，他從這兩個詳盡的個案研究，轉向對五十一個城市的政治領袖訪談資料的比較分析，旨在測試從兩個個案研究中所產生的假設。簡單地說，他的結論是「空氣污染問題比較不會在其企業素有權力名聲的城市中出現」（ibid., p. 145）——而「當企業對空氣污染視若無睹時，空氣污染議題的存活機會就會降低」（ibid., p. 124）。另外，如前所述，有力的政黨組織也會抑制空氣污染議題的發展，因爲對空氣乾淨的追求不可能產生美國政黨機器所追求的特定利益；但這也有例外，像是當企業擁有極高的權力名聲時，有力政黨的存在就可能增加空氣污染議題的存活機會，因爲政黨會想要獲取對企業界的影響力。總的來說，克蘭森合理地主張空氣污染防治是集體財的良好範例，其成本主要都集中在企業，因此來自企業界的反對必然極爲強大，另一方面，支持空氣污染防治的力量則勢必較弱，因爲其效益分散，因此對於參與權力運作的政黨領袖不具吸引力。此外，克蘭森主張政治議題是相互連結的，集體議題會影響其他集體議題，而這與多元主義所說的不符。是故，藉由「促進一個政治議程項目，民權運動者或可成功地排除其他議題」（ibid., p. 170）：

> 只要企業與工業的發展是地方關心的主題，空氣污染問題就很容易受到忽略。一個議題的引人注目與另一個議題的不受重視是相互關連的，而這種關連性的存在使得多元主義者認爲不同政治議題各自獨立的看法備受挑戰。（ibid., p. 165）

克蘭森的主要主張是許多「政治性的限制局限了決策的範圍」，像是「決策行動是由非決策過程所傳送與引導」（ibid., p. 178）。換句話說，多元主義「並非政治開放或人民主權的保障」，而不論是對決策的研究或是「可見的多樣性」的存在，都不能向我們說明「那些早已被剔除於市鎮政治生活之外的團體與議題」（ibid., p. 181）。

我之前曾說過，克蘭森分析的理論架構介乎兩個向度的權力觀點與三個向度的權力觀點之間。表面上看來，如同巴克拉克與巴拉茲的研究，它是關於非決策制訂的兩個向度研究。另一方面，它又從三個方面進一步拓展巴克拉克與巴拉茲（在他們書中所呈現）的立場。首先，它並非以行爲來詮釋非決策制訂，認爲它們只存在於決策之中（因此它把重點擺在不作爲，例如「美國鋼鐵沒有做的事情……」；其次，它是非個人化的，並考慮了制度的權力；[17]第三，它考慮了藉由權力行使來防止要求成爲議題的方式：因此，

> 地方的政治形式與運作可以抑制公民將某些分散的不滿轉化爲明白要求的能力。簡而言之，政治制度中有一種像是模糊的意識形態的東西，就連最開放、最彈性、最鬆散的政治制度也是一樣——這個意識形態助長了對社會問題與衝突的選擇性認知與說明……。（ibid., p. 23）

在這樣的方式下，「對於人民選擇關心什麼，以及人民表達其關心的強烈程度，地方政治制度與政治領袖都可以進行控制」（ibid., p. 27）。對於決策範圍的限制可能會「阻礙地方民眾政治意識的發展」，作法包括使少數意見始終爲少數人所持有，以及剝奪「少數成爲多數的機會」（ibid., pp. 180-1）。

克蘭森的分析令人印象深刻，因爲它同時滿足上述所提的

---

17 另一方面，克蘭森著重於名聲的辨識權力方式，使他將重點擺在企業家與政治領袖等的**動機**，並因此忽略了「較非個人化、結構與體系的解釋的可能性」，例如「美國某些形式的市政府不擅處理（空氣污染的）特定議題」（Newton 1972: 487）。

兩個要件：在其他條件不變下，我們有充分的理由預期人們寧願不要受到空氣污染的毒害（這裡假設空氣污染防治不必然會導致失業）——儘管他們沒有表達出這個偏好；另一方面，我們有強烈的證據可以顯示機構（這裡是指美國鋼鐵公司）主要是透過不作爲來防止公民不願被毒害的利益變成行動（儘管若我們要得出一個更加完整的解釋，就得把其他因素考慮進來，例如制度與意識形態）。是故，不管是相關的反事實條件句，還是權力機制的辨識，都被證明爲眞。

8 困難

最後，我希望在結論處討論三個向度的權力觀點的困難處：首先是證成相關的反事實條件句，其次是辨識權力行使的機制或過程。

首先，證成相關的反事實條件句，並非總是如印第安那州蓋瑞市的例子那般簡單清楚。該例子的許多特徵是其他例子所沒有的。第一，該例子所隱含的價值判斷，即蓋瑞市公民的利益在於不被空氣污染毒害，幾乎是不具爭議性的——正如克蘭森所言，它建立在「觀察者對於人類生命的價值的意見」上（ibid., p. 3）。其次，如果公民擁有選擇與充分的資訊，他們會選擇不受空氣污染毒害，這樣的經驗性假設是相當合理的（假設這樣的選擇不會導致失業率的升高）。第三，克蘭森的研究提供了比較性資料以支持下列主張——在非決策的權力並不是運作的或是運作性格較低的各種狀況下，具有類似社會特徵的人們確實會做出該選擇並加以執行，或是在這麼做時會遭遇較少的困難。[18]

然而，有時候要證成相關的反事實條件句是非常困難的。「只要沒有權力的行使，不正義與不公平的受害者便會積極爭取正義與平等」，這樣的假設永遠可以成立嗎？怎麼看待價值的文化相對性？這個假設難道不是一種民族優越感？爲什麼我們不該認爲存在於「我們」所拒斥的價值體系（例如正統共產主義或種姓階層體系）之中的默許，其實是一種對於不同價值的眞實共識？就算是面臨這樣的難題，經驗上的支持亦非遙不可及。要舉出證據來證實——自然是間接地證實——一個似屬共識的例子並非眞實的共識，而是被強迫的共識，這並非不可能（儘管混合的情形必然存在，因爲共識的性質會隨著不同的團體和不同的價值體系成分而異）。

這些證據要去哪裡找？葛蘭西的《獄中札記》裡最有趣的一段話與這個問題有關，其中他比較了「思想與行動」的對照，「亦即兩種世界概念的並存，一種在話語中證實，而另一種在有效行動中展現」（Gramsci 1971[1926-37]: 326）。當這個對照發生在「大衆的生活之中」時，它

18 然而，值得注意的是，它的統計關連性相當低（最高 0.61，一般在 0.20 與 0.40 之間）。嚴格說來，克蘭森所提供的證據並沒有證成其高度合理的假設，只是薄弱地支持它而已。

> 就是一個社會歷史秩序的深刻對照的呈現。它代表該社會團體確實擁有自身對世界的概念，儘管只是初具雛形而已；該概念在行動中彰顯，但只是偶爾如此且爲時甚短——唯有當該團體是以有機整體的方式採取行動時。然而，這個團體卻因爲屈從與知識上的從屬，接受了一個不屬於自身而從其他團體借來的概念；它在話語中確認了這個概念，並相信自己服從著這個概念，因爲這是它在「正常時候」（normal times）所服從的概念——所謂「正常時候」，即是其行爲並非獨立自主，而是屈從與從屬的時候。（ibid., p. 327）[19]

儘管有人可能無法接受葛蘭西將「自身對世界的概念」歸於社會團體，但這對於觀察人們在「非正常時候」（abnormal times）如何行爲，卻是相當具啓發性的（儘管並非確定性的）——所謂「非正常時候」，是當「屈從與知識上的從屬」的情況不存在或消滅時，當權力機器被移除或鬆綁時。葛蘭西舉了「宗教與教會」爲例：

> 宗教或某特定教會（在總體歷史發展的必要性所加諸的限制裡）維持著它由信仰者所組成的社群，它永遠

19　注意葛蘭西對自主性概念的仰賴。

> 滋養著他們的信仰，以有組織的方式不辭辛勞地一再複述其辯惑學，始終以同一套論述不斷奮鬥著，並維持著一個知識份子的階層，這些知識份子至少在表面上賦予信仰思想的尊嚴。當教會與信仰者的聯繫關係因政治理由而被暴力地中斷時，例如法國大革命，教會將會承受難以估量的損失。（ibid., p. 340）

一個當代的例子則是捷克人民於1968年面對權力機器鬆綁時的反應。

不過，我們也可以在「正常時候」找到證據。我們所試圖瞭解的，乃是究竟是什麼樣的權力行使防止了人們採取行動，有時甚至防止了人們進行思考？因此，我們所應當檢視的，乃是當逃離階層體系中之從屬位置的機會出現時——更準確的說法，是當人們察覺到這樣的機會時——人們的反應為何？這樣的關連使得關於社會流動率的資料獲得了一種嶄新而顯著的理論重要性。種姓階層體系通常被視為是「對於不同價值的眞實共識的例子」的可能候選者。不過最近對於「梵化」（sanskritization）的辯論似乎指向不同的看法。根據史瑞尼乏斯（M. N. Srinivas）的看法，種姓體系

> 絕不是一個各個種姓的位置永遠無法變異的僵固體系。移動始終是可能的，特別是那些位於階層中間的人。藉由吃素、戒酒並將其儀式與祠堂予以梵化，

> 較低的種姓可以在一個世代或兩個世代內上升至較高的位置。簡而言之，他們盡可能地採用了婆羅門（Brahmin）的習俗、祭儀與信仰，而這種對婆羅門生活方式的採用其實是相當常見的，儘管這在理論上還是禁止的。這種過程即是「梵化」。（Srinivas 1952: 30）

史瑞尼乏斯主張「經濟的改善……似乎會導致一個團體的習俗與生活方式的梵化」，而這又取決於「想要向上升級從而獲得朋友、鄰居與敵人尊敬的集體願望」，而且隨後必須「採取提升團體地位的方法」（Srinivas 1962: 56-7）。這種願望通常在獲得財富之後就會升高，但是政治權力、教育以及領導權力的獲得似乎也是相關的。簡而言之，證據顯示種姓體系在「大眾認知」與實際運作之間有著相當大的不同（Srinivas 1962: 56）。外部觀察者可能會認爲這是一個把極端、精細而穩定的階層體系給神聖化的價值共識，但這樣的價值共識實際上卻隱藏著一個事實，亦即當低階者察覺到可以在體系中上升的機會時，他們泰半會牢牢抓住這樣的機會。

有人或許會說，這並不是一個非常具說服力的例子，因爲在階層體系中向上移動就意味著對階層的接受，因此種姓的梵化並非拒絕價值體系，而是接受價值體系。這樣的論點可以反駁如下：由於低階者採用婆羅門的生活方式在理論上是禁止的，而且一般來說，種姓地位是世襲且不能改變的，因此，這正是思想與行動之間出現間隙的例子。

我們還可以舉出其他與印度種姓體系有關的較明確證據，以證明「從屬地位的內化是權力的後果」的主張。普選權的引入對於低階者對階層原則的接受所造成的影響便是一個例子。[20]另一個更顯著的例子，是種姓制度中的賤民（Untouchables）改信其他宗教所採取的「離開」作法。[21]在歷史中的許多時期，賤民曾經因爲伊斯蘭教、[22]基督教與佛教[23]宣揚平等的原則並提供逃離種姓制度歧視的希望而接受了這些宗教。[24]

因此，我的結論是我們多半可以找到證據來支持隱含於三個向度的權力行使中的相關反事實條件句（但根據各個個案的不同，這種證據永遠不可能是無爭議性的）。我們可以一步步找出，要是沒有三個向度的權力行使，人們將會採取怎樣的行動。

其次，我們要如何依據三個向度的權力觀點來辨識權力行

---

20 見 Somjee 1972。桑吉（A. H. Somjee）寫道，在他所研究的村落裡，「在連續五次的潘查耶特（panchayat）選舉中，對年長者的尊敬、種姓與親族的凝聚力以及家庭的地位都逐漸降低。位居結構變遷核心的選舉原則，嚴重地侵入傳統社會的社會政治連續體，開始翻轉來自舊有社會組織而滲透了一切（包括社群政治結構及社群對權威的態度）的力量」（ibid., p.604）。

21 見 Issacs 1964, esp. chapter 12, 'Way Out'。

22 見 Lewis（ed.）1967, vol. viii: 428-9。當伊斯蘭教徒於十一、十二世紀征服印度實行種姓制度的城市時，「伊斯蘭教中的平等原則吸引大量非種姓制度成員的印度教徒以及專業團體加入伊斯蘭教」（ibid.）。

23 最晚近的著名例子，是大量賤民於 1956 年在安培卡（B. R. Ambedkhar）的領導下改信佛教。安培卡在 1936 年的著名演說中表示，「我的自尊讓我無法認同印度教……聽我說，宗教是爲人類服務，而不是人類爲宗教服務……。不承認你是人、不給你飲水或是不允許你進廟堂的宗教，不配被稱做宗教……」（引自 Issacs 1964: 173）。

24 儘管種姓分界在基督教與伊斯蘭教的社會體系之中依然存在（Issacs 1964: 171）。

使的過程或機制？（這裡不處理運作的權力行使的辨識問題，因爲它涉及多重決定，而光是這一點本身就足以自成問題了）。三個向度的權力觀點具有三個特徵，它們各自爲研究者帶來特殊的難題。首先，這種權力行使所涉及的不行動多過於（可觀察到的）行動。其次，它可能是無意識的（這似乎與兩個向度的權力觀點相同，不過，兩個向度的權力觀點堅持不決定也是一種**決定**，而在缺乏進一步解釋的情況下，一個無意識的決定看起來像是個矛盾）。第三，集體（如團體或機構）可以行使權力。接下來我要一一探討這些難題。

第一個難題使得我們再度面臨「非事件」的問題。的確，當一個潛在議題的壓制可歸因於不行動時，我們等於是面臨一個**雙重**的非事件。該如何在經驗上辨識這種情況？第一個步驟是要瞭解，不行動不必然是個沒有特徵的非事件。在特定情況下，採取某行動可能會產生特定後果，而未採取該行動，可能也會產生某些明顯的後果。此外，不行動的後果也很有可能是另一個非事件，例如某個行動的採取應該會導致某個政治議題的出現，但由於未採取該行動，因此該政治議題也就不會出現。要在這種情形下建立起因果的連結，應該不會是完全不可能的：美國鋼鐵公司的不行動與民衆對於空氣污染問題的沉默之間的關係便是個絕佳的例證。

其次是關於無意識的難題。當權力行使者沒有意識到自己在做什麼時，權力是如何被行使的？在這裡，進行一些區分是十分有用的（爲了簡短起見，接下來我將以「行動」一詞包含不行動的情況）。沒有意識到自己行動的方式有很多，第一種是沒有意識到自己行動的「眞正」動機或意義（例如佛洛伊德〔Sigmund Freud〕的例子），第二種是沒有意識到他人對自己行動的詮釋，第三種則是沒有意識到自己行動的後果。辨識第一種無意識的權力行使的難處，即是建立「眞正」動機或意義的常見困難（這種困難是佛洛伊德式解釋的特色），因爲觀察者與被觀察者對動機或意義的詮釋是各不相同的。不過，我們十分熟悉這樣的困難，而它也受到廣泛的討論，且不爲權力分析所獨有。辨識第二種無意識的權力行使似乎沒有什麼特別的困難。眞正的難題是辨識第三種無意識的權力行使，在此，能動者**無法被預期**對自身行動的後果有所瞭解。如果A不知道自己會對B造成什麼影響時，我們是否能說A對B行使權力？如果A對這些影響的不瞭解是因爲他沒有發現（而這個沒有發現是可以被矯正的），那麼答案就是「是」。然而，如果他根本不可能發現——例如因爲特定事實或技術知識根本無法**取得**——那麼在這裡要談論權力的行使是完全沒有意義的。試想這樣的情形：以某藥廠宣傳某危險藥品爲由，主張它對一般大眾行使了最極端的權力（決定生死的權力）。即使可以證明該藥廠的科學家與管理者確實不知道該藥品是危險的，藥廠對大眾行使了權力的主張仍舊無法被駁斥：他們理當要進行實驗以瞭解藥品的危險性。再試想另一種情形：在人們認爲抽菸可能有害健康之前，菸草公司是否對大眾行使了同樣的權力？答案當然是「否」。這些例子顯示，當我們認定權力是在這樣的意義下而無意識地行使時（亦即不瞭解其後果），我們假定權力行使者在所處脈絡下原本應該是可以探知這些後果的（當然，這個假定的證成又引發另一個問題，因爲它涉及做出關於認知創新的文化性限制的歷史判斷）。

第三個難題在於將權力行使歸諸集體，例如團體、階級或機構。問題之處在於社會因果關係何時可以被界定爲權力的行使？更準確地說，就是結構決定與權力行使之間的界線在哪裡，又該如何劃定？這個問題在馬克思學派對決定論（determinism）與唯意志論（voluntarism）的討論中一再出現。舉例來說，在戰後的法國馬克思主義者當中，結構馬克思主義者如阿圖塞（Louis Althusser）及其追隨者採取了絕對的決定論立場，與他們相對的另一派則是被稱爲「人道主義」、「歷史學派」以及「主觀主義」的沙特（Jean-Paul Sartre）與古德曼（Lucien Goldmann）等思想家——他們背後的哲學傳統是盧卡契（György Lukács）與科西（Karl Korsch）（而盧卡契與科西又是以黑格爾〔G. W. F. Hegel〕爲根基），對他們來說，歷史「主體」具有至關重要而不可磨滅的解釋地位。對阿圖塞來說，馬克思理論概念化了「整體結構對整體各個組成部分的決定」，「從現象主觀性與本質內在性的經驗性二律背反中解放了出來」，並處理了「在具體決定當中，被客觀機制的法則及其特定概念所治理的客觀體系」（Althusser and Balibar 1968, ii: 63, 71）。

英國政治社會學者米立班（Ralph Miliband）的《資本主義

社會中的國家》（*The State in Capitalist Society*, 1969）引發了阿圖塞派的柏蘭札斯（Nicos Poulantzas）與米立班之間的辯論，而在這場論戰裡，可以清楚看到雙方立場的意涵。根據柏蘭札斯的說法，米立班

> 無法……將社會階級和國家理解爲**客觀結構**，也無法將社會階級與國家兩者之間的關係理解爲一個**一般關連的客觀體系**、一個結構以及一個當中的能動者「人」——用馬克思的話來說——爲其「承載者」（*träger*）的體系。在書中，米立班給人這樣的印象：對他來說，社會階級或「團體」可以化約爲**人際關係**，國家可以化約爲構成國家機器的不同「團體」成員之間的人際關係，而社會階級與國家的關係則可以化約爲構成社會團體的「個人」與構成國家機器的「個人」之間的人際關係。（Poulantzas 1969: 70）

柏蘭札斯繼續說道，這種概念

> 對我來說似乎是源自於馬克思理論歷史中一個不斷出現的**主體問題設定**（*problematic of the subject*）。根據這個問題設定，社會形構中的能動者——人——並不被認爲是客觀事例的「承載者」（如馬克思所認爲），而被認爲是社會整體各層級的起源原則。這是**社會行動**

> **者**的問題設定，亦即作爲**社會行動**起源的個人的問題設定：是故，社會學探究最終並不是在研究決定能動者的社會階級分配以及這些階級之間的矛盾的客觀座標，而是在追尋建立在個人行動者的**行為動機**之上的**最終論**解釋。（ibid., p. 70）

米立班的回應則是認爲柏蘭札斯

> 的說法太過片面，幾乎走火入魔，因爲他完全不把國家菁英的特質納入考量。他對「客觀關係」的**排他性**強調，意味著國家的所作所爲**完全**是由這些「客觀關係」所決定。換句話說，體系的結構限制具有如此絕對的強制性，從而使得國家的治理者變成僅是「體系」加諸其上的政策的執行者。（Miliband 1970: 57）

米立班認爲，柏蘭札斯「將『統治階級』的概念用『客觀結構』與『客觀關係』的概念」加以取代，而他的分析導致「『結構決定論』或是『結構超級決定論』，但這絕非國家與『體系』之間的辯證關係的眞實描述」（ibid., p. 57）。[25]

針對他們兩人的爭論，我加以說明如下。首先，在柏蘭札

25　柏蘭札斯與米立班之間的辯論成果，可見 Urry and Wakeford（eds）1973。Laclau 1975 與 Poulantzas 1976 都有所討論。

斯論點中所蘊含的結構決定論與方法論個人主義二分法——他自己的「問題設定」與「個人作爲社會行動起源的**社會行動者**」的問題設定二分法——是一種誤導。這些並非是唯二的可能性。這並不是一個社會學「最終」所研究的究竟是「客觀座標」與「個人行動者的行爲動機」**之中的哪一個**的問題。社會學研究必須清楚地審視這兩者之間的複雜交互關係，並考慮以下的明顯事實：團體或組織內的個人一起行動與彼此互動，以及對他們行爲與互動的解釋不可能被化約爲個人動機。

其次，米立班與柏蘭札斯的爭論指出了一個至關重要的概念區別——這也是權力一詞所試圖去彰顯的。在社會關係的脈絡中使用權力一詞，就是提及團體或組織中的（個人或集體）能動者，以行動或不行動重要地影響了他人的思想或行動（尤其是與其利益相抵觸）。因此，在以這樣的方式論及權力時，便是假定儘管能動者是在結構決定的限制下行動，但他們多少還是有一定的相對自主性，因此可以有不一樣的行動。雖然未來不是完全開放的，但也不是完全封閉的（不過，其開放的程度確實是由結構決定的）。[26]簡而言之，在一個完全由結構決定

26 此處可參考密爾斯的看法：

> 命運是特定社會結構的一個特色：命運結構究竟在怎樣的程度上是創造歷史的結構，這本身是個歷史問題……。
>
> 在權力的工具是無意識而分散的社會中，歷史就是命運。無數人們的無數行動改變了他們所處的環境，並因此逐漸改變了社會整體的結構。這些改變——歷史進程——在人們不知情的狀況下發生。歷史是漂流的，但總體來說，「人們創造了歷史」。
>
> 但是在權力的工具範圍廣大且形式集中的社會裡，只有少數人處於歷史結構之中，他們可以透過自己對於使用這些權力工具的決定，改變大多數人生活其中的結構條件。現今這些權力菁英「在不全然由他們選擇的情況下」創造歷史，但相較於其他人以及其他人類歷史時期，這些情況確實似乎不再那麼可以壓倒一切。（Mills 1959: 21-2）

的體系當中，不可能有權力存在的空間。

當然，以結構決定的角度來重新界定「權力」始終是可能的。這正是柏蘭札斯在《政治權力與社會階級》（*Political Power and Social Classes,* 1973[1968]）中所採取的方式。他將權力的概念定義爲「**社會階級實現其特定客觀利益的能力**」（ibid., p.104），並主張此概念「**點出結構對衝突關係的影響，而衝突關係是由相互『鬥爭』之諸階級的實踐形成的**。換句話說，權力並非存在於結構的諸層級，而是這些層級整體的影響……」（ibid., p. 99）。階級關係「**在各個層級都是權力關係**：不過，權力只是一個意指結構整體（對**由相互衝突之諸階級的實踐所形成的關係**）的影響的概念」（ibid., p. 101）。然而，這種將權力在概念上等同於結構決定的作法，只會模糊一個在理論上必須存在、也是權力一詞所闡述的重要區別。換句話說，我的主張如下：將特定過程辨識爲「行使權力」，而非結構決定的案例，便是假定**行使者有權力**去採取不一樣的行動。而在集體、團體或機構行使權力的情況中，這便意味著團體或機構的成員可以聯合或組織起來採取不一樣的行動。

這個主張的證成，以及在辨識權力行使過程時所涉及的後兩個難題的關鍵，在於權力與責任的關係。[27]權力行使的辨識之所以會涉及「行使者可能採取不一樣行動」的假設——以及「儘管人們不知道其行動或不行動的後果，但這些後果理當

27　關於這點，見康樂勒在Connolly 1983中對權力的討論。

是可以及早探知的」的假設——是因為權力的歸諸也就是特定結果的（全部或部分）責任的歸諸。換句話說，辨識權力的重點，就在於確定特定能動者的行動或不行動所產生的後果的責任。我並不打算在這裡討論責任的概念（以及辨識集體責任的問題），與本書所檢視的其他概念相比，「責任」這個概念的難度——以及它本質上的易受爭議性——有過之而無不及。我也不打算在這裡討論一個根本的理論（以及非經驗？）問題，亦即我們如何決定結構決定與權力和責任之間的界線。對於這些概念彼此之間的關係，我要以密爾斯對**命運**（*fate*）與權力的區分作為結論。密爾斯寫道，他對「命運的社會學概念與歷史之中超乎任何一群人所能控制的事件有關，而這樣的一群人必須符合以下的條件：（1）緊密到可被辨識出；（2）有權力到能決定後果；（3）能夠預知後果，因而可以為歷史事件負責」（Mills 1959: 21）。他主張將權力歸諸那些位居要津而能夠推動有利於社會多數人民的改變，但卻沒有這麼做的人，並主張「對有權者提出要求，並要他們為特定事件的進程負責，這是社會學上合理、道德上公平以及政治上必要的作法」（ibid., p. 100）。

9 結論

單一向度的權力觀點對政治行動者決策權力的行為研究提供了清楚的典範，但它無可避免地會承接了被觀察的政治體系之中的偏見，而且無視於政治議程受到控制的方式。兩個向度的權力觀點則試圖去檢視這樣的偏見與控制，但它思索偏見與控制的方式過於狹隘：一言以蔽之，無論是決策制訂與非決策制訂的權力，還是壓制社會中隱性衝突的各種方式，它都缺乏據以檢視的社會學視角。在進行這樣的檢視時，它遭遇了許多重大的難題。

這些難題確實重大，但並非無法克服。它們絕對沒有迫使我們必須將三個向度的權力觀點流放至純粹形上與意識形態的領域。簡而言之，一種關於權力關係的深刻分析是可能的——這樣的分析是承載著價值的、理論的與經驗的。[28]而對於這種分析的可能性的悲觀態度是沒有理由成立的。正如佛萊伊所言，這種悲觀主義無異是說：「為什麼要讓事情看起來困難呢？其實只要多付出一點努力，我們就可以讓這些事情變得根本不可能完成。」（Frey 1971: 1095）

28　一個這種分析的佳例，見Gaventa 1980。

II
權力、自由與理性

這一章將進一步擴展對權力概念的討論。我要從各方對於權力概念爭論不休的事實開始談起，接下來探問我們究竟是否需要這個概念，如果真的需要，目的又是為了什麼。為此，我將勾勒出一個概念地圖，藉以定位並彰顯出《權力：基進觀點》的論點以及該書所涉及的論戰。由於該書參與了這場發生在美國政治科學界中的論戰，因此也涉及該論戰的前提，該論戰對權力的共同概念建立在達爾的「直覺性概念」——「A對B有權力的意思，即是A能令B去做他原本不會做的事」（Dahl 1957 in Scott (ed.) 1994: vol. 2, p. 290）——之上，而該概念已被不少人批評為「貧瘠」（Taylor 1984: 171）。這項批評是根據後來對權力的理論化而來，其中最有名的是傅柯，他對權力的思考擴大且深化了相關的討論。我認為對先前論戰的負面批評是過於草率的：達爾及其追隨者的貢獻，在於為原本視野窄小的重要問題帶來具正面意義的精確、清楚以及方法論上的嚴謹。論者對他們的批評，主要在於他們的方法過於局限，從而導致偏差且自滿的結論，也因此無法處理更廣大的問題，這些問題關乎以較為隱蔽而不明顯的方式獲致主體多少自願的順從。相較之下，傅柯以他那炫目的修辭風格對這些問題多所著墨，完全不受嚴謹方法論的束縛，因而在各個領域中激發出更多的思考與研究。我們將看到，傅柯的修辭鼓舞了許多人以一種對自由與理性的思索更具顛覆性意涵的態度來思考權力。儘管如此，我認為這並不是一條我們該選擇的道路。

對「權力」的不同看法

我們訴說、書寫著各種數不清情況下的權力，我們通常知道或自以爲知道自己的意思。在日常生活或學術著作中，我們討論權力的所在與程度，誰的權力大，誰的權力小？如何獲得、抵抗、掌握、利用、確保、馴服、分享、傳播、分配、均分或極大化權力？如何讓權力更有效？如何限制或避免權力的效果？然而，曾經思考過這些問題的人，對於權力如何定義、如何構思、如何研究以及如何測量（如果可以測量的話）並沒有一致的看法。永無止盡的爭論環繞著這些問題而起，近期內似乎不會有結果，甚至連這些不同看法是否全都有意義也沒有定見。

論者提出許多不同的解釋來解釋這樣的情況。第一種認爲「權力」一詞具有多元意涵：如同「社會的」（social）和「政治的」（political），「權力」這個詞具有多種截然不同的意義，適用於不同的脈絡與旨趣。第二種解釋認爲「權力」一詞好比「遊戲」，指涉在一個範圍內的不同物事或對象，它們沒有單一的共同本質，彼此之間的共同點只有名字，展現出維根斯坦（Ludwig Wittgenstein）所謂的「家族的類似性」（family resemblance）。第三種解釋與第二種有關，同樣來自維根斯坦的理論，認爲不同的權力概念在不同的局部「語言遊戲」（language game）中都有其位置，因此對於單一的權力概念的尋找根本是不切實際的。第四種解釋認爲權力是個「本質上易受爭議的概念」，也就是說，確實存在著單一的權力概念，但它是一個「無可避免會涉及其使用者是否正確使用的永無休止爭議」的概念（Gallie 1955-6: 123）。

這四種解釋都可以繼續闡述。很明顯地，我們是爲了不同的目的而在不同的脈絡中以不同的方式來使用權力一詞。霍布斯（Thomas Hobbes）曾描述人類「對權力具有永無止盡的欲望，至死方休」（Hobbes 1946[1651]: 64）；柏克（Edmund Burke）則寫到「當人們親身行動時，自由就是**權力**」（Burke 1910[1790]: 7）。當我們提到馬力與核子武力、恩典的力量與懲罰的力量、權力鬥爭與群體「齊心協力」的力量、權力均衡與權力分立、「無權力者的權力」與絕對權力的腐化這些詞彙時，並非都意義相同。更有甚者，針對不同的觀點與目的，而有不同的構思權力方式，也是天經地義的。薩伊德（Edward Said）曾問到：「一開始時想像出權力這個概念的原因是什麼？某人想像權力的動機與他最後獲致的形象，這兩者之間又存在著什麼樣的關係？」（Said 1986: 151）他的看法是後者大體衍生自前者。因此，正如莫里斯（Peter Morriss）在使用權力的概念時所提及的，「美國中央情報局所希望瞭解的社會事實，與關心社會的熱心民主派人士所希望瞭解的社會事實並不相同」，「爲滿足所需而慶賀所擁權力的效用主義者，與哀嘆缺少自我發展權力的浪漫主義者並不衝突」（Morriss 2002: 205）。

然而，對於權力到底在何處、權力的範圍有多廣以及權力可見的效果如何產生等問題，歧見依然存在。所爭論的，並不是事實，而是事實的特徵，是我們應該如何思考權力：權力該如何概念化？因為正如我將證明的，我們如何思考權力乃是高度爭議性的，而且影響至為重大。當我們試圖瞭解權力時，我們如何思考它是和我們想要理解什麼緊密相關的。我們的目標，是把權力以適於描述與解釋的方式來呈現。但我們對權力的概念，卻可能來自我們所試圖描述與解釋的現象，並受到後者的形塑。而前者也會影響與形塑後者：我們思考權力的方式，會再生產與強化權力結構與權力關係，也會挑戰與顛覆它們。它會促成它們的持續運作，也會揭露它們的運作原則，而運作原則的隱蔽有助於權力的運作效力。正因如此，概念與方法論上的問題不可避免地具有政治性，「權力」的意涵也因而是「本質上易受爭議的」，也就是說，在道德與政治上持有不同意見而理性的人或許會同意基本事實，卻對權力所在何處有著不同的看法。

面對以上這些歧見及其所產生的困難，不免令人懷疑，對於**分析**的目的，權力究竟是否是個適當的概念？或許這是個「外行」的、「普通人」的概念，而非「科學」的概念；或許這是種「實踐的範疇」（category of practice），而非「分析的範疇」（category of analysis）。[1]這種主張的一般論點如下：權力是個**具有傾向性的**（*dispostional*）概念，包含了一連串的條件與假設，用以說明當權力被行使的各種情況下將產生的後果。

1　關於這種區別，見Bourdieu 1990[1980], Chapter 5。

因此權力指涉一名能動者或多名能動者的能力，雖然他們不一定行使。但這如何具有解釋力？如果說社會科學的目的是降低偶然性，並產生關於結果的法則式解釋，從而進行預測，那麼說明傾向或能力顯然是沒有用的——就像莫里哀（Molière）筆下的醫生試圖以鴉片的「催眠力」來解釋其效果一樣沒有用。[2]

是故拉圖爾（Bruno Latour）寫道，「權力」是個「多變而空洞的字眼」。它指出「必須以遵從者的行動來解釋的東西」：它「或許是個用來**總括**一個集體行動後果的方便作法」，但是「它卻不能同時**解釋**集體行動如何維繫」。因此拉圖爾大膽地直言，「權力這概念應該被廢止」（Latour 1986: 266, 265, 278）。另外，馬區（James March）在一篇著名的文章中則主張，「權力是個令人失望的概念」，「在社會選擇的複雜系統的合理模型中幾乎沒有什麼用處」（March 1966: 70）。而針對我之前所提到的困難，他對於權力是「眞實而有意義的」以及「無風不起浪」都提出質疑（ibid., p. 68）。馬區表示，我們會這麼想是因爲「權力的明顯性」，但是我們應該抗拒這種誘惑。由於「在談及日常生活或主要社會與政治現象時，我們幾乎無法避談權力」，因此我們會認爲「權力明顯是眞實的」，然而，這是個錯誤的想法（ibid., p. 68）。

在《權力：基進觀點》中，我採取了一個與此完全相反的

2 對此的回應之一是「科學實在論」（scientific realism），它主張權力源自能動者的固有本質或構成（Harre and Madden 1975）。另一個回應來自埃斯特，他表示：社會科學當中的法則式解釋難以令人信服且相當脆弱，我們可以透過「機制」來解釋現象，但無法加以預測（Elster 1998 and 1999: Chapter 1）。

立場。我主張權力以各種不同的方式眞實而有效地存在，其中有些是間接的，有些是隱藏的，而當它越加無法被觀察者和行動者看出來時，它就越加有效，因此對於追求經驗實證的社會科學學者來說，它是一種巧妙的矛盾。話雖如此，我並不是主張他們應該就此放棄。相反地，他們擁有三種行動選擇：（1）搜尋我所謂的權力第三向度可觀察到的機制；（2）尋找可將之否證的方法；（3）辨識出第一與第二向度所無法解釋的權力關係、特徵與現象。當然，即使在經驗上可否證的條件下無法辨識出權力，也並不表示權力現象不存在，只不過是我們缺乏方法論的工具與技巧罷了。

正如下文將揭示的，《權力：基進觀點》一書對該主題只提出了局部且片面的討論。首先，它的重點完全擺在權力的**行使**；其次，它只處理不對稱的權力——亦即某些人**施諸**他人的權力——以及其中一個次項（亦即取得對支配的順從）；第三，它只關注被假定爲具有單一利益的行動者之間的二元關係。很明顯地，一個較完整的解釋必須解除這些簡化的假設，並處理具有多重利益的各種行動者之間的權力。即使在二元關係中，例如婚姻，雙方之間也只有某些互動具有支配的特徵而已；而就任一方向，且針對某些議題，他們的利益並不一定會彼此衝突。[3]我們將會發現，《權力：基進觀點》對於社會生活

3　見Komter 1989。舉例來說，妻子的利益可能與丈夫一致，但卻是基於不同理由。丈夫或許認爲妻子把他的衣服拿去洗衣店洗，是因爲她接受這是她的工作，但妻子可能是基於截然不同的理由才這麼做：她可能是爲了與朋友社交，也可能是有外遇。（感謝佛萊〔Suzanne Fry〕提供這個例子。）

中的權力所提出的定義並不理想，一種比較好的定義方式應該著眼於能動者帶來重要影響的能力，特別是他促成自身利益以及／或是影響他人利益的能力，不管是積極地還是消極地。因此，我現在要問一個更加深刻的問題：我們爲什麼需要這個概念？我們要權力的概念做什麼？

奇怪的是，儘管有這麼多關於權力的著作，我卻只看到一位學者處理這個問題——莫里斯的《權力：哲學分析》（*Power: A Philosophical Analysis*）。接下來，我將以他的討論爲基礎來進行說明。他在書中主張我們提到權力時的脈絡有三，分別爲「務實」（practical）、「道德」（moral）以及「評價」（evaluative）的脈絡。

首先是**務實**的脈絡。拜瑞（Brian Barry）曾指出，任何社會中的有權者必然會包括那些美國中情局想要買通的人（Barry 1974: 189）。莫里斯引用拜瑞的觀點，並進一步指出，你必須瞭解他人的權力「以使他們爲你做事，或是確定他們不會對你做出不利的事」（Morriss 2002: 37）。我們必須瞭解自己的權力以及他人的權力，好在這個到處充滿個體與集體能動者的世界中生存；我們必須瞭解個體與集體能動者的權力，以獲得存活及發展的機會。當然，我們自身的權力部分也有賴於利用、迴避或降低他人的權力。我們在腦海裡隨時記著關於這些能動者的權力——亦即他們影響我們利益的傾向性能力——的地圖，這些權力地圖以默會知識的形式存在，賦予我們一定程度的預測與控制能力。在此，權力（正如拉圖爾所指出的）總括了能動者在假設條件下的所作所爲的相關反事實條件句知識，而這樣的知識是我們迫切需要的。値得一提的是，這種知識的運作層次是多重的。我們需要瞭解官員的正式權力爲何。但我們也需要根據自己對官員的處境與性格的掌握，去瞭解他們實際上能夠爲我們或對我們做些什麼。同時，我們也需要知道在突發狀況下、在面臨壓力時或是當行爲不理性時，他們會爲我們或對我們做出什麼。霍布斯認爲人類追求權力是爲了確保「他的未來所欲不受妨礙」；就算是在一個沒有像霍布斯所描繪的世界那般殘酷的世界裡，要獲致這樣的確保，對他者權力的知識仍然是不可或缺的。

其次是**道德**的脈絡。此處的主要概念是責任。根據伯爾（Terence Ball）的看法，

> 當我們說某人擁有權力或某人是有權力的，我們便是在……**指派責任**給一個會做出（或未做出）影響他人利益的特定結果的能動者。（Ball 1976: 249）

莫里斯引用上述伯爾的說法，主張權力與責任的連結「本質上是負面的：你可以藉由主張沒有權力來排除所有的責任」（Morriss 2002: 39）。因此犯罪的不在場證明在於證明你不可能犯下罪行；而無法避免悲劇發生的理由有時（但並非總是）在於證明你不可能避免它們發生。但我認爲莫里斯在此的探討不夠深入。的確，莫里斯的下述主張是正確的：當「我們說某

人負有道德責任時——不管是讚美還是責怪他——我們看的，必然是他的行動（和疏忽），而非他的權力」（ibid., p. 21-2）。但是當我們要決定社會中的權力何在——亦即判定誰是較有權力的行動者，以及誰較有權力而誰較無權力——時，我們就得決定該將自己的注意力放在所有產生作用的影響力中的哪裡。所謂有權力的人，就是那些我們判定或是能夠主張他們必須爲重大結果負責的人。這是我之所以引述密爾斯主張的原因：密爾斯認爲，我們應該把權力歸諸那些位居要津而能夠推動有利於社會多數人民的改變，但卻沒有這麼做的人；同時，「對有權者提出要求，並要他們爲特定事件的進程負責，這是社會學上合理、道德上公平以及政治上必要的作法」（Mills 1959: 100）。這一點顯示責任問題不僅是「道德」的，而且更主要是「政治」的。

爲了進一步闡釋上述論點，我們可以試想下面這個例子。[4] 大城市的房市運作方式，使得許多不富裕的一般人無法取得像樣且可負擔的住屋。這個問題可以被視爲是一個**結構性**的問題，因爲這是大量行動者（包括租屋者、購屋者、金融業者、房地產仲介者、開發商、土地使用規範者以及交通規畫者等等）追求各自利益的獨立行動的非協調與非意圖後果。但當某個人或團體是因爲其他可辨識的個人或團體的行動或不行動（他們若沒有這麼做，情況就會有所不同）而無法取得住屋時，那

4 這個例子要感謝楊（Iris Marion Young），儘管用法有所不同。

麼我們**因為**後者是**有責任的**而將之視爲有權者便是合理的。因此，在個人層次上，擁有權力的人當然會是有偏見的房東與貪污的官員；但是在城市、企業或是國家層次上，那些「位居要津」的人與政治人物（他們不論是憑個人之力或是結盟起來，都可以讓情況有所不同），就可以被視爲是有權者，因爲他們**未能**處理那些可矯正的問題。

第三是**評價**的脈絡。這裡要談的問題是社會體系（或「社會中的權力分配與程度」）的判斷或評價。莫里斯認爲我們在處理這個問題時，可以採取「兩種不同的觀點」：我們關切的，可以是「公民有權使其基本需要與欲求獲得滿足的程度」，也可以是社會「給予其公民不受他人權力影響的自由」的程度。前者指的是沒有能力或缺乏權力，後者指的則是支配或受制於他人的權力，而「這兩者是不一樣的，不一定得同時存在」。事實上，下面這個假定是錯誤的：「當你沒有權力時，問題就出在你受制於某人的權力；而當你提出有根據的不滿時，某人就必須爲你的無權力負責。」莫里斯的結論是「如果人們沒有權力是因爲他們身處某種社會之中——亦即社會安排如果可以有所改變，他們就會擁有更多的權力——那麼，這本身就是對該社會的非難。在對某社會進行基進的批判時，我們必須評價的是**該**社會本身，而不是讚美或歸罪於**人民**」（ibid., pp. 40-2）。

莫里斯正確地警告我們提防所謂的「被害妄想的謬誤」（the paranoid fallacy），亦即**假定**無權力是由於受到支配——也就是說，當人們沒有權力時，唯一的可能理由必然是有權者的圖謀。[5]不過，莫里斯的下述看法是站不住腳的：他認爲，「無權力」與「支配」的問題在眞實世界中是完全分離的——也就是說，「當我們責難**一組社會安排**時，我們所需要呈現的，只有該組社會安排、而非受害者本身必須要爲人們在社會中所遭受的苦難負責。我們不需要證明該苦難是任何人有意造成的，或是可以被任何人事前預知的」（ibid., p. 41）。首先，人們往往是因爲他人刻意的行動而變得沒有權力或持續沒有權力，例如之前提到的有偏見的房東與貪污的官員。不過，正如我接下來將會主張的，我們永遠不該以狹義的方式來認知權力，認爲它一定得伴隨著意圖、實際預知與積極行動（相對於未能採取行動）：有權者的權力在於他們能夠（積極地或消極地）影響他人的（主觀與／或客觀）利益，並爲此負責。在這個較廣泛的權力觀點中，「無權力」與「支配」的問題就不再是完全分離的。（事實上，當我們認爲無權力是**不正義**，而非運氣不好或不幸，不就是因爲我們相信有人可以降低或矯正它嗎？）正如之前對於責任的討論中所述，有權者包括導致他人無權力的人，以及可以降低或矯正他人的無權力的人。當這不可行時，我們就碰到了權力的結構限制。當然，這裡隱約浮現出權力與結構的關係這個龐大而難以掌握的題目，以及將權力繫於能動者身上的問題，關於這些，我在其他地方已經討論過（Lukes

5　埃斯特曾提過，謝勒（Max Scheler）指出這種謬誤出現在「儘管我們事實上是因爲自己缺乏能力而無法獲致所欲之物，但我們卻把這樣的能力缺乏錯誤地詮釋爲一種對抗我們欲望的積極行動」（Scheler 1972: 52，引自 Elster 1983: 70）。

1977a；相反的觀點可見Layder 1985以及Hayward 2000）。我現在只想強調一點：若欲正確地理解社會生活，就得將它視爲權力與結構之間的互動，也就是在既定限制下（這些限制會隨時間而擴增與縮減）做出選擇與追求策略的能動者（這些能動者的本質是主動的，但同時也是被結構化的）所擁有的各種可能性的網絡。[6]

權力的概念

關於權力，似乎存在著數種、甚至是許多不同的概念。但我們會在何時以及如何去區別這些概念？而在關於權力存在何處或是其範圍與後果的爭論之中，我們要如何區別爭論者究竟是對事實持不同意見、應用不同概念，還是針對同樣的概念進行爭論？而權力概念究竟是否重要？接下來，我將主張這個概念確實是重要的。我認爲確實存在著一個單一的、普涵的、極端廣泛的或一般的權力概念；而在應用於（個體與集體）能動者時，它展現出兩種不同的變形（我們可以暫時但有些誤導地將之區別爲「從事……的權力」與「施諸……的權力」）；後者是前者的次類，而思考後者的各種方式展現出所謂的「本質上的易受爭議性」，這對我們對於社會生活的理解產生極爲重要

6　參照馬克思對這種互動的說明：「經濟關係的強制性確保了資本主義對勞工的支配。當然，直接的經濟之外的力量仍然繼續被使用，但只有在少數例外中。在一般情況下，勞工會被生產的自然法則所支配——亦即可以仰賴勞工對資本的依賴，而資本源自生產條件本身，且永遠爲生產條件所確保」（Marx 1976[1867]: 899）。

的影響。

洛克（John Locke）試圖掌握「權力」的一般意義，他將「擁有權力」定義爲「有能力做出或接受任何改變」（Locke 1975[1690]: 111）。但這還不夠廣泛，因爲它排除了在面臨變動的環境時抗拒改變的權力。因此我們不妨延伸洛克的定義，將擁有權力定義爲能夠做出或接受任何改變，或是抗拒任何改變。儘管這個定義相當廣泛，其中還是蘊含不少特定的意涵。它意指權力是個具有傾向性的概念。它是一種能力：權力是潛在的，而非實際存在的——這種潛力可能永遠不會實現。正如肯尼（Anthony Kenny）所觀察到的，未能看出這點經常會導致

> 兩種經常結合在一起且經常造成混淆的不同化約論形式：這端視其企圖是要將權力化約爲其行使或是其載體。當休謨（David Hume）表示權力及其行使的區別不重要時，他是全然愚蠢地企圖將權力化約爲其行使。而當笛卡兒（René Descartes）企圖將有權者等同爲其幾何屬性時，他是企圖將權力化約爲其載體。（Kenny 1975: 10）

那些認爲權力僅意指導致一連串可觀察事件的力量的當今社會科學家，便是犯下了「行使的謬誤」。這導致行爲學派的政治學家（例如達爾、波斯拜等人）將權力等同爲決策中的勝利。他們認爲擁有權力便是能夠勝出：在衝突的情況中勝過他人。

但正如我們所看到的，這些勝利會在權力究竟何在的問題上帶來誤導。阿宏（Raymond Aron）正確地批評了「那種號稱嚴守經驗性與操作性分際的社會學」，以及「那種假定權力只能透過行動（決定）顯現，從而質疑作爲一種可能永遠不會實現的潛力的『權力』一詞效用的社會學」（Aron 1964 in Lukes (ed.) 1986: 256）。至於犯下「載體的謬誤」的，則是那些著迷於「權力必然意指著在啓動權力時所涉及的一切」這種概念的社會科學家。這種概念使得社會學家與軍事分析家將權力等同爲權力資源，例如財富與地位，或是軍事力量與武器。[7]但擁有權力工具與擁有權力並不相同。正如美國在越南與戰後伊拉克所發現的，擁有軍事優勢並不等於擁有權力。簡而言之，對權力行使的觀察，可以爲權力的持有提供證據，而對權力資源的計算，則可以爲權力的分配提供線索，但是，權力是一種能力，而非該能力的行使或載體。

以上這些要點相當基本，但許多優秀的腦袋就因爲未能瞭解這些要點而走入歧途。要對權力思慮清楚並不容易，而當我們思考社會生活中的權力時，它會變得更加困難、更加令人迷惑，尤其是因爲我們全都以各種不同的方式一再談論及書寫權力。在這一章裡，我要提出一幅有許多人物分布其中的概念地

7　這也使某些女性主義者認爲權力是一種需要再分配的資源（例如Okin 1989）——這種觀點可以追溯至彌爾。可參照楊對於把「分配典範」（distributive paradigm）應用於權力的批判，以及艾倫（Amy Allen）的觀察，她指出儘管「行使權力的能力可以透過擁有特定關鍵資源（金錢、自尊、武器、教育、政治影響力、體力以及社會權威等等）而提升，但該能力不該與這些資源本身混爲一談」（Allen 1999: 10）。

圖——這些人物在關於權力的論戰中占據著關鍵性的位置。這幅地圖的目的在於爲讀者提供一種概念化權力的有序方式，而這種概念化權力的方式相當貼近於日常生活中對權力及相關詞彙的使用；這幅地圖也試圖描繪出一個一致的概念結構，以釐清下列問題：存在著哪些與權力相關的問題？這些問題彼此之間如何連結？爲何對於如何回答這些問題的不同意見會持續不散？以及爲何這些問題是重要的？由於當下存在著許多不同且相互衝突的語言用法，因此在呈現這樣的概念地圖時，必然會涉及接受某些用法而拒絕其他用法的決定。

當「權力」的一般性意義是用於與社會生活相關之處時，它意指的是社會能動者的能力。我們不妨同意這些能動者可以是各種不同的個人或集體。首先就個人來說，我們可以同意亞里斯多德（Aristotle）的看法，在自然能力（natural power，例如火可以燃燒木頭的能力）以外，存在著一種人類權力（human power），這些權力多半是「雙向權力，是可以任意行使的權力」；正如肯尼所言，「一個理性的能動者，在具備了所有行使權力的必要外在條件之後，可能選擇不行使權力」（Kenny 1975: 53）。不過，肯尼進一步指出，非雙向的人類權力或不能選擇的人類權力也是存在的，例如當「某人說一種我認識的語言時，我並沒有不理解它的權力」（ibid.）。這種「被動」的權力（亦即能動者「接受」改變，而非「做出」改變；經歷結果，而非造成結果）可以具有極高的重要性：在此可比較飢餓者藉由補充營養而恢復健康的被動權力，以及宗教禁欲者忍受挨餓的主動權力。因此我們可以說，人類權力基本上是由選擇如此做（儘管選擇可能是高度受限的，而且要採取不同的選擇是不可能的）的能動者所啓動的能力，但同時也包含能動者無論是否願意都擁有的被動權力。

此外，能動者可以是個人能動者或集體能動者。後者的種類繁多：國家、機構、結社、結盟、社會運動、團體以及社團等等。集體基本上會出現協調的問題，不過當這個問題不存在或是能夠被克服時，集體就能夠行動，從而能夠稱爲擁有權力，而集體權力也可能是雙向的：它可能會被啓動，也可能不會被啓動。正因爲以上這些重點，所以在接下來的文章中，我們不會將權力歸諸不具能動者特性的結構、關係或過程。

將特定權力歸諸特定的（個別或集體）能動者，可以是很清楚的。「某能動者是否擁有造成某結果的權力？」是個非常清楚明白的問題，不過（在成功行使該權力之前）答案往往會是錯誤的，這端視反事實條件句（範圍不定）的結合——在反事實條件句的結合裡，某些因素會維持固定不變，某些因素則會出現變動。眞正棘手的問題發生在我們試圖（我們確實常常如此）加總並比較各種權力之時。我們常常會問以下的問題：總統的權力是否增加了？工會的權力是否減弱了？世界超強的權力的危險與限制爲何？團隊中最有權力的成員是誰？被排除在外者與位處邊陲者如何能取得權力？這些問題涉及評估能動者總體權力的範圍、比較不同時間下該範圍的改變（把現在的總體權力跟過去或未來的總體權力做比較），以及比較不同能動者的總體權力。

對於能動者總體權力的評估，涉及兩種相關的判斷：對於所使用的權力概念的範圍的判斷（用比喻的方法來講，就是用來尋找權力的鏡頭有多廣？），以及對於能動者能夠造成的結果的重要性的判斷。首先，如果在我們的概念架構下，權力認定的範圍越廣，我們就能在世界中看到越多的權力。其次，不是所有的結果在評估能動者權力的範圍時都具有同樣的比重。不同的結果會對不同的相關各方（包括能動者本身）的利益產生不同的影響：例如我的許多權力都是微不足道的（好比說話時改變空氣氣流的能力），而可以判處死刑的法官卻比其他無法這麼做的人擁有更大的權力。在評估總體權力時，價值判斷永遠是必要的，藉以決定哪些結果較爲重要，而哪些結果較不重要。

不過，截至目前爲止，我們所討論的（個體或集體）社會權力與「權力」一詞通常所指涉的意義（不論是在日常用法中，還是在哲學家、史學家或社會科學家的著作中）還是有些出入。在後者這種較爲局限卻更加常見的意義中，「權力」明顯[8]是關係性而不對稱的：擁有權力，就是擁有**施諸**他人的權力。對於權力的一般意義（社會行動者造成或接受結果）與較爲限定的意義之間的區別，掌握得最爲清楚的理論家莫過於斯賓諾莎（Baruch Spinoza）。在以拉丁文寫成的《政治論》

8 之所以說是「明顯」，是因為社會權力所導致的結果，一般來說都預設了社會關係的存在。

（*Tractatus Politicus*）中，斯賓諾莎做出*potentia*（能力）與*potestas*（權力）的區分。*potentia*是指事物（包括人在內）與生俱有的「生存與行動」的能力。*potestas*則是在論及**處於**他人**權力之下**時所使用的詞彙。根據斯賓諾莎的看法，

> 當一個人受制於他人的權力時，他就是受制於他人的權利，或是依附於他人；唯有當他可以摒除所有力量，可以對施諸他的傷害進行報復，更廣泛地說，唯有當他可以依循天性與判斷的指令而生活，他才眞的是擁有自己的權利，或眞的是自由的。（Spinoza 1958 [1677]: 273）[譯1]

斯賓諾莎對這兩個詞彙的解釋，完美地掌握了本章接下來所試圖釐清的概念區別。比起現有各種語言中的詞彙，這兩個詞彙更能精準地呈現這個區別。在德文中，*Macht*與*Herrschaft*部分地呈現出這個區別。英文的power跨越了這個區別，義大利文的*potere*也是如此（儘管*potenza*等同於*potentia*，但是*potestà*的字義比*potestas*狹窄）。法文的*pouvoir*與*puissance*兩個字都涵蓋了兩種意義，不過通常只有*puissance*表達出權力的能力意義，而*pouvoir*則表示權力的行使（Aron 1964）——因

譯1　關於「權力」與「自由」（即「權利」）之間的關係，以及與這段引文相關的「自主性」與「理性」，請參考187頁以及本章「作爲支配的權力」一節。

此當*pouvoir*被譯爲「權力」時，就會產生混淆。至於在俄文中，根據萊得耶夫（Valeri Ledyaev）的看法，通常被譯爲「權力」的*vlast*一詞，似乎是意指*potestas*，因爲它「通常用於描述某人能夠控制（支配、強迫、影響）**他人**的能力：『權力』被認爲是『施諸』我們的東西，它限制我們的自由、創造障礙等等」（Ledyaev 1997: 95）。

因此不對稱權力的概念，或*potestas*意義下的權力，或「施諸……的權力」，就是*potentia*意義下的權力概念的次概念：它是使他人**處於你權力之下**的能力，透過限制他們的選擇而取得他們的順從。這樣的權力所產生的結果，其範圍十分特定：其中包括**支配**的概念所含括的結果，以及從屬、征服、控制、遵循、默許與順從等相關概念所含括的結果。不過，新的問題緊接而來。作爲支配的權力——尤其是支配的結果以及產生支配的機制——如何理解？如何理論化？如何在經驗上予以研究？這是許多文獻與論辯的主題，包括《權力：基進觀點》也參與其中的「權力論戰」。

概念地圖

在勾勒出權力概念的大致輪廓後，我現在要轉而描繪出更加細緻的概念地圖。我們不妨先從較廣泛的*potentia*意義下的權力概念下手。

首先，我們來討論權力的**議題範圍**。這是指我可以決定其結果的各種不同議題的數量。假設你我都位居政府當中的部長職，我可以成功推動一個我傾盡全力推動的政策，但在其他議題上卻徒勞無功，而你卻可以在許多不同議題上勝出。當然，將「議題」個別區分開來是具爭議性的，而且所勝出的議題的重要性對於評估權力的大小絕對是相關的（見下文），但（在其他條件不變的情況下）一個人可以導致重要結果的議題範圍越大，他所擁有的權力就越大。單一議題的權力可以是非常重要的（像是壓力團體的權力，例如綠色和平〔Greenpeace〕），但議題範圍的擴大（同樣在其他條件不變的情況下）更意味著導致重要結果的能力的提升。這個區別可以用權力和金錢的類比來說明（見 Parsons 1963）。擁有單一議題的權力就好比缺乏流動性一樣（你可以用它買到的東西非常有限），而多重議題的權力便具有可替換性，且能夠以多種不同的方式予以使用。

其次考慮所謂的權力的**情境範圍**。在什麼樣的情況下，權力才可以被認爲是發揮了作用？「權力」指的是某能動者在某些確實滿足的條件下才能造成結果的能力，還是在其他不同條件下也能造成結果的能力？如果是前者，那麼只有當現有情況允許你造成適當結果時，你才是有權力的（例如既有投票偏好的特定分配使得你那張選票可以決定選舉結果）；如果是後者，那麼你在許多可能的情況下都可以造成適當的結果。第一種情況指出某人在特定地點與時間下，在當地當時既有的條件下所能做的事；第二種情況則指出某人在各種（標準的）情境下所能運用的能力。莫里斯稱前者爲「能夠性」（ableness），而後者爲「能力」（ability），不過我不會沿用這種過於造作的用法。[9]我稱前者爲「情境限制」（context-bound）能力，而後者爲「情境超越」（context-transcending）能力。這個區別使得我們可以用有趣的角度來看待權力與抵抗之間的關係——以及更爲廣泛的權力與各種障礙之間的關係。[10]當對我的權力的抵抗或障礙被極小化時，我在此時此地的情境限制能力就被極大化；而當我的情境超越能力越大，我能夠（根據我既有的能力與資源）克服的抵抗或障礙的數量與程度就越大。

第三是權力與**意圖**之間的關係。羅素（Bertrand Russell）將權力定義爲「意欲後果的生產」（Russell 1938: 25）；韋伯與密爾斯將權力與有權者「意志」的實現連結在一起；還有許多人認爲權力涉及「取得所欲之物」，例如高德曼（Goldman 1972, 1974a, b）。顯然，某些能力是達致意欲後果的能力（這裡有兩種可能性：一種是達致確實意欲後果的能力，另一種是達致可能意欲後果的能力）。如果我擁有這種能力，那麼在適當資源及有利情況下，我就能導致意欲後果的發生（如果只有在這些情況下，我才能導致它發生，那麼我的能力就是情境限制的），而當我擁有這種能力時，你在正常情況下就可以期待我會導致意欲後果的發生，當然，前提是我如此選擇。然而，我們絕大多數的行動都會導致無數非意欲的後果，其中有一些

9　奇怪的是，莫里斯認爲「社會與政治權力通常是一種能夠性，而非能力」（Morriss 2002:83）。

10　韋伯十分清楚這一點，當他將權力定義爲行動者實現其意志的機會時，還特別加上「儘管面臨著抵抗」以及「甚至面對著他人的抵抗」等附加條款（Weber 1978[1910-14]: 53, 926）。

是相當重要的，而且還可能是明顯的權力事例。舉例來說，有權者會引出他人恭敬的行為，但這不一定是有權者的意圖；民調者可能會無意地影響選舉的結果；日常的守法行為在環境改變時會產生預期之外的後果。事實上，正如我在第一章裡說過的，非意欲的權力後果是無法預測的（儘管權力的認定標準之一是後果必須可以預測）。這種事例在經濟權力的場域中相當常見，各種決定（例如提高價格或進行投資）會排除不特定他者的機會與選擇，也會提供他們機會與選擇，而債權人則對債務人握有權力。行動者有意的行動總是導致一連串無意的後果，而且無可否認的，其中某些後果還彰顯了他們的權力。當然，無意的後果可能會與行動者原本的意圖相左，而這或許顯示出行動者缺乏控制事件的權力，但正如之前所述，那些有權力去增進他人的利益、但卻沒有這麼做的人，或是有權力去傷害他人的利益、但卻沒有注意到這種傷害的人，還是應該對後果負起責任。

第四是**積極**權力與**消極**權力之間的區別。**行使**權力就是去執行行動，事實上，「行使權力」一詞就點出了這種行動，而「運用權力」則是指更為激烈的行動。這裡有三點必須加以說明：首先，這個區別可以只是字面上的：投票是沒有棄權，而棄權則是沒有投票。其次，更深入來看，「負面」行動或是未能行動，有時可被視為有後果的行動（的確，它們只有從其後果的角度才能被具體說明）。因此，有時候棄權與不介入也可以是權力的一種形式，就像美國鋼鐵公司在印第安那州蓋瑞市的情況一樣。是否該將不行動視爲一種行動，這端視以下兩點而定：判斷該行動是否產生具因果關係的重要後果，以及我們是否認爲不行動的行動者在某種意義上必須爲其不行動負責。而這正是決定負面行動是否可作爲權力事例的問題之關鍵所在。原則上，將不行動完全排除於權力認定的範圍之外，是不具充分理由的。當然，要選定相關非事件爲行動或未能正面「介入」，必定得有標準存在：一個預期基準，藉此判定該反事實的介入理當是可行的，且能動者理當是可爲該介入負責的。當然，藉由不行動所展示的權力，也蘊含了行動的能力（反之亦然）。是故，在分析權力時，正面的行動並不具有特別的重要性。行動也可以是一種軟弱的表示（例如服從壓制性政權的要求，就像在蘇聯時期投票給共產黨一樣），而行動者擁有多少權力的指標也可以是他避免或抵抗採取正面行動的能力。因此布希（George W. Bush）政府下的美國就藉由不批准旨在改善氣候變遷的京都議定書（Kyoto protocols）以及不參與國際刑事法院（International Criminal Court）而展現其權力。

最後，能動者具有權力的特徵，包括他根本無須採取行動。如果我不用採取行動就可以達到適當後果，不論是因爲他人對我的態度，還是因爲社會關係與社會力的有利結盟，那麼，我的權力絕對是更大的。這可能源自於所謂的「預期反應法則」（rule of anticipated reactions）（Friedrich 1941: 589-91），亦即當他人預期我意料之中的反應是對他不利的行動（或不行動）時，他會主動先採取明顯的強制措施：作家與記者在威權體制下所進行的自我審查，便是一個明顯的例子。當然，這種體制所累積的消極權力，往往是過往行使積極權力的結果，而這種積極權力通常是強制性的，有時還是大規模的。但不是所有的消極權力都是直接來自先前的積極權力。事實上，有時預期的反應也可以是錯誤預期的反應，亦即因爲錯置的恐懼而發生誤會。尤有甚者，消極權力可能源自有權能動者的特質而非行動，例如吸引力。有如磁力一般的奇理斯瑪權力（charismatic power）最能代表這種權力（不過在現實情況下，具有奇理斯瑪的領袖通常會努力且有技巧地來達到這種效果）；由於源自這種地位的消極權力能夠招致服從，因此使得那些安處這些地位的人可以不必採取行動來維護自己的地位。因此史考特表示，「權力的作用彰顯於服從、從屬以及逢迎的行動上」。他還認爲權力意味著「無**須**行動，或者更精準地說，是可以較不在意且較隨意地處理任何單一作爲的能力」（Scott 1990: 28-9）。積極權力與消極權力的區別，可以從權力與成本的關係加以思考（見 Goldman 1974b）。如果說我的權力隨著權力行使的成本升高而降低，且如果說積極地行使權力本身被視爲是這樣的成本，那麼，我們可以說消極權力使得這種成本趨近於零。

下頁表一闡明了之前的討論，表中四欄代表之前提到的四個向度，它們在表上是分離的（但實際上卻是連續的）：第一行的每一項代表一種可能，而第二行的每一項則代表該選項的否定。第一行所描述的社會能動者權力（在其他條件不變的情況下）如果能延續到第二行的每一項，則表示他的權力增加。

假設我能在某種情境下於某議題勝出、達到我的意圖並行使了我的意志，那麼一旦我可以在各種不同情境下於各種議題勝出、導致重要的非意欲後果並完全不費吹灰之力，這豈不是代表我的權力增加了嗎？

議題範圍	情境範圍	意圖	活動
單一議題	情境限制	意欲後果	積極行使
多重議題	情境超越	非意欲後果	消極享有

表一

截至目前爲止，我們看到了「權力」一詞所指涉的能力可以有各種變動的延伸，端視展現權力時的議題範圍、情境範圍以及非意圖與不行動的程度而定。但值得注意的是，這些變項是適用在個別的權力事例上的：如果某特定能動者的能力在任何變項上有所提升，那麼該能動者的權力便是增加的。然而我們並非僅只將權力歸諸能動者、辨識他們擁有什麼權力並估算他們擁有多少權力而已，我們也會對權力做出比較性的判斷。我們想要知道某人比其他人多出多少權力。在某些例子當中，他們的權力可能具有同樣的議題範圍。就某能動者對單一既定議題或一組既定議題的權力來說，如果另一個能動者在該議題或該組議題上的權力展現出較大的情境範圍、導致更重要的後果或是涉及較低的成本，那麼，後者的權力就比前者大。在其他例子當中，某能動者的議題範圍可能包括了另一個能動者的議題範圍。如果你的議題範圍比我大（亦即如果你能導致所有我能導致的後果，而且比我還多），我們就可以說你的權力比我大。當然，絕大多數的權力比較都比這兩個例子繁複許多，而在一般的情況下，我們是針對不同的議題比較不同能動者的權力。我們主要的興趣是在他們各自的權力範圍未重疊的情況下，比較其總體的權力。

這種比較帶出了權力的形態或延伸賴以變動的另一個面向。如果我所能導致的後果比你所能導致的還「重要」，那麼，我就擁有較大的（總體）權力。但我們該如何判斷後果的重要性？最簡單的答案是「它們對相關能動者**利益**的影響」。「利益」的概念指的是人生中重要的事物。利益的詮釋可以是完全「主觀」的，故對我最重要的東西就決定了我的利益爲何；或者，利益的詮釋也可以包含「客觀」的判斷，考慮什麼對我有益而什麼對我有害，而有益與有害並不是由我的偏好或判斷決定的。在比較不同範圍下或不同組議題下的能動者權力時，我們無可避免地會對他們的權力增進自身利益並影響他人利益的程度與方式做出判斷。一般說來，我們假定有權者的權力會增進自身的利益（儘管史荃姬〔Susan Strange〕針對「美國金融權力會發生反彈，並在最終對這些有權者不利」有一番有趣的討論，見Strange 1990）。除了這個假設之外，權力對他人利益的衝擊也爲該衝擊程度的判斷提供了基礎。

因此，正如前述，絕大多數人會認爲擁有判人生死權力的法官，比沒有該項權力的法官更有權力：第二個法官或許擁有判處各種較輕徒刑的權力，但是第一個法官擁有的權力還是比較大。同理，在黑手黨握有絕對影響力的地方，它會比其他有影響力的團體、組織與政府部門擁有更大的權力，因爲它能夠造成較大的傷害，也能夠賦予較大的利益。多媒體大型企業的權力，就比廣告商或搖滾明星的權力來得大。如果我能影響你核心或基本的利益，那麼我（與你有關）的權力就比只能影響你皮毛的人來得大。當然，人們的利益何在、生活的基本或核心爲何以及什麼又是皮毛等問題，本質上是具爭議性的。任何回答都必然涉及對當下的道德、政治與哲學爭議選邊站。正因如此，權力的比較必然涉及評估權力對能動者利益的影響，因此必定無法避免價值判斷。

能動者的利益可以有各種不同的思索方式。其中之一是完全主觀的方式，就是直接將利益等同爲**偏好**（而與短暫的欲望與一時的興致不同）。[11]如經濟學家所說，這種偏好會在實際選擇情境當中「揭露」出來，例如市場行爲或投票行爲。我稱這種偏好是**明顯**的偏好。偏好也有可能是多少隱而不顯的，因爲它們沒有在實際選擇情境中揭露出來：它們或許會以半言明或未言明的不滿或渴望的形式出現，而主流政治議程或優勢文化的偏見使得這些不滿或渴望無法被聽見或根本未抒發。我稱這種偏好是**隱藏**的偏好。在利益等同（明顯或隱藏）偏好的假設

11 我認爲偏好是有結構的、恆常的且可排序的排列，藉此選擇了某種、而非他種事物狀態，而這樣的選擇又轉而透露了在特定狀況下採取某種、而非他種行動的排列。

之後，存在著邊沁（Jeremy Bentham）式效用主義的觀點，認為每個人都是自己利益的最佳裁判：若要發掘人們的利益何在，可以觀察他們的選擇行為，也可以近距離觀察他們的言行，藉此推論若當下不存在的選擇出現時，他們將會如何選擇。

另一種思索利益的方式，是將它們視為人類**福利**（*welfare*）的必要條件：人們要過自己滿意的生活所需要的東西。針對這點，我指的是政治哲學家稱之為可以滿足「基本需要」（這個詞可以有各種不同的解釋）的「基本有用物品」（primary goods）（羅爾斯）或「資源」（resources）（德沃金〔Ronald Dworkin〕），或是賦予人們的「基本人類能力」（basic human capabilities）（沈恩〔Amartya Sen〕）或「核心能力」（central capabilities）（納思邦〔Martha Nussbaum〕）。這些不同的名詞都是用來指稱令人們得以追求使其生活具備價值的目標與概念的條件，而若沒有這些條件，這樣的追求就會失敗，甚或受到嚴重的阻礙。這種福利利益包括許多基本項目，例如健康、充足營養、身體健全、住屋、個人安全以及無污染的環境等等。某些人還將「權利與自由、機會與權力、收入與財富」包括進來，其中最有名的是羅爾斯（Rawls 1972: 92）；這種看法引發了文化特殊性的問題：在這些福利利益當中，究竟哪些可被視為是普世的人類利益而中立於各種生活方式，而哪些又屬於特定文化區域所獨有（見 Nussbaum 2000: 34-110）？不過，不論最終答案為何，福利利益都不依賴於偏好，因此可以被視為是客觀的。它們作為人們利益的地位並非源自它們是被人們所欲求的：不論你的偏好爲何，會傷害你健康的條件是不利於你的利益的，就算你積極追求這些條件也是一樣。

思索利益的第三種方式是不將它們視爲偏好，也不將它們視爲過著有價值生活的必要條件，而是將它們視爲**福祉**（*well-being*）的構成：過著有價值的生活本身的構成。因此你的利益或許顯現在讓你可藉此形塑生活的焦點目標或長期目標之中，或許顯現在讓你可藉此判斷哪些欲望與偏好最能使你的生活變得更好的「後設偏好」（meta-preferences）或「強評價」（strong evaluation）之中（見 Taylor 1985: vol. 1: 15-44; vol. 2: 230-47），或許顯現在過這種生活所涉及的整個欲望、偏好以及後設偏好的網絡中，無論你是否贊成這些欲望、偏好以及後設偏好（見 Feinberg 1984）。在此，一個人的利益是由過著一個有價值的生活的內容所賦予。當然，什麼是有價值的或值得的，什麼又是沒有價值的或虛擲的，這依然是個深刻、重要而具爭議性的倫理問題——正如同該怎樣加以回答的問題。我在這裡要強調一點，就是這種意義下的利益同樣也不單純依賴於偏好，因爲將利益理解爲福祉的觀點允許並假設了人們實際上可能寧願過著與他們自己認知的福祉相抵觸的生活。

因此，對於「重要」的判斷，部分決定了對能動者總體權力的評估。正如莫里斯所言，「越有權力的人，所能獲得的結果就越重要」（Morriss 2002: 89）。此外，若從某種利益觀看來，我比你更能影響他人的利益，那麼（在其他條件不變的情況下）這就是假定我的權力比你的權力大的基礎。然而，正如我們所見，存在著各種不同的利益觀。此外，他人的利益必須「如何」受到影響？是要有利於其利益，還是要不利於其利益？必須增進利益，還是傷害利益？許多以權力爲題的研究者通常假設後者：[12]擁有權力，便是採取違背他人利益的行動。這個假設源於將權力理解爲*potestas*的觀點，也就是理解爲施諸他人的權力（我們接下來將會討論這一點），然而正如我們將看到的，施諸他人的權力也有可能會利於他人的利益。無論如何，我們實在完全沒有理由假設有權者總是會威脅（而非偶爾會促進）他人的利益。事實上，權力的使用有時可能會有利於所有人，儘管程度不一。如果我**既**能夠有利於你的利益，**也**能夠不利於你的利益，我的權力是不是就更大了？而當我們試著就能動者的總體權力做出比較性評估時，在有利於他人利益的能力與不利於他人利益的能力兩者之間該如何權重？該如何計數？究竟該影響多少人的利益才可以說是擁有較大的權力？皮毛地影響多數人的利益與深刻地影響少數人的利益，這兩者又該如何比較？事實上，權力的概念並沒有爲這些問題的解答提供任何判定準則。它們只能根據一套慣例、先前的背景理論或個案基礎的脈絡考量來加以判定。

我們現在回到較狹隘的*potestas*意義下的權力概念，也就是一個或多個能動者可以對他人施展權力。擁有這種權力，就是能夠限制他人的選擇，從而獲致他們的順從。因此，這是獲

12　包括本書作者在內。

得順從的能力，所以限制和順從都是必要的：權力強大的能動者可能擁有施加限制的能力，但只有當受制者順從時，他才確實擁有權力。順從可以是不自願的，也可以是自願的。在前一種情況下，權力是強迫性的；在後一種情況下，權力需要受制者的自願順從。[13]但正如艾倫（Amy Allen）所言，這種限制的權力「必定是個比**支配**還要廣泛的概念」（Allen 1999: 125），因爲撇開被虐待狂的情況不算，我們假設支配是與被支配者的利益抵觸的，但這種權力與依賴（也就是受制於權力的狀態）有時可能會有利（或至少沒有不利）於受制者的利益。

華騰伯格（Thomas Wartenberg）針對「施諸……的權力」概念的研究（Wartenberg 1990），就區分了支配與這種看似善意的權力。這種看似善意的權力的例子之一是父權主義，例如必須繫安全帶的立法，在此A試圖避免B受到傷害或增進B的某種利益，因而可能會採取不利於B當下欲望或偏好的行動，因此限制了B的行動自由。而華騰伯格又將這種權力與其他他所謂的「轉化式」（transformative）善意權力的形式加以區別，此處他引述了女性主義的研究，指出母親的照育是利用權力去賦予他人權力的例子，其方法是增加他人行動的資源、才幹、有效性以及能力。他另外還舉了不少例子，如學徒制、教學、養育子女以及治療等，同時還引用柏拉圖來說明盛氣凌人

13 波艾帝（Étienne de La Boétie）早在十六世紀便注意到這一點，他說「是居民自己允許或導致本身的奴隸狀態」（Boétie 1998[1548]: 194）。見Rosen 1996。

的蘇格拉底是如何在市集裡對年輕的對談者造成一種創造性的混亂，使得他們可以瞭解自我並自己做出決定。另外，我們還可以再加上命令－服從關係中的權力事例，這種命令－服從關係對於某些重要的合作活動是不可或缺的，例如在軍隊、樂團指揮以及體育訓練當中。賽內特（Richard Sennett）日前為受制於權力的好處提出了一種不同的論證，挑戰了廣為流傳的觀點，即親密關係範圍之外的依賴永遠是有損人格的，他認為這種觀點的出現是因為「自由主義的經典」將某種「成人期概念」視為理所當然，而這種概念認為依賴本質上是可恥的（Sennett 2003: 102）。自由主義的經典確實是反對依賴的：洛克曾把「孩子對父母的服從」與「人們在可以自由判斷的年紀時的自由」相對比，而後者的基礎是「擁有理性」（Locke 1946 [1690]: 31）；康德在文章裡將啓蒙描述為在「經由無須他人指導的自主思考，從自己招致的不成熟狀態中脫困而出」；[14]彌爾反對以他人自身好處為由的父權式干涉，而當代的自由派則擔心對福利的依賴。[15]賽內特認為這種自由派觀點是特定文化下的產物，而（不論是私領域還是公領域的）依賴本身可以是有尊嚴的。

14　康德在〈答「何謂啓蒙？」之問題〉（Answer to the Question: What is Enlightenment?）一文中寫道，「**啓蒙是人類從自己招致的幼稚狀態中脫困而出**。所謂**幼稚狀態**是無法在沒有他人指導下運用自己的理解能力」（Kant 1996[1780]: 17）。

15　賽內特引述莫伊尼漢（Daniel Patrick Moynihan）的主張，後者認為依賴是「生命的不完全狀態：在兒童時期是正常的，在成人時期是不正常的」（Sennett 2003: 103）。見 Fraser and Gordon 1994。

作爲支配的權力

以上這些討論留給我們一個問題——我們該如何理解**作為支配的權力**？究竟是什麼使得施諸他人的權力成爲支配？這種權力又有何不妥？這種權力是以什麼方式行使以不利於他人的利益？該怎樣以可讓人信服的方式來論證前一段所舉出的例子**並非**支配的事例？或許其中有些例子確實屬於支配，或是有時屬於支配。或許我們應該將受到證成的父權主義視爲受到證成的支配，而非善意的權力：或許不繫安全帶者就是需要被支配。或許我們應該承認，某些母親是家中的支配者、某些心理醫師會操縱病人，而某些軍官是霸凌的壞蛋。不過，那些被歸類爲非支配性的受制與依賴事例的主要特徵，在於它們對選擇的限制並非眞的是或並非僅只是對自由的侵犯：用斯賓諾莎的話來說，它們並未阻止受制者「依循自身的天性與判斷的指令」過生活。相反地，在這些例子中，權力以諸多方式促進了自由。因此我們可以做出以下結論：支配的權力，就是限制他人選擇的能力，藉由阻止他們依其自身的天性與判斷的指令過生活，從而迫使他們服從或取得他們的順從。

我們現在來到《權力：基進觀點》一書所討論的問題。這是一個古老而經典的問題，我們可將之表述如下：支配如何運作？有權者如何獲致被支配者的（非自願或自願）順從？要探問這樣的問題，便等於是探問一個概念性問題以及一個分析性問題。

概念性問題與權力本身的**概念**有關：我們如何察知這種權力的運作？我對這個問題的答案相當直接：我們應該搜尋表象之下的那些隱藏且看不見的權力形式。接續之前的討論，這意味著有權者的權力應被視爲橫跨各種議題與情境、延伸到某些非意欲的後果，而且在沒有積極干涉下也可發揮效力。而由於這種權力是一種導致重要後果的能力，因此當作爲支配的權力促進或不損及有權者的利益，或是對被支配者的利益產生負面影響時，它便存在著，而其中「利益」被理解爲含括前文所討論的各種意義。

分析性問題則與權力能夠取得順從的**機制**有關。[16]這裡我們可以借助於斯賓諾莎，他在界定了*potestas*之後，又區分了*potestas*賴以展現自身的四種不同方式：

> 當某人將另一個人羈絆住、當他解除了另一個人的武裝並剝奪後者自我防衛或逃離的工具、當他讓另一個人心生恐懼，或是當他牢牢地束縛另一個人，以致於後者寧願討好他而非自己，且寧願接受他的判斷而非自己的判斷的引導，那麼，另一個人就處於他的權力之下。如果他讓另一個人處於自己權力之下的方式是第一種或第二種，那麼他是掌控後者的身體，而非心智；如果是第三種或第四種，他就是令後者的身體與

16　關於機制，見Elster 1989 (pp. 3-10), 1998, 1999與Hedstrom and Swedberg 1998。

> 心智受制於自己的權利之下，但這只有在恐懼或希望存在時才生效。一旦有權者消失，後者就得以掌控自己的權利。（Spinoza 1958[1677]: 273-5）[17]

這段話很有趣，特別是因爲斯賓諾莎區分了身體與心智的羈絆。斯賓諾莎指出的前兩種方式——身體控制與限制（後文稱之爲「脅迫」[18]）——與後兩者的不同之處，在於它們的運作獨立於**心智**之外。不過，斯賓諾莎接著又爲後兩者加上第五種重要的權力方式或機制：

> 一個人的判斷力還可以以另一種方式受制於另一個人的權利：後者可以操縱愚弄前者，使他成爲自己的傀儡。這意味著心智若能正確地使用理性，它就完全掌控了自己的權利，或者說是完全自由的。確實，由於人類能力（*potentia*）必須依據心智的強健、而非身體的強健來判定，這就意味著理性能力最強大並因而最依靠理性引導的人，也是最完全掌握自身權利的人。（Spinoza 1958[1677]: 275）

17 斯賓諾莎在分析*potestas*時並沒有對支配與良性依賴做出區分：他假定所有這樣的權力都是支配的。這或許意味斯賓諾莎應該被納入賽內特所謂的「自由主義的經典」。

18 在做這個概念區別時，我同意傅柯（後期）的觀點，他認爲應該從保有某些自由餘地的主體的角度來看待權力：他接受「如果沒有反抗的可能性，權力就等同於實質決定」的觀點（Foucault 1982: 221）。

斯賓諾莎在另一本著作《神學政治論》（*Tractatus Theologico-Politicus*）中進一步探討了這一點。他表示

> 一個人的判斷可以透過許多方式受到影響，其中有某些方式幾乎令人難以置信，以致於儘管不是直接聽從他人的命令，但實際上卻是完全依賴他人的言語，而在這樣的情況下，我們就可以說他是受制於他人權利的。然而，儘管政治技巧所能達到的一切，這種企圖卻從來沒有完全成功過：人們總是發現個人有其自身的想法，他們的意見有如口味一般彼此各不相同。（Spinoza 1958[1677]: 227）

在這些段落中，斯賓諾莎開始處理我們所面臨的主題：各種服從的機制，特別是最後一種，而我將在第三章對此予以討論。

接下來，我要討論傅柯關於權力的概念。傅柯認為權力既與身體，也與心智有關，而且如同斯賓諾莎一般既指出權力影響判斷的能力也指出對權力的抵抗的無所不在，但正如我們所將瞭解的，他的看法意在顛覆斯賓諾莎對自由與理性的信念。我之所以要討論傅柯權力著作的理由有二：首先，它大大地影響了我們對權力的思考，跨越了許多範疇與領域，尤其是文化研究、比較文學、社會史、人類學、犯罪學以及女性研究。第二個理由是論者認為傅柯的研究途徑呈現了「權力的第四面向」（Digesser 1992），並為某些人據以批評本書所提出與倡議

的途徑。

傅柯論權力：極基進觀點

首先，我提出一個初步的觀察：在諸多討論傅柯權力觀點的著作中，友善者稱其爲反啓蒙主義，批判者則對其大表輕蔑。後者的例子可見諸莫里斯的評語，他認爲由於法文的*pouvoir*並未掌握到能力意義下的權力（*puissance*）的傾向性意涵，因此「雖然許多人認爲傅柯對於權力（即*puissance*或某種意義相近的東西）的討論十分重要，但這其實只是建立在錯誤翻譯上的誤解」（Morriss 2002: xvii）。對於莫里斯這樣一位敏銳至極的學者來說，這種評語實在是驚人地愚鈍。因爲正如我們所見，支配的權力在非脅迫的情況下需要主體的自願順從。傅柯具有高度影響力的作品，就旨在處理獲致順從的機制這個複雜的主題。

傅柯處理這個主題的途徑相當具有原創性，而他的關注焦點也十分獨特。首先，他明白地主張權力與知識之間存在著深刻而緊密的連結，認爲必須從使之有效的各種應用社會科學學科來觀察這些機制：在他看來，它們的有效性絕大部分來自專家知識對人類的影響。其次，他的整體目標是要建構出「權力的微觀物理學」（micro-physics of power）。爲了解釋這個概念，他寫道：「在思考權力的機制時，我想到的是權力如毛細管般的存在形式，權力以此進入個人的本性中，觸碰他們的身體，嵌入他們的行動與態度、論述、學習過程以及每天的生活中」（Foucault 1980a: 39）。我同意葛蘭（David Garland）對這種觀念下的「權力」的精確摘要：它「不應該被想成是『擁有』權力的特定階級或個人的財產，也不應該被想成是他們可以任意『使用』的工具」。它指的其實是

> 支配與從屬的各種形式，以及無論何時何地只要有社會關係存在，就會出現的力量不對稱與不均衡。如同權力關係所包裹的社會關係，權力關係所展示的，並不是簡單的模式，因爲對於傅柯來說，社會生活不應想成是發生在單一而影響及於各層面的「社會」中，相反地，社會生活發生於各種多元的力場上，這些力場有時連結、有時斷裂。傅柯的特殊焦點總是擺在權力關係的組織方式、採取形式以及所依賴的技術，而非擺在權力關係所造成的結果，如支配或被支配的團體與個人。

是故，傅柯關切的是「結構關係、制度、策略以及技術」，而非「具體政策以及它們牽涉的實際人物」。在這個觀念下，

> 社會生活無處不存在著權力，權力並非只局限於正式政治領域或公開衝突中。權力也應被視爲具有生產性，而非只具有壓制性，因爲權力不僅形塑個人的行

> 動，也控制了個人的身體。因此，權力是「透過」個人來運作，而非與個人「對抗」，權力在協助構成個人的同時，也讓個人成爲它的載體。（Garland 1990: 138）

此處我並不想再提出傅柯對權力的另一種闡述（他對權力的闡述多得不勝枚舉[19]），而是要評估對於我們所關注的問題而言，傅柯是在怎樣的程度上並以怎樣的方式提供了清晰而具闡釋力的回答。我們所關注的問題包括：有權者如何取得被支配者的順從？傅柯如何回答「有權者的權力在於何處？該如何理解它？」這個概念性問題？他又如何回答「有權者如何取得順從？」這個分析性問題？很明顯地，傅柯廣泛地思索權力，試圖去揭露權力最隱晦、最察覺不出的形式。他寫道，權力「只有在它遮蓋了其自身絕大部分的情形下，才是可以忍受的。權力的成功與它隱藏自身機制的能力成正比」（Foucault 1980c[1976]: 86）。佛蕾瑟（Nancy Fraser）曾寫道，「傅柯讓我們得以更廣泛地卻又更細緻地理解權力，這種理解根植於他稱爲『微觀實踐』（micropractices）——即構成現代社會中日常生活的社會實踐——的多元性之中」（Fraser 1989: 18）。那麼傅柯對於權力的理解究竟有多廣泛？而他對權力機制的分析又是如何細緻？

傅柯提出了許多該如何思索權力的獨特主張。不過，從他

19　參見本書的延伸閱讀。

自1970年代中期起所謂的「系譜學」作品開始，便存在著一個核心的關鍵概念，這些作品的主題從懲罰研究到性史不等，分析了橫跨各種社會生活範疇的現代權力技術的崛起。傅柯在《規訓與懲罰》（*Discipline and Punish*）開首便預示該書的第一個一般規則：

> 對懲罰機制的研究不該只把重點擺在它們的「壓制性」後果、它們的「懲罰」面向，而是要把它們置於所有可能的正面後果中，儘管這些正面後果乍看之下似乎毫不重要。是故，我們要將懲罰視爲一種複雜的社會功能。（Foucault 1978[1975]: 23）[20]

在之後十年的各種研究、論文、演講與訪談中，「權力既具壓制性也具生產性」這個概念不斷地受到重述與發展，並遭到粗暴的渲染與誇大。

在其未渲染、未誇大的形式下，這個概念其實十分單純：如果權力要有效果，那些受制於它的人就必須易受其效果所影響。[21]或許可以這麼說，壓制是「負面」的：它禁止並限制，對能動者的所作所爲與可能欲求設下限制。「生產」是「正

20　根據帕斯其諾（Pasqual Pasquino，傅柯當時的合著者）的看法，傅柯似乎瞭解到他早期對權力的處理「極有可能導致對權力的極端譴責——如果是以壓制的模型來思考權力的話」（Pasquino 1992: 72）。

21　這並不是新的想法。正如狄傑瑟（P. Digesser）所見，「主張政治社會情境與各種個人的生產有關，在政治理論中具有悠久的傳統」（Digesser 1992: 991）。

面」的：這種意義下的權力「穿越並生產事物，它引發愉悅、形成知識、生產論述」（Foucault 1980a: 119）。更具體地說，它生產了「主體」，鍛鑄了他們的性格並「將他們正常化」，使他們能夠且願意遵守神智、健康、性的規範以及其他禮儀的形式。傅柯主張，這些規範塑造了「靈魂」，並「銘刻」於身體之上；至於這些規範的維繫，則有賴於約制正常與不正常的邊界，以及在主體之間與主體之內所進行的持續且系統性的監控。哈金（Ian Hacking）精巧的詞彙——「建構人類」（making up people）——掌握了這個概念的精髓及其傅柯式內涵（Hacking 1986）。傅柯對這個概念的發展分爲兩個階段：第一階段是關於規訓的著作以及《性史》（*History of Sexuality*）第一卷，第二階段是1978年到1984年他過世之間關於「管制」（governmentality）的著作。「管制」這個新詞是用來指涉現代社會中各種權威控制人民的方式、個人塑造自己的方式以及這些過程結盟的方式。

不過，麻煩之處在於傅柯終其一生從未停止爲這個概念添加尼采式的修辭，使得權力將自由與眞實都排除在外。他寫道，權力「與社會實體存於同一時間空間，在權力網絡的網眼中並不留有原始自由的空間」（Foucault 1980a: 142）。根據這種修辭，從權力中解放是完全不可能的，不論是在既定脈絡中，或是跨越不同脈絡；而且要評價不同的生活方式也是不可能的，因爲每種生活方式都施加自己的

> 眞理政權（regime of truth）、自己的眞理的「普遍政治」；也就是說，它接受爲眞實並準此發揮作用的論述種類、讓人們據以區別眞實與虛假陳述的機制與範例、藉以認可每個人的工具；在眞理的獲致中被賦予價值的技術與程序；以及那些有權決定何者爲眞的人的地位（Foucault 1980a: 38）。

因此，一點都不令人意外地，論者認爲——而且普遍假定——傅柯的貢獻在於挑戰「理性、自主的道德能動者的模型」。這個理想「不應該被視爲是支配不存在的證明，而應該被視爲是支配最根本的效果之一」，因爲「權力是無所不在的，在形成過程中完全不受其影響的人格是不存在的」。如果傅柯是正確的，那麼我們必須放棄「個人於其中將免於權力負面效果的解放社會的理想」，以及權力可以奠基於受制者理性同意之上的傳統觀點（Hindess 1996: 149-58）。若果眞如此，那麼傅柯的權力觀點確實是**非常**基進的。但果眞如此嗎？

在第一階段中，傅柯將權力（某些人施諸他人的權力）視同支配，並探討受制者被「生產」的方式。在《規訓與懲罰》中，受制者受到強迫、限制與形塑從而變成服從——變成「溫順的身體」——的方式，令人憶起斯賓諾莎提出的前兩種僅涉及身體的*potestas*運用方式。如同葛蘭所言，

> 不論是直接透過對犯罪者的規訓訓練，或是比較間接

> 地透過威嚇向一般大眾殺雞儆猴，「權力」在這裡意味著控制——或毋寧說是「生產」——行爲的概念。懲罰因此被視爲控制的工具，可以管理個人的身體，並藉此而管理身體政治。（Garland 1990: 162）

尤有甚者，這種權力是消極的（至少在理想狀態下是如此），它運用全景敞視監視（Panoptical surveillance）來「令罪犯處於一種永久且有意識的可見狀態，從而確保權力自動地發揮作用」，因爲

> 權力的極致應該會令權力的實際行使變得沒有必要；這種建築學裝置應該是一種令權力關係的創造與維持能獨立於其行使者之外的機器。（Foucault 1978[1975]: 201）

這裡所呈現的圖像，是對身體的「組成、姿態及行爲」的「精細計算的操縱」。規訓生產出

> 服從且不斷實踐的身體、「溫順的身體」。規訓提升身體的力量（就經濟上的效益而言），卻也降低同樣的力量（就政治上的服從而言）……它將身體轉變爲一項「才能」、一種「能力」，並試圖加以提升；另一方面，它逆轉了能量的方向，逆轉了由此所可能產

> 生的權力，並使之成爲嚴格的從屬關係。（Foucault 1978[1975]: 138）

傅柯將這幅圖像加以一般化，呈現出一種「監獄」或「規訓社會」的意象。他問道：「監獄與工廠、學校、軍營、醫院如此類似，這很令人吃驚嗎？」（Foucault 1978[1975]: 228）這一切都傳遞出一種片面而單一的單向控制意象。[22]泰勒（Charles Taylor）曾指出，這種觀點似乎將人道主義「理解爲一種新興支配模式的計謀」（Taylor 1984: 157）。導致這種片面性的原因之一，無疑是因爲傅柯並不是研究實際的規訓實踐，而是研究其**設計**。他的目的是描述它們的理想形式——並非描繪規訓實踐如何運作，而是它們理應如何運作的理想形式。[23]正如他所自陳，全景敞視監獄是

> 權力機制化約爲其理想形式的圖解；權力機制的運作必須被呈現爲一種純粹建築與視覺的體系，免除於任何阻礙、抵抗或摩擦：事實上，這是個可以或必須被

22　泰勒認爲傅柯遺漏了對新規訓的矛盾情感，而這種矛盾情感「並非只爲控制體系而服務。它們也以眞實自律的形式出現，使得嶄新的集體行動類型成爲可能，而這些集體行動的特徵在於更具平等色彩的參與形式，正如政治理論中的公民人文主義（civic humanism）傳統所彰顯的」（Taylor 1984: 164）。

23　葛蘭曾提及傅柯的研究途徑是根基於歷史中的理想形式的分析式重構，將之以「抽象、極致、完整的方式」呈現。他並沒有像社會學家與史學家一樣聽從韋伯的指令，將這些理想形式運用於經驗分析之中，研究「實踐與關係的雜亂領域，以及這些實體存在於實在世界中的妥協、敗壞與不完全的方式」（Garland 1997: 199）。

> 抽離於任何特定用途的政治技術的圖像。（Foucault 1978[1975]: 205）

在《性史》中，這幅支配的圖像被另一種關於「生命權力」（bio-power）的興起的敘述所取代，後者的化約及「物理」色彩較淡，卻仍是理想化與單向的解釋。在「生命權力」中，性意識的發展成了「十九世紀偉大權力技術」的一部分——這是一種關乎使用社會科學與統計學以「正常化」、控制並規範人民生活與健康的「生命管理權力」。如同規訓，權力在「建構人類」過程中所扮演的「生產性」角色在此依然是其壓制性角色的反面，不過，傅柯現在提出了一種更加豐富的現象學解釋。因此，我們或許會認爲性壓抑的擺脫令我們獲得了更多的自由，但實際上，我們卻是被「什麼構成一個健康、完滿的人類」的意象所支配。性放縱是一種虛幻的自由，因爲控制我們的是一種

> 情欲化的經濟（或許也是意識形態）剝削，從仿曬品到色情影片。正是爲了回應身體的反抗，我們發現了一種新的投資模式，不再是以壓制的控制形式出現，而是以激勵的控制形式出現。「脫掉衣服——但要纖瘦、要亮麗、要擁有古銅膚色！」（Foucault 1980a: 57）

在談到告解的儀式時，傅柯表示，「從基督教的懺悔到今

日，性都是一個特別受到重視的主題」（Foucault 1980c[1976]: 61）。正如艾倫所言，

> 權力在告解的實踐中運作，也透過該實踐運作，從而既使個人受制於對自身的性欲據實以告的指令，也使他們接受了性主體的位置。（Allen 1999: 36）

根據傅柯的看法，告解是「一種在權力關係中開展的儀式」，因爲

> 人只有在另一個夥伴存在（或實質存在）的情形下才會告解，而後者並非只是單純的對談者，而是要求告解、命令與品讀告解並爲了評判、懲罰、原諒、安慰及和解而介入的權威者；這是一個確證眞理的儀式，而眞理乃是藉由表述過程中所必須克服的障礙與抵抗來加以確證；最後，這也是單憑獨立於其外部後果的表達，便能對告解者進行本質修改的儀式：它開釋、贖回並淨化他；它使他不用承擔自身的錯誤、解放他，並承諾他救贖。（Foucault 1980c[1976]: 61-2）

傅柯也寫道，「西方世界努力了好幾個世紀生產出……人類的主體化／從屬（subjection）：人類在 subject 一詞的雙重意義上的構成—— 他們既是主體，也是受制者」（Foucault

1980c[1976]: 60）。

最後這一點以及據以表達的雙關語，完整地掌握了傅柯在第一階段對權力的核心概念：主體的「構成」，是透過對權力的從屬（*assujetissement*）。[24]一點都不令人意外地，這個主張使得他被批評爲信奉決定論的結構主義論者。批評者問道，這種圖像留給主體的能動性怎樣的空間？套用肯尼的說法，能動者難道不是擁有雙向的權力嗎？在這個階段，傅柯只給了一個非常抽象的答案：

> 有權力的地方，就有抵抗，然而，或者毋寧說是因而，這種抵抗永遠不存在於權力的外部。（Foucault 1980c[1976]: 95）

不過，艾倫正確地指出，這只不過是假定抵抗在概念上的必要性，將它假定爲「內在」於權力，並因此由權力所產生：

> 傅柯從來沒有在他的系譜學分析中對作爲經驗現象的抵抗做出詳細的解釋。在這些著作中，唯一的社會行動者是支配的能動者；他從未討論瘋狂者、罪犯、學童、性變態者或「歇斯底里」的女性用以修正或對

24 這個概念以及雙關語源出阿圖塞，阿圖塞認爲「主體」既是「發動行動的中心」也是「受制者」。因此，「個人**被要求要做個（自由的）主體，如此他才能（自由地）服從主體的誡律，也就是自由地接受其從屬**」（Althusser 1971: 169，粗體字爲原文所有）。

> 抗施諸其上的規訓或生命權力所採取的策略。（Allen 1999: 54）[25]

彷彿爲了回應這些抨擊，傅柯之後關於「管制」主題的著作帶有比較多的唯意志色彩。在〈主體與權力〉（The Subject and Power）一文中，權力被稱爲「只行使於自由主體之上，且唯有在主體自由之際。也就是說，個別或集體主體面對著許多可能性，不同的行爲方式、不同的回應與不同的舉止都是可能的」（Foucault 1982: 221）。「管制」是一個具有多重指涉且影響深遠的傅柯式概念。首先，管制指涉「規範的合理性」（rationalities of rule）——體現在管制實踐之中的理性樣式。其次，管制指涉它們所試圖灌輸的人的概念——例如積極的公民、消費者、企業人、精神病患等等。第三，管制指涉「自我的技術」（technologies of the self）——即個人用以追求各自利益、自發地養成品德習慣並塑造自身性格的技術。第四，管制指涉上述這些要素相互連結的方式。是故，這樣的「建構人類」理應可以維護他們的自由，但實際上是透過自由來展示管制。傅柯寫道，他試圖藉由「管制」一詞來呈現

> 實踐的總體性，藉此，人們可以構成、界定、組織、工具化個人在其自由範圍內可以擁有的策略。

25　薩依德也認爲傅柯對權力「的有效抵抗力量出奇地缺乏興趣」（Said 1986: 151）

（Foucault 1987: 19）

那麼，我們現在該如何理解「權力『構成』主體」的傅柯式概念？「後期傅柯」對這個問題的回答是相當具啓發性的：「主體是以積極的方式、藉由自我的實踐來構成自我。」這些實踐「並非是個人自己發明的東西」，而是「他在文化中發現的模式，是由他的文化、社會及社會團體所提出、建議並施諸其上的模式」（Foucault 1987: 11）。

隨著這個答案的提出，傅柯權力觀點的極基進色彩也隨之瓦解，因爲它等於是重述了社會學的基本常識。個人受到社會化：他們被導向文化與社會上既定的角色與實踐；他們內化了這些角色與實踐，以爲它們是自己自由選擇的；事實上，正如涂爾幹（Émile Durkheim）所言，他們的自由可能是規約的成果——規訓與控制的結果。當然，傅柯是以其獨特的方式重述了這些眞理，暗示這些社會化實踐可以有不同的可能、它們與更廣泛的規範形式是相互連結的、它們應該被視爲國家之外的「治理」形式，以及這種「治理」是由雇主、管理階層、社會工作者、父母、教師、醫護人員與各種專家進行的。這些非國家權威提倡、建議並施加這些角色與實踐於個人——亦即擁有雙向權力的能動者——身上，而個人則必須詮釋他們的要求，偶爾也會抵抗與拒絕他們。不過，這樣的說法意味著我們需要一個判定的標準，藉以決定他們的權力在何處成爲支配，並區別支配的權力與依賴和非支配的權力與依賴。而一點都不令人

意外地，「後期傅柯」討論了這樣的區別，步上了先前的概念地圖所描繪的道路。是故，他主張

> 我們必須區別作爲自由之間的策略遊戲的權力關係（導致某些人試圖決定他人行爲的策略遊戲）與支配的狀態（即一般所稱的權力）。而在權力的遊戲與支配的狀態之間，你有著管制的技術——「管制的技術」的意義相當廣泛，因爲它既包括你治理自己妻兒的方式，也包括你治理某機構的方式。（Foucault 1987: 19）[26]

對傅柯來說，支配現在存在於「權力關係的不對稱永遠固著而自由餘地極爲限縮」之處。他現在認爲，問題在於要讓權力遊戲可以「在最低的支配程度下進行」（Foucault 1987: 12, 18）。

綜而言之，傅柯詮釋其權力觀點中的核心概念的第一種方式——權力透過主體的社會建構而具有「生產性」，並使得被治者可以被治理——是沒有意義的。[27]據此主張「受制於權力者被權力所『構成』」，充其量只能算是言過其實的說法，因爲

26　傅柯在一篇稍早的訪談中便預示了這樣的轉向，當時他承認這是「有問題的」，而他對該問題的處理「是有意地不確定」，他說：「在社會實體、階級、團體以及個人之中總是有某物在某種意義下逃離權力關係，它絕對不是或多或少溫順或有反應的原初物質，而是一種離心的運動、一股逆轉的能量、一種逸散。」（Foucault 1980b: 145, 138）

27　傅柯極有可能看出了這點。在「晚期」的訪談中，傅柯表示：「我認爲那些概念的定義都是不明確的，我們根本不知道自己在說什麼。當我開始對這個權力的問題產生興趣時，我不太確定自己是否曾清楚地說明了它，也不太確定自己是否使用了適切的詞彙。現在我對這一切有比較清楚的概念。」（Foucault 1987: 19）帕斯其諾告訴我，傅柯對於外界對他的誤解相當厭煩，因而決定放棄「權力」一詞，改以「管制」代替。

這出自傅柯對規訓與生命權力的純粹理想型描述，而不是他對各種現代權力形式在實際上眞能或未能獲致受制者順從的程度的分析。確實，在傅柯所有關於「微觀物理學」、「分析學」與「機制」的討論中，他一直是個系譜學者，關心規範形成的歷史重建（例如定義瘋子、病患、罪犯與不正常者），因此他無意藉由檢視其不同的形態、結果與效果來分析這些機制：他只是主張這些效果的存在。然而，傅柯極具衝擊力的著作卻鼓勵了許多領域與學科的學者進行這樣的分析——將傅柯過度誇大的理想形式運用於經驗研究，並提問受治者究竟是**如何**以及是**在什麼程度上**變得可治理，從而分析了他所辨識的實踐場域。因此，認爲傅柯的著作本身展現了一種有趣的權力——引誘的權力——這種想法或許不是太離譜。在傅柯的例子（如同人類科學史裡的其他例子[28]）中，這是一股獨具生產力的權力，創造出大量重要且有趣的經驗研究，而這些研究可以說是構成了拉卡托斯（Imre Lakatos）所謂的成功且進步的研究綱領（research programme）。接下來，我要討論非由傅柯本人提出、但受他概念啓發的著作，藉以探究傅柯式的權力機制分析究竟如何細緻的問題，並作爲本章的結論。

28 試想所謂的涂爾幹「社會中心固戀」（socio-centric fixation），以及這種固戀因爲他的論述風格的修辭力量而更加擴大其效果的方式。誠如尼罕（Rodney Needham）曾向我提及的，涂爾幹在《宗教生活的基本形式》（*Elementary Forms of the Religious Life*）一書中提出的所有重要主張可能都是錯的，但它所產生的解釋力卻是勢不可擋。

應用傅柯：自願順從的獲致

首先我們要思考傅柯的規訓權力概念。在傅柯栩栩如生地描繪了邊沁的全景敞視監獄**設計**之後，繼之而起的其他學者則著重於研究監獄對犯人的影響、犯人的不同反應以及全景敞視原則對人民的影響。傅柯寫道：

> 自知處於被觀視範圍内的人，承擔起權力約制的責任；他心中銘記自己同時扮演著兩種角色的權力關係：他成爲自己的從屬狀態的原則。（Foucault 1978[1975]: 202-3）

巴特契（Sandra Bartky）在分析當代女性從屬狀態的一個面向時，運用了這個概念。她寫道：

> 是女性自己在自己的身體上並針對自己的身體來實踐這種規訓……。一天檢查好幾次自己的妝容以確認粉底是否糊掉、睫毛膏是否花掉的女性，或是擔心風雨會弄壞自己髮型的女性，或是不時察看自己的絲襪是否滑落到腳踝的女性，抑或是自認過胖而嚴審自己食物的女性，已經成了自我監督的主體，成了致力於無情自我監控的自我，就像全景敞視監獄内的犯人一樣。這種自我監控正是一種服從父權的形式。（Bartky

1990: 80）

柏多（Susan Bordo）在其知名著作《不可承受之重》（*Unbearable Weight*）中引述了傅柯的主張，傅柯認爲在自我監控中

> 無須武器、肢體暴力與具體約制。只需一個注視。一個檢查性的注視。被注視的個人將會把注視內化，使自己成爲自己的監督者，每個個人因此針對自己行使這種監控。（Foucault 1980a: 155）

儘管女性的服從狀態通常與強迫有關，柏多卻發現到，這些概念闡明了外貌的政治。她寫道：

> 這些概念不僅有助於我分析當代的節食與運動規訓，也有助於我瞭解飲食障礙是出自我們文化中的規範性女性實踐，而同時又再生產了這些實踐的。這些實踐將女性身體訓練爲溫順的、服從文化要求的，同時卻也讓被訓練者以權力與控制的角度來**體驗**它們。在傅柯式架構下，權力與愉悅並不會相互扼殺。是故，感受到自己有權力或「控制一切」的醺然體驗，絕不必然是個人社會地位的精確反映，而永遠可能是權力關係的產物，且這些權力關係的形式可以相差極大。

（Bordo 2003: 27）

柏多也提到，傅柯在晚期的著作中強調「權力關係從來不是密合無縫的，而是始終產生出新的文化與主體性形式、新的轉換機會」，他也瞭解到凡是有權力的地方就會有抵抗。不過，支配形式與制度的轉換，也可能會因遵守主流規範而發生：因此，舉例來說，

> 爲達到當下的流行外貌而進行嚴格重量訓練計畫的女性，可能會發現她新練出的肌肉賦予她自信，使她在工作中可以更加表現自我。現代權力關係因此是不穩定的；抵抗永遠存在，而霸權則處於危機之中。（Bordo 2003: 28）

另外，我們也可以思考唐澤洛特（Jacques Donzelot）就「爲傅柯所成功地辨識出來」的「家庭監督」的研究，也就是說，分析的對象是

> 生命政治的面向：施諸身體、健康、生存與居住方式——也就是自十八世紀以來歐洲國家的整個存在空間——之政治技術的擴散。（Donzelot 1979: 6）

唐澤洛特的分析結合了各種傅柯式元素：汲取自由社工、

醫師、慈善家、精神科醫師、女性主義者與避孕推廣者等所組成的「保護複合體」（tutelary complex）的專業知識，以毛細管的方式運用在社會之中的各種學校、醫院、社工機構、診所、少年法庭，藉由監督與獎勵來「正常化」中產階級與工人階級的家庭。因此，

> 必須徹底研究使某孩童成爲「風險」的家庭狀況與社會情境。彙集各種指標的目錄，使得各種形式的適應障礙都能被加以含括，從而得以建構第二層的預防圈。降低對司法的需求以及對刑罰體系的依賴的期望，使得社會工作應運而生，於是，它尋求精神病學、社會學與精神分析知識的協助，希望以教育者的援手來取代法律的強制臂膀，及時阻止警方行動的上演。

唐澤洛特認爲家庭既是「被治理的」，也是「治理的」，其方式隨著歷史時期演進而不同。在外部，它受到經濟、法律、公民權等等的形塑；在內部，父母社會化小孩、母親開化父親等等。外部干涉會影響這些不斷變遷的內部關係。十九世紀末，爲了改善孩童的福利，醫療與教育改革者、慈善工作者與慈善家積極爭取母親／妻子的支持，並強化她們相對於父親／先生的權力關係；而爲了兒女的利益並提升自己在家庭的地位，母親／妻子會成爲自願的盟友，依照專家的指示行動。唐澤洛特以這樣的方式追索了傅柯式的主題：個人的正常化（個

人在追求自身的許多利益時遵守了社會結構化的規範）與人民的生命政治控制（藉以增進國家的效率、人民的健康、生育率的控制以及犯罪的控制）之間的連結。現代的「保護複合體」涉及範圍與穿透性更大的新權力形式，這種新形式將訴諸禁令和懲罰的舊刑法與關於健康、心理、衛生等等的新專業規範結合在一起：「以教育取代司法，也可以詮釋爲司法的延伸、其方法的精緻化以及其權力的無盡衍生。」（Donzelot 1979: 97, 98）包含家庭、學校、健康探視者、慈善家以及少年法庭的整個網絡主要是透過合作、而非強迫來運作，它們以更高的正當性行使著更高的控制，卻缺乏任何單一的整體策略或一組一致的目標。不過，家庭監督會因社會階級而異。由於工人階級家庭成員較易成爲行爲不良者、福利救濟者並構成問題，因此他們需要外部的關注與強制的干涉；唐澤洛特（帶著傅柯式的反諷）指出，由於中產階級家庭成員是較佳的奉公守法者、自我規訓者與自我監督者，因此他們「較爲自由」。

我要以另外兩個受到傅柯啓發的分析來結束本章，它們的主題是透過非明顯機制取得的自願順從。首先是佛萊傑（Bent Flyvbjerg）對荷蘭北居蘭郡（Northern Jutland）阿爾柏格鎮（Aalborg）之政治、行政與計畫的極端細緻研究（Flyvbjerg 1998）。佛萊傑認爲，若我們將焦點集中在「權力最爲明白可見的面向……那麼，就只會得出一幅不完整而帶有偏見的權力關係圖像」，因此，他的研究細述了獲得獎助的「阿爾柏格計畫」（Aalborg Project），這個計畫原本的目的在於「徹底重建市區環境，增進其民主程度，但它最後卻轉變爲……環境惡化與社會扭曲」。佛萊傑顯示了「原本應該表現出其自謂的『公共利益』」的制度，結果卻「深深地鑲嵌在隱藏的權力行使與特殊利益的保護之中」（Flyvbjerg 1998: 231, 225）。他詳細考察了阿爾柏格巴士站設置地點的決策過程，將焦點置放在「與理性相關的權力策略與戰術」，認爲權力是一種「增進或壓制知識的能力」（Flyvbjerg 1998: 36）。佛萊傑從各種行動者的觀點，完整呈現出一個案子自草創、設計到政治批准、執行與運作，最終成爲「僵局」的整個過程；而藉由這樣的「豐富描述」（thick description），他精彩地呈現出位居要津的行動者[29]是如何成功地設定議題、提供資訊與結構化論證，而較無權者與無權者又是如何只能默許或是微弱地抵抗最後將致使多數人生活變差的過程。[30]在佛萊傑的敘述中，「原始權力」（raw power）的行使偶爾會出現，亦即「行動的決定準據在於什麼最能打敗對手」，不過絕大多數會出現的還是「運用調查、分析、紀錄與技術辯論……以試圖創造共識」的各種方式，以及「避免衝突的嘗試，而這種避免……正是穩定關係的特徵」（Flyvbjerg 1998: 141）。該書的詳盡分析令人激賞，但佛萊傑卻加油添醋地加上了傅柯式的意見。他主張，「理性依賴於

29　尤其是工商局、警政部，以及在阿爾柏格平面媒體界處於幾近壟斷地位的主要報紙。

30　「阿爾柏格計畫中的輸家，是在阿爾柏格市區生活、工作、行走、騎單車、開車、使用大眾交通工具的公民，這些人幾乎等於該市與近郊的所有五十萬居民……。贏家則是阿爾柏格市區的商業社群，他們的策略是反對限制車輛的措施，而不情願地接受關於大眾交通工具、行人與單車的改善措施，這使得他們的消費群基礎大爲擴張。」（Flvbjerg 1998: 223-4）

情境；理性的情境就是權力；而權力模糊了理性與理性化的界線」。理性被「權力所穿透，因此——對政治人物、行政者以及研究者來說——當權力不存在時，要以理性的概念來運作，就會變得毫無意義或是造成誤導」。（佛萊傑在此處也追隨傅柯而對哈伯瑪斯〔Jürgen Habermas〕提出批判。[31]）簡短地說，權力「決定何爲知識，以及何種詮釋可以獲得權威而成爲優勢的詮釋」（Flyvbjerg 1998: 97, 227, 226）。

最後，我們討論海沃特（Clarissa Hayward）爲了將「權力毀容」（de-facing power）而提出的論證。[32]海沃特反對將權力想成是意涵著一種對自由的解釋，即「行動是獨立地被選定，而且／或是眞實的」，而主張將權力定義爲「一個爲所有人劃定什麼是社會可能性的範圍的界線網絡」（Hayward 2000: 3-4）。因此，海沃特直接挑戰了本書所主張的觀點以及所謂的「權力論戰」，而她的論據基礎在於她對康乃狄克州兩間學校所做的細緻民族誌研究。海沃特的著作深受傅柯啓發，[33]在我看來，它同時展示出這種啓發所能賦予給經驗研究的分析性價值，以及這種啓發對權力理論家所能具有的引誘的權力（見 Lukes 2002）。海沃特的研究焦點在於「制度與實踐在形塑教學可能

31　「認爲世上存在一種溝通狀態，其中眞理可以自由傳播、沒有障礙、沒有限制，也沒有強制後果，這對我來說如同烏托邦。」（Foucault 1987: 18）

32　巴特勒（Judith Butler）也曾論及「毋須發聲或署名」的權力傳播（Butler 1997: 6）。

33　更精確地說，她主張其論點「與傅柯式觀點擁有相同的『假設』，即『權力與社會實體存於同一時間空間，在權力網絡的網眼中並不留有原始自由的空間』（Foucault 1980: 142）。不過，在它試圖提出關於特定權力關係的批判性論證並做出以民主規範與價值爲基礎的區分這一點上，它則完全不是傅柯式的」（Hayward 2000: 6）。

性上的典型不對稱」（Hayward 2000: 56）。其中一所學校是城北社區小學（North End Community School），它位於較為貧困、黑人族裔占多數的市區。該校「強調規訓，特別是對權威的遵守」，學生「受到監督，並被施以一系列的申誡與懲罰，以避免各種違規情事，從輕微到嚴重不等」，老師則著重於教導學生「生存技巧」，讓他們避免「街頭」的危險與誘惑。另一所則是美景小學（Fair View Elementary），它位於以白人為主的中上階級郊區，居民主要是高階經理人與專業人士。在這個相當排外的環境中，老師似乎是在「為那些因其社會地位而在當代美國社會中享有權力者的子女賦權」。這些學生與權威有著「積極，但偶爾近乎衝突的互動」，他們被允許「參與規範制訂過程」，他們「在高度的照顧下，指導自己的行為並塑造自己的性格」（Hayward 2000: 67, 98, 117, 116, 134）。她指出在城北社區小學中，外部的限制使得老師偏好嚴格、威權式的實踐，不過，這是當地的脈絡使之成為可行的，因為對權威的信任與順從以及對法規的遵循，提供了免受來自「街頭」的傷害的短期保護；至於在美景小學中，外部限制的效果則是再生產了排外的社會與種族刻板印象以及一種「神聖」而去政治化的學習過程觀。海沃特否認美景小學的老師是有權力的，也否認他們的教學法是「賦權的」。她的重點在於否定權力是分配給能動者的，並主張權力是藉由形塑「可能性的範圍」來運作，而與個人無關（ibid., p. 118）。是故，她主張兩間學校的老師與學生**都**同樣受到這種（無面容）權力的限制，從而約制了可

能性與教學法選項。因此，她主張

> 首先，有助於界定美景小學內權力關係的去政治化之行爲標準、學習目的與社會認同，就像城北社區小學中的階序規範一樣對行動產生嚴格的限制。其次，與城北社區小學相比，在美景小學裡違反限制所受到的懲罰有過之而無不及。第三，界定美景小學教學實踐的主要規範、認同及其他界線的去政治化，再生產並強化了社區內部與外部的不平等。

不過，規範可以同時具有約制性與解放性。當然，根據海沃特的解釋，美景小學內有許多強大的約制性規範在運作，但它們是鼓勵學生批判規則並挑戰權威的規範。由於海沃特只把焦點擺在老師與學生的非個人性限制，因此她未能注意到他們的優勢社會地位賦予他們的多重自由。

海沃特的問題在於將這份嚴謹的民族誌研究與她的極基進傅柯式權力觀點連結，從而否定了區別「自由的行動與由他人行動所形塑的行動」（Hayward 2000: 15）的可能性。她主張

> 任何區分自由行動與部分屬於權力行使自身產物的行動的界定都具有政治功能，它們將某種社會行動範疇特許爲自然、選定或眞實的。（Hayward 2000: 29）

因爲，一旦承認

> 認同本身是權力關係的產物，承認行動範圍必定受制於涵化與認同形成的過程，就得拒絕任何假定區別自由行動與由他人行動所形塑的行動之可能性的權力觀點。人們行動的方式——人們如何持身、思考、感覺、認知、推理，人們重視什麼，人們如何界定自己與所屬社群的關係——是社會行動後果中很重要的一部分。把某組欲望、社會需求、能力、信念、傾向或行爲界定爲「自由的」，就是預先將人類自由受到形塑的某些方式排除於分析之外。（Hayward 2000: 30）

正如讀者所見，在闡述極基進觀點——權力「構成」了「自由」主體——時，海沃特流露出遲疑的態度（請注意引言中「部分」或「很重要的一部分」的說法）。其實，海沃特的民族誌研究既不需要這樣的極基進觀點，也沒有將之證成；而正如我們所見，就連傅柯本人最終也聰明地從這個觀點撤離了。

我從受傅柯啓發的（無數）研究中挑選出這幾個例子，目的有二。首先是顯示研究者已開始探索獲致自願順從的細緻形式，而在這些形式之中，人們積極地參與了規範控制的廣泛模式，他們通常扮演自身的「監督者」，同時相信（有時是誤信）自己不受權力影響，而且是自己做出自己的決定、自己追求自己的利益、自己理性地評估論證，並自己導出自己的結論。其次則是指出這些著作中沒有任何一個可以支持傅柯及其他許多學者的誇大主張：傅柯的想法提供了一種極基進的權力觀點，對於我們該如何思考自由與理性具有深刻的顛覆性意涵。[34]我們是否應當接受他們的指引，認定我們全都是受制的主體、由權力所「構成」，認定現代個人是權力的「後果」，認定權力必須要被「毀容」，認定理性「依賴於情境」並被權力所「穿透」，認定權力無法奠基於理性共識——簡而言之，就是我們是否應當認定，在傅柯之後，像斯賓諾莎一樣主張人們可以或多或少不受他人權力影響而依循天性與判斷的指令生活，已經不再有意義了？在下一章中，我將假定這樣的主張還是有意義的，並指出它所具有的意義爲何。

34　爲了那些被這種主張說服的人，我曾想過將本書書名改爲《權力：不太基進觀點》（*Power: A Not So Radical View*）。

III
三個向度的權力

《權力：基進觀點》在權力論戰方興未艾的三十多年前首度出版，在相當簡短的篇幅裡提出了許多引發爭論的主張。該書提供了一個權力概念的界定，不僅主張該概念是「本質上易受爭議的」，而且還主張它所提出的概念分析優於其他受它批判的學者所提出的；它還主張一種更深刻的權力分析方法，兼具價值性、理論性與經驗性。正如前述，許多批判者指出了這些主張所面臨的難題，並提出了反對的意見（尤其是因爲這些主張與他們的主張互不相容）。有鑑於這些主張、難題與反對，我們必須處理以下的問題：在第一章的討論中，哪些部分需要揚棄？哪些需要修正？哪些成立？哪些可以進一步發展？

在本章中，首先我要接續前文的討論——在權力的廣泛概念場域裡，作爲支配的權力具有怎樣的特定性——並爲這樣的理論焦點進行辯護。其次，我將探問「我們可以得出一種無可爭議的權力理解方式」的想法是否有道理，而由於我認爲權力和自由、本眞（authenticity）、自主性與眞實利益等同樣易受爭議的概念有關，因此我認爲答案是否定的。第三，我要爲權力具有第三面向——獲致主體對支配的自願同意——的主張進行辯護，並駁斥兩種反對意見：一是這種同意並不存在或極爲罕見，二是這種同意是不可能取得的。最後，我要指出，若欲以這種方式思索權力，就必須要對「眞實利益」與「虛假意識」的概念有所理解，因此我將爲這兩個概念進行辯護。

權力的定義

首先，正如第二章所勾勒的，在《權力：基進觀點》第五節「權力的基本概念」裡所提出的定義，在許多方面是完全無法令人滿意的。如同其他參與「權力論戰」的學者，它著重於權力的**行使**，因此犯了「行使的謬誤」：權力是個具有傾向性的概念，意味著一種本領或能力，而這種本領或能力可能會行使，也可能不會行使。其次，它將重點完全擺在「施諸……的權力」的行使——某A施諸某B的權力，以及B對A的依賴。第三，它將這種引發依賴的權力等同爲**支配**，假定「A以不利於B利益的方式去影響B」，因而忽略了權力在施諸他人時可以是生產性、轉化性、權威性以及符合尊嚴的各種方式。第四，假定權力會不利於受制者的利益，就等於是對「這種利益究竟是什麼」做出最粗糙且最可疑的解釋；尤有甚者，它假設行動者的利益是單一的，未能考慮行動者各種利益之間的差別、互動與衝突。最後，它處於一種化約、簡化的二元權力關係圖像（如同絕大多數關於權力的著作），處於一列A與B之間無止盡的各種排列關係，好似列寧（Vladimir Lenin）的名言是無庸置疑的：唯一重要的問題，就是「『誰』是有權者，『誰』是受制者」？或許實情正是如此，但我們有必要擴大與深化分析的範圍。

顯而易見地，此處所定義的基本概念並非「權力」，而是獲致對支配的順從。事實上，文本處理的問題是「有權者如何取得被支配者的順從」——與「權力的基本概念」這個響亮的名稱相比，這其實是個範圍比較狹隘的問題。不過，這絕對不是個毫不重要的問題，儘管若要宣稱它就是傳統上所認知的權力的核心意義，而且是所有研究權力者的核心關懷，那可能就太過頭了。儘管如此，它畢竟**一直**是個縈繞於許多研究者（從波艾帝〔Étienne de La Boétie〕、霍布斯到傅柯、布迪厄）心頭的問題，而我認爲它是個值得加以回答的問題。

本質上的易受爭議性

然而，這問題有辦法被回答嗎？更精確地說，是否有一個客觀確定的答案，可以讓所有理性的人都同意其正確無誤？

正如第二章所述，對於權力概念究竟要拓展到多廣，存在著許多不同的意見。權力的歸諸是否應該橫跨（實際與潛在的）議題與情境？如果眞是如此，又是哪些議題與情境？是否應該包含非意欲後果與不行動？對於這些問題的歧見，主要是來自方法論上的問題。我們該如何決定哪些反事實條件句是相關的？我們該如何決定哪些非意欲後果必須加以考量？我們該如何研究不行動及其後果？當然，這些問題都可以藉由一系列的定義予以解決。「權力」可以被賦予一個特定的意義，例如將它局限在有意圖而積極的行動上，正如絕大多數人的作法一樣，至於其他的意義則可以用其他的名稱來加以表示。舉例來說，有人認爲如果他人可以增進我的利益，而無須我本人有意或積極的介入，就該稱這是我的好運，而非我的權力（Barry 1989: 270-302與Dowding 1996）。相反地，我認爲這種情形可能是、但也可能不是最有效而最爲隱蔽的權力形式。此外，我認爲較廣泛的權力概念的組成元素是可以被研究的，而且我們應該要以廣泛的角度來理解權力。

然而，當我們轉向如何辨識與比較總體權力的問題時，情況就變得複雜許多，因爲正如我們所見，這涉及判斷有權者所能導致的後果的重要性。比較不同能動者在不同議題組上的權力，無可避免地會涉及判斷他們的權力促進自身利益與／或影響他人利益的程度與方法。我認爲這在本質上是易受爭議的，而且必須在道德與政治爭議中選邊站。決定誰的權力比較大以及他們究竟擁有多少權力，與判定他們的權力所造成的影響的重要性（亦即對受影響者利益的影響），是一體的兩面，難以分割。當然，再一次地，只要我們以狹隘的方式來定義權力，並用其他名稱來表示該定義所排除的東西，這個問題就可以解決。

是故，舉例來說，我們可以把單一向度的權力稱爲「權力」（有權者即是在決策過程中勝出者），而把兩個向度的權力稱爲「議程控制」。但我要再次強調的是，後者最好被視爲一種更深刻、更基本的權力形式——決定什麼該被決定的權力——理由在於用以衡量權力對利益所造成的影響的基準，不僅包括表達出來的偏好，也包括未能出現在政治競技場上的不滿，而看出權力能夠用以避免不滿的出現是別具洞見的。根據同樣的推理，我們更應認爲藉由獲致同意來避免衝突與不滿的某些方法，是權力另一個更加深刻的向度。

而當我們要研究對支配的順從的獲致機制時，問題就更加複雜了。因爲現在的問題是我們如何辨識支配。誰來判斷誰是被支配者？且判斷的根據爲何？

針對這個問題，韋伯提出過一個經典的答案。韋伯將支配定義爲「一個帶有特定內容的命令被特定團體遵守的可能性」，他還加上一句「唯有當一個人成功地對他人發出命令時，支配才確實存在」（Weber 1978[1910-14]: 53）。對韋伯來說，支配是具有正當性的，也就是說，支配被受制者認定爲具有正當性（韋伯對不具正當性的權力不感興趣）。從我們的觀點看來，這個定義的麻煩之處在於它並沒有將支配的概念局限於從屬或招致隸屬的默許，而在這種較爲局限的情況下，權力是一種強制或限制，不利於受制者的利益。韋伯對權力的概念與許多正面的權力關係是相容的，而在這些權力關係裡，被支配者可能會自願順從權力，而且被支配者與其他人可能均會因此獲益。正如夏比洛（Ian Shapiro）所述：

> 在軍隊、企業、體育隊伍、家庭、學校以及其他不可勝數的機構中，人們經常被強迫服從。事實上，從柏拉圖以至傅柯的政治理論家經常注意到許多社會生活具有無法消除的階序性質，這些性質使得權力關係在人們的互動中無所不在。不過，這不意味著支配也無

> 所不在……。階序關係經常是具正當性的，而當它們具正當性時，它們便與支配無關。

因此，夏比洛認爲支配「只會來自不具正當性的權力行使」。但對於我們而言，這種支配定義也一樣是不恰當的。因爲，正如夏比洛自己所坦承的，關於「權力向度的論戰」所得出的結論，是「支配可能導因於某人或某團體對議程的形塑、對選項的控制，以及在某些有限情形下對人們偏好與欲望的影響」（Shapiro 2003: 53）。若果眞如此，那麼「某些有限情形」將會帶來問題，因爲它意味著支配可以影響人們對於何人與何事具有正當性的認定。但如果夏比洛的定義意味著正當性與占有優勢地位的規範與信念有關，那麼它就無法掌握這些「有限的情形」——即被支配者賦予支配者正當性的情形。[1]

因此，我現在回到原本的問題：誰來判斷誰是被支配者？且判斷的根據爲何？有時候，這個問題的答案事實上是不具爭議性的。奴隸、農奴、種族隔離以及種姓制度是否爲支配的形式？現在沒有人會懷疑它們不是，尤其是因爲它們明顯是強迫性的。它們涉及強制索取從屬者的勞力、財貨與勞務，而從屬者的地位是從出生就決定的，且基本上無法逃脫，而這一切全

1　當然，賦予某人正當性本身並不足以使他們具備正當性：他們的行動必須要與能夠得到優勢規範證成的既定法規和角色一致，或是與統治者和被統治者所共享的信念一致（Beetham 1991: 16）。至於其他定義「正當性」的方式，包括規範式或「客觀主義式」，則不會產生這個問題。

都透過宣稱他們的從屬地位永恆不變的意識形態而得到證成，並藉由法律與公共儀式而得到確認和再確認。然而，在以下這些事例裡，支配是否存在：傅柯筆下的告解者；巴特契與柏多描繪的行使「規訓於自己身體之上」、但卻體驗到「權力與控制」的女性；唐澤洛特分析的自我監督的中產階級母親；佛萊傑研究的交通壅塞的阿爾柏格鎮；克蘭森探究的飽受污染的印第安那州蓋瑞市；以及海沃特指出的只能依據各自的優勢規範來社會化學生的老師？

有一點是相當清楚的：這並不是一個簡單而直接的事實問題。要想回答它，就得對默許該如何詮釋有所定見：如何判定默許在什麼時候意味著對作爲支配的權力的順從？在此我所指的，並不是傳統的詮釋問題，亦即史考特所謂的「並不存在著一個令人滿意的方式，可以在任何社會行動之後建構如磐石般顚撲不破的實在或眞理」（Scott 1990: 4）。此處的問題在於如何知道「支配」的稱呼是否恰當？論及作爲支配的權力，即是意味著能動者的欲望、目的或利益被加諸了某些重大的限制，而可阻礙與避免這些欲望、目的或利益得到滿足或甚至成形。因此，稱這樣的權力爲支配，便使得重大限制的加諸與其他的影響區隔了開來。（而這正是被傅柯的尼采式修辭所模糊掉的區隔。）泰勒釐清了這個關鍵：

> 如果某個外部能動者或情況對我所做的改變不違背這樣的欲望／目的／渴望／興趣，那麼，就不該稱之爲

> 權力／支配的行使。試想銘刻（imprinting）的現象。銘刻也存在於人類生活中。我們往往會喜歡那些曾經緩和自己飢餓感的食物，而這些食物是我們在自身文化中於孩童時期就被餵食的。這是否表示我們的文化支配了我們？如果我們讓這個詞彙的範圍變得如此之廣，那麼它就會失去其效用，不再具有特殊性了。（Taylor 1984: 173）

我認爲掌握這點的方法之一是我們在看待支配的概念時，除了施諸他人的權力的概念，還要再補上一個更進一步的說明，而這個說明若用斯賓諾莎的話來說，就是受制者因此變得**較無法自由地依循他們天性與判斷的指令來生活**。

我們不妨從「較不自由」的概念談起。要辨識自由的程度，無可避免地要先在什麼構成對自由的侵犯與傷害的不同觀點之間做出抉擇，而這又源於自由爲何的不同觀點。舉例來說，有人認爲自由就是不干涉他人偏好的實現，不論這些偏好爲何。就這種觀點看來，只要沒有人阻止我做我想要做的事，我就是自由的；若將它做更廣泛的詮釋，就是只要沒有人可以阻止我做我想要做的事，我就是自由的。如果這樣理解自由，那麼偏好如何形成、判斷如何做出以及偏好與判斷受到什麼的影響，這些問題全都跟自由的程度無關。我的「天性」不過是一組藉由我的選擇而呈現出來的既定偏好，而我的「判斷」是我所選擇的任何東西：判斷是透過偏好來呈現，而偏好則是透過選擇境遇下的行爲來呈現。批判這種觀點的方法很多，[2]其中與當下的討論最相關的是下面這種：就這種自由觀點看來，偏好如何形成是沒有關係的——唯一重要的是沒有人阻礙偏好的實現。這種觀點排除了「對偏好與欲望的批判檢視，而這樣的檢視可以揭露習慣、恐懼、低度期待以及不公平的背景條件是如何以諸多方式扭曲了人們的選擇以及他們對自身生活的期待」（Nussbaum 2000: 114）。然而，下面的作法是否合理：在判斷我是否自由時，否認確實爲**我**所有的偏好的重要性，否認衡量我是否自由的標準之一是我能掌控自己的選擇與生活方式的程度——而我當然可以自願順從於占據優勢地位的規範與傳統？無論如何，一種爲衆人所普遍接受的自由觀點是直接且簡單的：只要沒有人干涉他們去做他們在任何特定時點上想做的任何事，他們就是自由的。讓我們稱此爲**極簡**的自由觀點。[3]

斯賓諾莎的思考讓我們看出什麼是問題所在，因爲除了極

2　例如桑斯坦（Cass Sunstein）就質疑「偏好」這個經濟學及其他受經濟學影響的社會科學的核心概念。他認爲，「偏好」一詞是「極爲模糊」的。他表示，偏好的概念「往往會忽略在不同環境中產生不同選擇的情境因素」。將「偏好」視爲「隱藏在選擇之後的東西，而且比選擇本身還要抽象而普遍」是錯誤的。「隱藏在選擇之後的不是一個東西，而是一個多種東西——渴望、品味、身體狀態、對既有角色與規範的回應、價值、判斷、情感、驅力、信念、衝動——的蕪雜混和，這些力量的互動會產生出適合於特定情境的特定結果。因此我們可以說**偏好是由社會情境建構的，而非由社會情境引出**，因爲它們好比環境與既有規範的函數。」（Sunstein 1997: 35, 38）。亦見 Nussbaum 2000: 119-22。

3　這種觀點與所謂的「主觀福利主義」（subjective welfarism）有關。就主觀福利主義看來，所有既有的偏好等同於政治目的。海耶克（F. A. Hayek）的看法或許是最極端的極簡觀點，他認爲某人自由與否端視「某人能否使其行動與其當下意圖一致，或是他人是否有權力去操控條件，使某人根據他人的意志、而非自己的意志行動」（Hayek 1960: 13）。就這種觀點看來，當下意圖的起源與情境和自由與否無關。對海耶克來說，自由只能透過他人刻意、強迫且專斷的介入來加以限制，因此自由不過是「一個人不受他人專斷意志強迫的狀態」（ibid., p. 11）。

簡觀點之外，這句話還可以用許多不同的方法來加以詮釋，而它們並非全都彼此相容。在此我只能大概勾勒一下回答這個問題的各種不同方式：「我的天性與判斷指令了什麼？」斯賓諾莎自己的回答只是其中一種而已。從他的話語看來，我們應當將自由想成**自主性**（作廣義的理解），從而與**本真**（眞實於自己的天性或「自我」）與自主性（作狹義的理解——即自主思考）的概念有關。根據斯賓諾莎的解釋，依據個人天性的指令（本眞地）生活，並根據個人判斷的指令（自主地）生活，就等於是要成爲**理性**的人。從屬於支配，妨礙了主體「正確使用理性」的能力：「理性能力最強大並因而最依靠理性引導的人，也是最完全掌握自身權利的人」（Spinoza 1958[1677]: 275）（因爲「權利」的意思就是「自由」）。斯賓諾莎的話無疑掌握到某些根據直覺可辨識出的權力機制，以及其他較不明顯的權力機制。權力可以用於阻礙或削弱主體使用理性的能力，尤其是透過灌輸與維繫何爲「自然」以及他們獨特的「天性」指令何種生活的誤導或錯誤概念，[4]以及更一般地，阻礙或癱瘓他們做出理性判斷的能力。權力可以造成或助長理性的失靈。若用十七世紀斯賓諾莎粗野（而男性沙文主義）的語言來說，就是當

4　因此馬克思寫道，「資本主義生產的進展發展出一個勞動階級，這個階級因爲教育、傳統與習慣而視該生產模式的要求爲不證自明的自然法則」（Marx 1976[1867]: 899）。在《女性的屈從》（*The Subjection of Women*）一書中，彌爾寫道：「當今所謂的女性天性顯然是人造物——某些方面是被迫壓抑的結果，某些方面是不自然的刺激的結果。我們可以毫無顧忌地宣稱沒有其他依賴階級像女性一樣，因爲自己與主人的關係而完全扭曲了自身的人格，偏離了天性……。我認爲，任何試圖假藉『自然構成』來界定女性是什麼、不是什麼以及可以是什麼、不可以是什麼的人，都是可恥的。」（Mill 1989[1869]: 38-9, 173）

一個男人的判斷力受制於他人時，「前者就是後者的傀儡」。

但承認這點只不過是引發一系列更多的問題罷了。什麼是理性的失靈？是否存在著其他的理性，它們屬於不同的歷史時期、文化或甚至次文化？是否存在著判斷什麼算得上是相信或從事某事的理由或好理由的其他標準？是否存在著其他的邏輯或其他的「推理模式」？是否如維柯（Giambattista Vico）所說的，存在著

> 一種為所有民族所共有的心智語言，它永不變異地掌握了在人類社會生活中可行事物的本質，卻又能隨著相同事物的不同面向，藉由各種不同的修正來表達出這樣的本質？（Vico 1963[1744]: 115）

或者儘管有著文化的多樣性，是否存在著一種共享的基礎或文化間的橋頭堡，若用斯史陶生（P. F. Strawson）的話來說，就是「一個無歷史的人類思考核心」（Strawson 1959: 10）？另外，假設我們可以賦予「理性的失靈」一種客觀的、非相對的意義（例如自我欺騙與一廂情願、屈從於認知偏見、謬誤與幻覺、由於議題與問題的構成方式而導致的錯誤，以及對統計推論原則的無知等等），那麼它應該歸因於什麼呢？該如何理解它：由內部產生，還是由外部啓動並維繫？當然，最合理的觀點是兩者都有：每個人都可能犯下這些失誤，但每個人也都能接受教育並自我教育以避免犯下這些失誤，然而，他人也依

然能夠從失誤的持續中獲利，事實上，在當下，一整群溝通與公關的從業人員與專家便是因此而得到雇用。正如斯賓諾莎所言，從古代的修辭術到當代的公關與宣傳技巧，一個人的判斷確實「可以透過許多方式受到影響，其中某些方式幾乎令人難以置信」。

不過「個人判斷的指令」未必只涉及理性。因為「判斷」也可以用亞里斯多德的方式解釋為「實踐智慧」（*phronesis*），也就是將原則應用於特定脈絡之中的智慧。這種德行的存在是成熟的證據。在此我們同樣可以提出文化相對性的問題（這樣的智慧與成熟在怎樣的程度上是依文化而變的？是否存在著一種評估良好判斷的跨文化方式？），不過，且讓我們先假設我們可以對人們什麼時候展現出這種實踐智慧、而什麼時候又欠缺它取得共識，那麼，很明顯地，它是一種可以被培育或阻礙的德行。支配可以存在於這種德行因團體之間的關係而遭到壓抑與窒礙的狀態裡，例如在殖民場景（如法農〔Franz Fanon〕所研究的）、威權家庭與高壓教育體制之中，也可以存在於這種德行因個人之間的不對稱關係而遭到壓抑與窒礙的狀態裡（就像易卜生〔Henrik Ibsen〕名作《玩偶之家》〔*A Doll's House*〕中托法德與諾拉的夫妻關係一樣）——藉由幼稚化來剝奪權力的權力關係。

那麼「個人天性的指令」又是如何呢？說個人或個人組成的團體擁有「天性」已經不再時興了：這麼說等於是犯下了無可原諒的本質論（essentialism）罪過。很顯然地，這裡的關鍵不在於個人前社會化或生物決定的天性，也不是族群、種族或民族團體的原始天性。一種將支配理解爲對某人天性的指令施加限制或約制的方式，是根據**人類天性**理論的觀點來詮釋天性。此處的核心問題是「人類繁衍的必要條件爲何」？正如馬克思所會問的，「讓人類活得像個眞正的人類的必要條件爲何」（見Geras 1983, Lukes 1985）？這個問題所問的，是究竟需要什麼樣的物質與社會環境，才能讓人類的生活符合某些規範性的標準：過著適於人類的生活，被當作目的對待，同時也待他人爲目的，擁有相同的尊嚴以及塑造自身生活的同等權利，在與他人的互惠關係之中做出自己的選擇並發展自己的天賦。在當代試圖回答這個問題的各種努力當中，最有成果的是所謂的「能力途徑」（capabilities approach），這是由沈恩與納思邦發展出來的，不過兩者的理論有些許的差異（Sen 1984, 1985, 1992, 2002, Nussbaum 2000, Nussbaum and Sen 1993）。這個途徑背後的「直覺式概念」，是「某些功能對人類生活特別重要，它們的存在與否往往被理解爲人類生活存在與否的指標」，以及如馬克思與亞里斯多德所主張的，人類之所以有別於動物，在於人類是自發的：人類能夠「在與他人的合作與互惠中」塑造其生活，「而不是像一『群』動物一樣被動地受到世界的塑造或驅使」。人類生活之所以「人類」，是因爲它「完全受到實踐理性與社會性的人類能力的形塑」。這個途徑主張「我們可以列舉出眞正的人類功能的核心要素，且它們可以獲

致廣泛的跨文化共識」，[5]尤有甚者，

> 我們可以提出具說服力的論據，說明這些能力在任何人類生活中都具有核心的重要性，不管特定個人追求或選擇的是什麼。這些核心能力不僅是達到進一步追求的手段：它們本身就具有價值，使得具有它們的生活徹底地富有人性。（Nussbaum 2000: 72, 74）

如果可以就此提出可信的論據，就可以提供「天性的指令」一個客觀的意義，從而也提供何為支配一個客觀的意義。當某些人的權力藉由限制他人眞正人類功能的能力而影響了後者的利益時，支配就發生了。

但不是每個人都會被這個「客觀主義」推理所說服。另一種詮釋「天性的指令」的方式，是將個人的「天性」理解為由其「認同」所決定。今日我們談的是個人與集體的**認同**——從而表達出我們在個人與團體天性問題上的搖擺不定：個人與團體的天性究竟是客觀給定的？還是主觀地與相互主觀地建構的？有人曾說過，認同一詞本身是曖昧不明的，「擺盪於『硬』意義與『軟』意義、本質論意涵與建構論限定之間」（Brubaker and Cooper: 2）。在認同政治的行動者與分析者的

5　沈恩與納思邦都企圖去建構（不同且持續變動的）人類特有能力的清單，這些能力是一種「道德主張」（Nussbaum 2000: 83），跨越了各個文化的疆界，且並未連結於任何特定形上或目的論觀點。

使用下，「認同」一詞的意義徘徊於行動者的利益與分析者的洞見之間，徘徊於被給定的概念與被創造或建構的概念之間，徘徊於發現眞實的自我與創造眞實的自我之間，徘徊於自我發現與自我創造之間，徘徊於原始的認同與後現代主義的自我塑造之間。一個人可能會認同自己被賦予的認同，也可能會試圖忽略或拒斥這樣的認同。因此，與認同有關的支配可以有許多不同的形式。其中之一是欠缺承認——對社會中的從屬與少數團體所持有並堅守的族群、文化、宗教或地理認同的不承認或錯誤承認。另外一種形式，則是一種僵固不移的低下與依賴地位，以及一組無可逃脫的角色，爲人們設下了無法更改的界定，不僅別人如此看待他們，他們也如此看待自己。納思邦曾在書中引用一篇報導，該文指出印度寡婦「將社會對她們作爲女兒、母親、妻子以及寡婦的認知加以內化（她們的認同永遠是根據她們與男性的關係來界定的）」。[6]在這兩種例子中，都存在著承認的失靈：在第一個例子中，是行動者所主張的認同；在第二個例子中，是行動者被拒絕賦予的認同。我們可以視未被承認者爲被支配者，因爲無論是未被承認者還是被支配者，「他們周遭的人們或社會都將一個幽禁或低下的觀感回映到他們身上」，從而將他們「囚禁於一個虛假、扭曲與貶抑的

---

6 *The Hindu Magazine*, 24 April 1994，引自 Nussbaum and Glover 1995: 14。她另外還引用了泰戈爾（Rabindranath Tagore）的〈妻子的書信〉（Letter from a Wife, 1914）：

在你的大家庭裡，大家曉得我是第二個媳婦。多年來，我也只曉得自己是第二個媳婦。十五年後的今天，我一個人佇立在海邊，我知道我擁有另一個身分，就是我與這世界及其創造者之間的關係。這賜給我勇氣以我自己、而非你家庭裡的第二個媳婦的身分寫下這封信。

存有模式」。正如泰勒所清楚說明的，

> 假若他人內化了低下或貶抑的觀感，那麼將這種觀感投射在他人身上確實可以造成扭曲與壓迫。不論是當代女性主義，還是種族關係與多元文化主義，都因下面這個前提而得到強化：拒絕承認可以是一種壓迫的形式。（Taylor 1992: 25, 35）

但我們不該只以與團體有關的認同來思考「認同」。事實上，一種重要的當代認同支配形式，便在於所謂**過度**或不請自來的承認，也就是說，儘管個人因為不同的理由而以各種方式不願認同他被劃歸的某個團體或類別，卻被迫得服從、進行公開的自我歸屬表態（「出櫃」）以及表達他與團體之間的連帶。藉由這種方式，認同者——認同政治的操作者與動員者——可以支配所有對該團體或類別較不投入、模稜兩可、漠不關心或是沒有好感的人：準認同者、半認同者、非認同者、前認同者、跨認同者、多元認同者以及反認同者。

與認同相關的支配或所謂的承認性支配還可以有更為複雜的形式，特別是當支配的團體或民族主宰了詮釋與溝通的工具，將他們自身的經驗與文化塑造為規範，從而使得被支配者的觀點消失，也將後者套入刻板印象並標誌為「他者」。在這樣的作法中，支配者運用了一系列的權力機制，正如黑人詩人賽澤爾（Aimé Césaire）所觀察到的，「我所說的，是數以百萬的人被有技巧地注入恐懼、次等情結、焦慮、卑屈、絕望與貶抑」。這段話被法農引用於其處女作《黑皮膚、白面具》（*Black Skin, White Masks*）的開首。[7]在這本書及其他著作中，法農在阿爾及利亞及非洲其他地方的獨立鬥爭與後殖民經驗的脈絡下，深入探索了這種支配形式的心理、社會與政治面向，以及語言、人格、性關係與政治經驗之間的緊密關係。最後，值得注意的是，這種注入只會部分有效：被支配者永遠不會完全內化這種貶抑並將他們套入刻板印象的詮釋世界方式，而是會經驗到美國黑人政治思想家杜博斯（W. E. B. Du Bois）所謂的「雙重意識」，亦即：

> 這種永遠得透過別人的眼睛來觀看自我的感覺，這種得用冷眼旁觀著的、懷著輕蔑與憐憫而引以自娛的世界的尺度來丈量自己靈魂的感覺。[8]

前文指出，除了「人類天性」的客觀主義詮釋，另一種可能**似乎**是將「個人天性的指令」詮釋爲認同的指令，不管「認同」做何解釋。但它眞的是一種完全不同的詮釋可能嗎？畢竟，爲什麼我們會認爲人們的認同（不論作何解釋）必須被承認？認同有什麼好，而什麼又證成它的承認？如果答案是承認

---

7 Fanon 1970[1952]: 7.

8 Du Bois 1969[1903]: 45.

認同是一種善以及規範性的必要，那麼，必定是因爲這麼做滿足了某種「基本」或「眞實」的利益，而這樣的利益或許可以透過核心人類功能的角度來加以表述。此外，我們該根據什麼基礎來判定承認是「欠缺」或「過度」的——不管是關於主張認同的人還是被拒絕賦予認同的人，也不管認同是以團體爲基礎還是個人化的？我們又該如何在各種要求承認的認同之間做出判定，如果不是根據獨立於認同操作者與動員者主張之外的某種標準？泰勒寫道，若認同未獲承認，人們便會接受「虛假」、「扭曲」而「貶抑」的自我觀感，不過，這其實預先假定了以下問題的答案：虛假、扭曲而貶抑是相較於**何者**而言？這背後必定存在著「何謂免受屈辱的生活」的想法。是故，沈恩引用了斯密（Adam Smith）的觀點，指出核心的人類「功能」之一是「毫不羞愧地現身於公眾之中」（Sen 1985: 15）。簡而言之，與認同有關的支配或承認性支配的概念，幾乎無法不預設某種深植於人類天性理論之中的眞實或客觀利益的概念。

在此，我試圖勾勒出「我們該如何思考使得受制者較無法自由地依循他們天性與判斷的指令來生活的支配」這個問題的各種具說服力的回答的範圍與相互排斥性。這些回答必須要能詳盡地闡釋支配機制的細節，包括那些爲傅柯所辨識出來的機制，例如性與心理「正常」概念、時尚規範與美麗迷思、性別角色與年齡範疇以及意識形態界線（例如公與私的區別、市場與非市場配置模式的區別）的灌輸與監督，壓迫性刻板印象的各種形式與模式，以及資訊在大眾媒體與政治活動中的塑造與流通等等。尤有甚者，我們必須瞭解，明顯的單一向度或兩個向度的權力形式所具有的三個向度的效果。這些效果經常被錯認爲只是「文化傳遞」（cultural transmission）的客觀過程的效果。摩爾（Barrington Moore）精準地揭露了這個錯誤：

> 認爲社會與文化的持續不需加以解釋的「慣性」假設，泯沒了社會與文化都需要隨世代更新且該過程經常伴隨著巨大的痛苦與折磨的事實。爲了延續並傳遞價值體系，人類被痛擊、威脅、押進囚牢、丟入集中營、哄騙、賄賂、塑造成英雄、鼓勵去閱讀報紙、背對牆處決，有時甚至還得被教授社會學。主張文化的慣性，就等於是忽視教化、教育以及在世代間傳遞文化的整個複雜過程所服務的具體利益與特權。（Moore 1967: 486）

透過這些不同的方式，支配可以對自決施加內在限制並予以維繫——其中包括傷害並扭曲人們的自信與自覺，以及誤導與推翻他們對於如何能最有效地增進其利益的判斷。

當然，「我們該如何思考使得受制者較無法自由地依循他們天性與判斷的指令來生活的支配」這個問題也有許多不具說服力的回答。其中一種我們十分熟悉的回答來自共產主義史：將這些指令稱爲「客觀」或「眞實利益」，而這些利益是由觀察者或運動者從外部根據個人社會位置（「布爾喬亞」、「小布爾喬亞」、「工人」等）歸諸個人的。但這等於是只將社會行動者視爲社會角色的載體，將他們的利益等同爲他們角色的要求。而當他們的利益被認爲是踐履某種（被假定爲眞的）巨型敘事所指定的目的地或命運時，這樣的觀點就會更加不切實際。馬克思主義的各種流派——決定論者、結構論者與通俗馬克思主義者——都曾採取這樣的立場（《權力：基進觀點》裡所引用的葛蘭西段落也流露出這樣的色彩），而當人們未能追求或察覺他們被歸諸的利益時，各個流派便會用「虛假意識」的解釋來將它搪塞過去，就像盧卡契一樣。不過這些都是老生常談了，我們留待本章末尾再來處理這個問題。

我們曾在對傅柯權力觀點的討論裡遇見第二種不具說服力的答案：支配無法使得受制者較不具自主性（作廣義的理解），因爲根本不存在著另一種較具自主性的狀態。由於無所不在的權力排除了解放並施加了眞理政權，因此根本不可能逃離支配。在傅柯早期關於權力的著作中，他的看法是「主體」的天性與判斷都是完全由權力關係所「建構」的，同時，正如我們所見，無數受傅柯啓發的學者都曾提及「認同本身即是權力關係的產物」以及他的論點消蝕了「理性自主能動者的模型」。正如我們所見，傅柯最後否認了這個極基進的觀點，因爲這會使得對支配的抵抗變得難以理解，並損及傅柯自己的批判性態度與政治立場。

這段討論的結論是支配該如何詮釋，並非只有一個具說服力的答案。持極簡自由觀點者可以主張，支配就是讓全體人民、少數團體成員或個人受制於限制他們生活選擇的外部強制與約制，不過，他們是擁有各種可行選擇、多少意識到自己所面臨的外部限制的自主而理性的行動者，他們偶爾會與支配者配合、甚至合作，並在機會出現時予以抵抗、甚至反叛。至於本節所探討的其他非極簡的自由觀點，則提出了**內部限制**的問題——例如「偏好形成」、「內化」以及「霸權」——從而質疑了這幅圖像，並使之更加複雜。換句話說，它們探討了支配能夠藉以違背人們利益的方式——透過妨礙、削弱並消蝕人們的判斷力，以及誤導、扭曲並貶抑人們的自我認知與自我理解。然而，儘管它們透過許多不同而具說服力的解釋來回答上述現象是如何發生的，卻對於利益是什麼（以及如何達致利益）的問題提出不同的答案。而這正是我為什麼主張作為支配的權力概念在本質上易受爭議的原因。

捍衛第三向度

假若真是如此，那麼接下來的問題就是「某種解釋支配及其機制的方法，如何證明自己優於其他的解釋方法」，尤其是「面對著其他觀點的挑戰，該如何為三個向度的權力觀點提出辯護」？我能夠想到的最好測試方式，也是唯一的方式，就是讓它與其他觀點正面交鋒，特別是當中最為傑出的觀點。因此，我要討論史考特在《支配與抵抗的藝術：隱蔽文本》（*Domination and the Arts of Resistance: Hidden Transcripts*）一書中所提出的觀點（Scott 1990；另見 Scott 1985, chapter 8）。史考特提出一種研究權力關係的方式、一種「對靜默的詮釋」以及一種「對霸權與虛假意識的批判」。[9]他的細緻分析對本書提出的觀點構成了明顯的挑戰，而且獲得了來自各種社會與脈絡的證據的支持。

支持史考特觀點的證據，主要是來自「對奴隸、農奴、賤民、種族支配（包括殖民主義）以及高度階層化的農民社會的研究」，同時也來自「全控型機構，例如監獄以及戰犯營」（Scott 1990: 20, x）。在後文，我會說明我爲什麼認爲這些證據預先傾向於支持史考特論題的理由。一言以蔽之，史考特的論題是支配的受害者應該被視爲戰術性與策略性的行動者，他們掩飾一切以求存活；如提利所言，「在史考特的顯微鏡下，順從成爲一種恆常的反叛」（Tilly 1991: 598），或者正如史考特在書中引用的伊索比亞諺語所說的，「當偉大的領主經過時，聰明的農人深深地鞠躬並靜靜地放屁」。他引用的證據可以分成兩類。一類是存在著「隱蔽文本」——它們產生於隱蔽的場景，藏身於「奴隸區、村莊、住家的受害者生活，以及宗教與儀式生活」之後，存在於「對權力關係的正式言行的私下異議可以發聲的社會空間」，以「語言僞裝、儀式符碼、酒店、市集、奴隸宗教的『緘默禮拜』」的形式表達出來，由「對復返先知的希望、巫術的儀式，以及江洋大盜與抵抗烈士的崇拜」

9　接下來我們將會看到，史考特對葛蘭西的霸權概念是採取文化性的詮釋。

所構成（ibid., pp. 85, xi）。另一方面，也存在著公開、但披上僞裝的意識形態反抗的表達，這可以透過詮釋「無權者的謠言、八卦、傳說、歌曲、姿態、笑話以及戲劇」來解讀，「藉由這些形式，人們得以暗諷或批判權力，同時藏身於匿名之後或是對他們行爲的無害理解之後」（ibid., p. xiii）。

相較之下，「正式」或「公開言行」（public transcript，歷史學家與社會科學家所能得到的證據絕大多數屬於此類）所述說的是截然不同的故事。史考特寫道，它「爲支配價值的霸權以及支配論述的霸權提供了可信的證據」。這是

> 權力關係的效果最明顯之處，任何單單只看公開言行的分析都可能會導出以下的結論：從屬團體支持其從屬關係，而且還自願、甚至熱心地成爲從屬關係中的夥伴。（ibid., p. 4）

在公開的舞台上，「農奴與奴隸看似與支配者共謀，因爲他們營造出同意與無異議的外貌；來自底層的論述肯認表演使得意識形態霸權看似穩固無比」。確實，

> 支配者的權力……通常會——在公開言行中——引出一系列遵從、尊敬、敬重、崇拜、景仰乃至於仰慕的表現，統治菁英會因爲這些自己親眼所見的社會證據而更加相信自己的主張是穩固的。（ibid., pp. 87, 93）

因此，在史考特看來，許多人會接受下面這樣的概念並不令人意外：儘管支配或霸權的意識形態並沒有全然地排除從屬團體的利益，但它「會掩藏或扭曲社會關係的諸多面向；假若能直接地理解社會關係的各種面向，將會損及支配菁英的利益」。他主張，這種「虛假意識」的理論有厚與薄兩種版本：

> 厚理論主張支配的意識形態之所以能發揮其魔力，乃是透過說服從屬團體積極地相信那些解釋並證成其從屬狀態的價值……。至於虛假意識的薄理論，則只主張支配的意識形態之所以能獲致順從，乃是透過說服從屬團體相信自己身處的社會秩序是自然而不可避免的。厚理論強調同意；薄理論則強調認命。（ibid., p. 72）[10]

事實上，史考特也指出，意識形態吸納（ideological incorporation）的概念還進一步延伸到主流社會科學，以帕森斯社會學的形式出現，假設從屬社會團體會「自然地接受社會秩序背後的規範性原則，而若缺乏這樣的接受，任何社會都無法維繫」。史考特主張，這種理論的魅力主要來自「菁英與從屬者通常都會植入公開言行的策略性表現」；除非「我們可以穿

10　史考特指出，布迪厄便是薄理論的代表者，這種立場反映在他「自然化」（naturalization）的概念中。布迪厄寫道，「每個既定秩序都會（以不同的程度與不同的方式）生產**自身專斷性的自然化**」（Bourdieu 1977[1972]: 164）。

透從屬者與菁英兩者的正式言行，否則對社會證據的分析幾乎永遠都將會呈現出對處於霸權之下的現狀的肯認」（ibid., pp.86, 89, 90）。

那麼，根據史考特的看法，究竟什麼才是故事的實情？這是個在外部限制之下幾近普遍的偽裝與抵抗的故事。在一般的情況下，

> 從屬者可以透過避免任何**明顯**的反抗展演來確保既得利益。當然，他們也永遠可以透過抵抗（亦即將他們所受制的苛求、勞動與羞辱予以最小化）來獲得實際利益。而這兩種看似相互牴觸的目標的調和，正是藉由追求那些避免與所欲抵抗的權威結構公開對抗的抵抗形式來達致的。因此，為了安全與成功的考量，農民自古以來都寧可偽裝其抵抗。（ibid., p. 86）

這是個理性算計的故事：「除了罕見但極為重要的例外，從屬者會出自謹慎、恐懼以及逢迎的欲望而表現出迎合有權者預期的公開言行」。這也是個理性行動者互動的故事，儘管其中力量的實際平衡狀況永遠無法確切地被理解，但在「追尋與探索的過程中」卻存在著「對均衡的不斷測試」，其中有著「監督、獎勵與懲罰的結構」以及「由規訓與懲罰關係所牽制的支配者與從屬者目標的基本對立」（ibid., pp. 4, 192-3）。「支配菁英……無止息地努力維繫並延伸其物質控制和象徵影響」，而

從屬團體則「相應地設計出策略以阻礙與逆轉這樣的強索並掌握運用象徵的自由」（ibid., p. 197）。

史考特主張，這便是「奴隸、農奴以及種姓制度支配」的實情，也是「同時帶有強索與地位貶抑性質的佃農—地主關係」的實情；這也可以應用到「如獄卒與罪犯、醫護人員與精神病患、老師與學生以及老闆與員工的特殊制度環境」。不過，最後的兩個例子引發了關於史考特的分析**範圍**的問題。史考特有時表示他的論證可以超越原本處理的系統性壓迫社會的範圍而普遍化。因此他寫道，他對自己論證的信心是源自「對自由社會中勞動階級價值的研究」（ibid., p. 112），而且他認爲自己的主張可以運用在無權者在「沒有明顯的脅迫（例如暴力、威脅等）可以用以解釋服從時」的服從行爲的詮釋問題（ibid., p. 71）。

史考特的論證實際上有兩種不同的形式，而且有必要加以區別。其中一種是經驗的命題，含括了原本處理的社會與脈絡。因此，他寫道，不利於

> 迷惑的厚理論的證據，普遍到足以說服我相信這種理論是很難成立的——尤其是對於農奴、奴隸以及賤民等支配體系而言，因爲在這些體系中，同意與民權的概念就連在修辭層次上都不會出現。（ibid., p. 72）

他表示薄理論也是一樣，因爲根據薄理論，意識形態支配爲從

屬團體界定了「切合實際與不切實際的範圍」，並將特定渴望與不滿推入「不可能成眞的、白日夢的領域」（ibid., p. 74）。簡而言之，根據歷史的證據，「並沒有什麼基礎可以使得霸權的厚理論或薄理論成立」：

> 儘管抵抗的障礙很多，但它們並不能單純地歸咎於從屬者無法**想像**出一個假想的社會秩序。他們確實會想像支配的反轉與推翻，更重要的是，他們還會絕望地奉行這些價值，並把握情況允許的罕有機會……。從屬團體想像過不同的社會秩序，並不會因菁英的論述而癱瘓，這些論述企圖說服他們相信自己想要改變自身處境的努力是毫無希望的……由於奴隸與佃農的暴動時有所聞，而且幾乎永遠會失敗，因此我們可以說，無論是出現哪種對現實的誤解，都是因爲它似乎會比實際的事實更加有望。（ibid., pp. 81-2）

史考特論證的另一種形式，則是他在詮釋靜默時所遵循的一般原則，亦即在面對從屬者的順從行爲與／或論述時，我們應該從戰術與策略來理解它們，而不是從同意或認命。正如史考特自己所言，「單憑公開言行，往往無法得知在對霸權價值的迎合中，有多少是出自謹愼與習慣，又有多少是道德的服從」，而「對支配論述的看似接受程度究竟有多深……也無法從公開證據來加以判斷」（ibid., pp. 92, 103）。由於缺乏來自幕後、奴隸區或緘默禮拜的直接證據，因此可取得的證據必定是間接而不確定的（所以史考特取得「隱蔽文本」的其他方式，是進一步詮釋和譯解謠言八卦等）。而這引發了我們該如何決定哪種詮釋路線較爲合理的有趣問題。

這種詮釋策略的問題在於它是個丐論。史考特確實對其適用性舉出一個例外。在「不屬於我們所討論的任何大規模支配形式」的「限制與嚴格條件」下，他所謂的「霸權的超薄理論」（paper-thin theory of hegemony）是可以適用的。他承認，從屬團體可能會「接受、甚至正當化證成其從屬地位的安排」，只要其中存在著向上流動或脫離低下地位的可能，或是「全然不存在著任何相對論述自由的社會領域」，如「某些受刑機構、思想改造營以及精神病房」（ibid., pp. 82-5）。除此之外，他假設他的詮釋途徑提供了正確的答案。而這樣的假設因爲他所呈現的證據的本質而更加具有說服力，因爲這些證據源自具有明顯強迫、強制索取、系統性貶抑等特徵的社會與脈絡，以及可以與他人發展顛覆性思想的「自由空間」。我們可以假設當強迫與壓制越明顯，同意與認命就越不可能，而當強迫與壓制越隱晦且越不嚴厲，同意與認命就越可能。這顯然正是史考特的想法，因爲他寫道，「強迫看似可以帶來順從，但實際上卻會令服從者更加不願自願順從」；因爲「迫使我們行動的外部理由越強大——巨大威脅與巨大獎勵在此是可以比較的——我們就越不需要向自己提出關於自己行爲的滿意解釋」（ibid., pp. 109, 110）。這個假設絕非必然爲眞，但這也正是我之前爲何說他的證據預先傾向於支持他的論題的理由。

不過，靜默該如何詮釋的問題依然沒有得到解答。就「從屬團體的善變政治行爲」的各種證據，史考特提供了令人信服的解釋：在這樣的行爲裡，「無權者在面對有權者時往往必須採取策略性的姿態」，而「有權者可以在過度戲劇化其名聲與支配權中獲得利益」（ibid., p. xii）。此外，他一再引用《支配意識形態的命題》（*The Dominant Ideology Thesis*）一書，該書匯聚了各種反駁「在封建體制或早期及晚期資本主義下，從屬階級會透過意識形態霸權而被吸納，或是透過平民文化而被整編」的命題的歷史證據（Abercrombie et al. 1980）。[11]史考特也引用威利斯（Paul Willis）的《學習勞動》（*Learning to Labour,* 1977），該書揭露了英國工人階級學童的保護性犬儒態度。然而，不論是史考特還是這些學者，都沒有成功地證明在他們所討論的社會與境遇裡，權力的第三向度並未經常而廣泛地形塑偏好、信念與欲望或是影響判斷。事實上，史考特在討論葛分塔（John Gaventa）在《權力與無權：阿帕拉契山谷的靜默與叛變》（*Power and Powerlessness: Quiescence and Rebellion in an Appalachian Valley,* 1980）中論及的第三向度權力對阿帕拉契山區礦工的效果時（史考特還指出，「除了這一點，葛分塔的研

11 該書主張，支配意識形態「對從屬階級幾乎沒有什麼影響。在封建制度下，各個社會階級之間存在著廣泛的文化隔離，農民的文化與支配者的文化截然不同。在早期資本主義中，支配者的觀念鮮少滲入勞動階級之中。然而，到了晚期資本主義……就出現了有限的從屬階級意識形態吸納」，以及「意識形態結構的定義與一致性的缺乏」，而「傳播機器則因大眾媒體與義務教育體系的發展而變得更具效率」（Abercrombie et al. 1980: 157-8）。

究是極具洞察力的」），他承認兩種權力關係形式是可以並存的。他寫道，葛分塔的書「既支持虛假意識的厚理論，也支持自然化的薄理論」（Scott 1990: 73），不過，他自己的解釋則是填補了「在正當化理論中所缺漏的元素」（ibid., p. 197）。在強迫較不明顯或完全沒有強迫以及不平等情況較未清楚呈現的社會與境遇中，如何詮釋靜默的問題就顯得格外關鍵。而史考特最具貢獻之處，便在於提供了一個清楚的敘述與系統性的探索來回答這個問題。

簡而言之，我們沒有理由將史考特就僞裝而恆常警戒的奴隸、佃農、賤民等的精明戰術與策略所做的有力解釋，視爲是對霸權的厚理論或薄理論所做的駁斥。它沒有證明在前現代與現代社會中並未同時存在著最適合以「權力關係的表達與結果」來加以解釋的廣泛同意與認命。畢竟，聰明的衣索比亞農人向領主深深地鞠躬並靜靜地放屁的作法，不過是其中一種反應罷了。（其他不聰明的農人會怎麼做？）史考特的途徑出奇地單一：他完全不允許概念的分化，認爲被支配者「戴著面具」（套用喬治・艾略特〔George Eliot〕的說法）的表面順從行爲是理所當然的。因此，儘管他提及「被迫必須戴上面具行動的受制者，最後會發現他們的臉孔已經變得和面具一樣」的「另一種主張」，但他的目的只不過是要將之摒棄：

> 在這樣的例子中，從屬的實踐遲早會產生自身的正當性，就像巴斯卡（Pascal）告訴沒有宗教信仰但卻

> 想要有宗教信仰的人，他們只要一天跪下來祈禱五次即可，這種行爲最終會產生自身對信仰的正當化。（ibid., p. 10）

但我們爲什麼必須認定這些選項是其他的可能？正如法伯（Samuel Farber）所言，史考特「並未探究這些『選項』未必是彼此接替的，而可能是在同一個團體和個人身上同時並存的」（Farber 2000: 103）。

的確，一旦我們開始思考這個問題，便會發現「同意」與「認命」的選項顯然不足以描述與解釋人類在無權力及依賴境遇下的反應，也不足以描述這些境遇所採取的形式。「同意」與「認命」兩者都無法適切地掌握人類在使得這些境遇變得可以理解、可以忍受、較不痛苦或甚至是可欲求時，所接受的各種宇宙論、宗教、道德與政治觀念以及日常的常識假設。

是故，在對自身境遇的反應上，尼采的奴隸與史考特的奴隸形成強烈的對照。對尼采與史考特來說，奴隸都是追求自我利益且工於計算的。事實上，他們展現了「就連昆蟲都具備的基本謹慎，使之得以藉由靜默認命的外表來欺敵脫困，而這都得歸功於他們無能的僞裝——彷彿弱者的柔弱……是個自發性的行動，是個值得讚賞的作爲」（Nietzsche 1956[1887], I, 13）。但是對尼采來說，這採取了「權力意志」（will to power）的創意形式，表現在「使得那些對**他們**有利的價值判斷能夠占有優勢的企圖」之中（Nietzsche 1968[1906]: 400），因此他們「頌揚無我，因爲它（爲他們）帶來利益」（Nietzsche 1974[1882, 1887]: 21）——因爲「每個動物……都會本能地爭取得以發揮其權力的最佳條件」（Nietzsche 1956[1887], III, 7）。尼采的「道德系譜學」所敘述的，是奴隸在道德上的反叛最終獲得勝利的故事，這個故事發生在公元一世紀到三世紀之間的羅馬帝國時代，創造出新的道德（並自此變得無法與「道德」相互區辨，以致我們無法認清其本質與源起），重新評價了價值，並賦予一系列的相關實踐與態度正面的評價——尤其是利他主義、憐憫、對人與平等主義的康德式尊敬，並環繞著「善」與「惡」的區別而起。是故，奴隸的無能變成了「善心」，他們焦慮的卑微變成了「謙遜」，他們的「不具攻擊性」與「在門口徘徊」變成了「耐心」，他們對復仇的欲望變成了對正義的渴望，他們對敵人的仇恨變成了對不義的仇恨（見 Leiter 2002: 125）。奴隸道德及相關的「禁欲理想」——與基督教有關的道德——的勝利，乃是透過尼采所謂的被壓迫者對壓迫者的**怨憤**（*ressentiment*）而產生。尼采寫道，他聽見

> 被壓迫者、被蹂躪者、被褻瀆者彼此低聲耳語著無能者狡猾的復仇渴望，「讓我們別成爲那些邪惡的人。讓我們做善良的人。善良的人不採取暴力、不攻擊或報復、將復仇留給上帝、像我們一樣過著不張揚的生活、避免一切惡，並對生活的要求微乎其微——正如我們一樣，是耐心、謙遜、公義的人」。（Nietzsche

1956[1887], I 13）

被壓迫者在「導師、人性的領袖以及神學家」的影響與幫助下獲得最終的勝利，而後者——「那類寄生的人——那些神職人員——虛僞地利用道德將自己提升到決定人類價值的地位，他們全都在基督教中發現了獲得**權力**的工具」（Nietzsche 1967[1908], IV, 7）。

當然，尼采的系譜學是以風格化的歷史敘事來包裹其論辯目的：它旨在批判道德，其方法是試圖讓人們不再「**感到**自此出現的事物如此重要，並爲一種批判的情緒與態度鋪路」（Nietzsche 1968[1906]: 254）。它並不是一組基於比較民族誌研究的經驗主張。無論如何，有兩點是需要注意的：首先，正如我們曾說過的，史考特的論證並不是毫無問題的；其次，尼采關於奴隸道德的另一種詮釋，姑且不論其可信度，確實將我們引導到複雜而具暗示性的宗教教義之上，可將之視爲是對無權力與依賴的詮釋與回應。很顯然地，從「登山寶訓」（Sermon on the Mount）到可蘭經關於女性適當角色以及如何對待女性的訓示，乃至印度教的《摩奴法論》（*Laws of Manu*），這些教義都爲自願服從與順從提供了證成的理由，從而支持了對權力的積極性「同意」（當然，也有某些宗教傳統是無法在人類價值與平等的名義下證成自願服從與順從的[12]）。世界上絕大多數的宗教都從平等出發，但它們卻會選擇性地詮釋與應用平等，特

12 見Nussbaum 2000: Chapter 3。

別是關於女性的部分。至於「認命」，世界上的宗教也不乏教導人們在「自然」的事物秩序中靜默的訊息，從印度教的遁世論到佛教的捨棄說，（正如費爾巴哈〔Ludwig Feuerbach〕教導馬克思的）將人類的渴望與夢想轉譯爲超自然的幻想（但也正如韋伯所言，它們也能夠啓發此世的活動，有時甚至能啓發改變世界的行動主義）。

適應性偏好

不論是否爲宗教所引致或鼓勵，我們所關切的，是外部因素對能動者欲望與信念的形塑。埃斯特將之稱爲「適應性偏好的形成」（adaptive preference formation）——將欲望修剪至合於外部環境。正如不少論者所指出的，根據可行性來調整個人的渴望確實是明理而聰明的。不過，埃斯特所試圖辨識的，乃是**非自主**的適應。這種適應的機制爲何？它們又如何與三個面向的權力發生關連？一言以蔽之，這些偏好是如何形成的？

埃斯特對這個問題提出一個相當狹隘的詮釋，試圖將之與權力的效果清楚區別開來。他將重點擺在所謂的「酸葡萄」機制，亦即人們變得滿意於自己所能得到的東西，埃斯特認爲，這是人們降低認知不協調的方式之一。埃斯特引用了狐狸與葡萄的寓言故事：狐狸因爲摘不到葡萄，所以就說它們是酸的。他賦予「適應」一種「因果」而非「意欲」的含意，並認爲這是「一種絕對內生性的因果關係」（Elster 1983: 116）。這是我們的心靈在我們身上耍的把戲，是一種「純粹因果的過程……在當事人的『背後』發生」，有別於能動者自己「有意地形塑欲望」，例如由斯多噶學派（Stoic）、佛教以及斯賓諾莎式哲學等所主張的（ibid., p. 117）。是故他試圖把適應性偏好與下列兩者區別開來：因學習與經驗而導致的欲望改變，以及因「事先承諾」（precommitment，即蓄意排除其他可能選項）、捨棄等等而導致的偏好。這兩者都是埃斯特所謂「自主欲求」（autonomous wants）的範例，亦即人們「掌控自己欲望形成的過程，或至少……是不受自己不認同的過程的支配」（ibid., p. 21），而適應性偏好的形塑則是因爲「缺乏其他的選擇」（ibid., p. 120），並導因於由「習慣與認命」（ibid., p. 113）所導致的欲望改變，是依據可行性的限制來對欲望做出非刻意的調整。不過，埃斯特也試圖證明權力的行使無法導致這種隨環境而做出的調整，他認爲這樣的看法是「不可信」的（ibid., p. 116）。然而，他的論點並不具說服力。

埃斯特認爲下面這段來自《權力：基進觀點》的文字是有問題的：

> A可以藉由讓B去做B不想做的事來行使權力，但是A也可以藉由影響、形塑或決定B的根本欲求來行使權力。實際上，讓他人擁有你要他們擁有的欲望——亦即藉由控制他們的想法與欲望來獲取其順從——不正是權力的終極展現嗎？就算不對《美麗新世界》或

> 史基納的世界做出長篇累牘的討論，每個人也都能理解到下面這點：思想控制有許多較非全面而較世俗的形式，例如資訊管制、大眾媒體以及社會化過程等。

埃斯特（正確地）宣稱，這段文字是曖昧不清的。他問道，它是否「提出一個目的性或功能性的欲求解釋」？如果是後者，這就是從觀察到的後果往回推的演繹，除非可以明確指出解釋導因為何的回饋機制，否則它就是謬誤的：或許「對於支配者來說，受制者對自身境遇的認命是件好事」，但我們必須知道這是如何導致的。如果是前者，埃斯特問道：「支配者是否真的擁有可以刻意誘發受制者特定信念與欲望的權力？」他堅稱，這種解釋「難以置信，因為這種狀態在本質上是個副產品」——也就是說，「心理與社會狀態永遠無法……理性地或刻意地創造出來，因為企圖這麼做本身就預先排除了所想要創造的狀態」。

然而，最後這個主張是亟需證成的。首先，心理狀態——亦即對不利於自身利益或表示認命的規範的順從加以支持甚或慶贊的欲望與信念——並非明顯「在本質上是個副產品」且在本質上無法刻意塑造。與埃斯特不同，我看不出為什麼這種結果不能是「操縱」的結果，儘管我同意必須對以下這個主張提出證據：我們不該單純地「假設認命一般是由可以從中獲益者所引致的」（ibid., p. 115）。其次，正如我所一再強調的，將權力的概念界定為有意的介入而只強調「操縱」的作法，不當地窄化了權力的範圍。權力在運作時，權力在影響欲望與信念以誘發順從時，可以是不需「理性且刻意」的。第三，埃斯特所引述的《權力：基進觀點》段落或許眞的可以從功能性的角度來詮釋，因爲或許眞有鼓勵「受制者」有益於「支配者」的回饋機制存在。

由於埃斯特過於相信權力無法創造「抵制任何刻意創造它們的企圖」的狀態（ibid., p. 86），因此他不能證明「適應性偏好」無法（或無法可信地）爲權力所誘發與鼓動。事實上，這種現象可以從不同的角度來加以詮釋，這些廣爲人知的詮釋顯示偏好的確可以爲權力所誘發與鼓動，且經常如此。沈恩寫道，「世上最露骨的不平等與剝削形式之所以能夠延續，乃是透過與被剝奪者和被剝削者結盟」，

> 弱勢者是如此懂得承擔重負，以致於他或她完全無視於重負本身的存在。不滿被接受現狀所取代，無望的叛亂被服從的靜默所取代……苦難與憤怒被欣然的忍耐所取代。（Sen 1984: 308-9）

沈恩舉了一個生動的例子來說明這點。1944年，孟加拉大饑荒（Great Bengal Famine）的隔年，全印衛生與公共健康局（All-India Institute of Hygiene and Public Health）的一項調查顯示寡婦與鰥夫在自我呈報的健康狀況上存在著巨大的差異。儘管相較之下嚴重缺乏健康與營養，只有2.5%的寡婦自稱「生

病」或健康狀況「不佳」，卻有48.5%的鰥夫自稱「生病」或健康狀況「不佳」。當被問到他們是否健康狀況「不佳」這個明確而主觀的問題時，有45.6%的鰥夫答「是」，卻**沒有**任何寡婦答「是」。沈恩論道，

> 對剝奪狀況與歹命的靜默接受，影響了所產生的不滿的規模，而效用主義的計算則把這種扭曲予以神聖化。（Sen 1984: 309）[13]

納思邦也引用了這個例子，但她還補充了其他關於印度婦女的例子，這些婦女身處「特定的種姓與地域環境之中」而「高度依賴男性」（Nussbaum 2000: 21）：其中一位受到酗酒且揮霍無度的丈夫施以家庭暴力，但完全不覺得自己受到虐待；另外一位則有著「更加深刻的適應性」偏好（ibid., p. 140），認爲自己在磚窯工廠（婦女在磚窯工廠裡永遠不會升遷，也不准學習男性可以學習的技能）的賣命工作是自然且正常的。正如納思邦所言，這種回應是「終身的社會化與資訊缺乏」的結果（ibid., p. 139）。不過，若要從中揭露權力的運作，我們需要將最後這句話拆開來剖析。

同樣爲納思邦所引用的彌爾就曾這麼做，而且他清楚地瞭解到權力在形塑與維繫適應性偏好上所發揮的作用。在《女性

13　這項調查的結果當然可以從不同的角度來詮釋：這些寡婦不是調整其偏好而是調整其行爲，以符合女性不能抱怨的社會規範。

的屈從》（*The Subjection of Woman,* 1989[1869]）一書中，彌爾對於維多利亞時期婦女的終身社會化提供了卓越的解釋。根據彌爾的看法，維多利亞時期的婦女構成了「一個處於慢性賄賂與威嚇狀態下的從屬階級」（ibid., p. 174）。他寫道，男性

> 不單欲求女性的服從，還欲求她們的情感。除了當中最爲殘酷的人之外，所有的男性都希望自己身邊最爲親密的女性能夠成爲自願的奴隸，而非被迫的奴隸，且不單是個奴隸，還得是個他們鍾愛的奴隸。因此，他們盡一切可能地奴役她們的心靈。爲了維繫奴隸的服從，其他奴隸的主人仰仗的是恐懼，不論是對主人的恐懼，還是宗教的恐懼；但女性的主人要的不只是單純的服從，因此他們傾盡教育的力量來達成自己的目標。所有的女性從小就受到灌輸，相信自己的理想個性就是男性個性的相反，不是執著與自治，而是屈從與接受他人控制。爲他人而活、全然地克制自己、只能在自己的感情中尋求生命——所有的道德規範都告訴她們，這就是女性的職責，所有的情感都告訴她們，這就是女性的天性。

根據彌爾的說法，女性的屈從是由外部限制與內在——及內化——限制組合而成：

當我們將三個東西擺在一起——首先是異性之間的自然吸引力；其次是妻子對丈夫的完全依賴，她所享有的任何特權或喜悅若非先生的恩賜，則是全然決於他的意志；最後是人類追求的首要標的以及社會野心的所有標的，妻子都得透過先生才能追求或獲得——那麼，除非奇蹟發生，否則對男性的吸引力必定會成爲女性教育與個性形成的指導方針。而男性一旦取得這種可以影響女性心智的重要工具，便會出自自私的本能而將之運用至極致，使之成爲維繫女性屈從的工具，告訴她們性吸引力的關鍵在於溫馴、順從以及將個人意志交到男性手中。（ibid., pp. 26-29）[14]

自彌爾以降，許多人都試圖打開彌爾所謂的「個性形成」以及其他人所謂的「社會化」、「內化」與「吸納」的「黑盒子」，藉以闡明支配的機制。不過，這些詞彙往往只是掩蓋了解釋的闕如，只表示內射（introjection）文化力的個人將會受文化力影響（見 Boudon 1998）。我們需要知道這是如何發生的。

這個問題正是布迪厄著作的核心。布迪厄的《男性支配》

14　值得注意的是，對於該如何證成相關反事實條件句的問題，彌爾的答案涉及若無權力行使將會出現的狀況：「如果有個女性不受男性控制的社會，或許就能瞭解男女天性之間的心理與道德區別」（ibid., p. 138）。另請參見 Urbinati 2002 就彌爾對幼稚化與婚姻專制的解釋的精彩討論。

（*Masculine Domination*）處理了和彌爾相同的主題，他寫道：

> 被支配者將根據支配者觀點建構出來的範疇應用在支配關係上，因此使它們看起來像是自然的。這可以導致系統性的自我矮化，乃至於自我貶抑；一個特殊的例子是……北非卡拜爾族（Kabyle）婦女認爲其外陰部是缺陷的、醜陋的，甚至是可憎的（或是在現代社會中，許多婦女對於自己無法符合時尚所加諸的美感標準的身體所抱持的觀感），而更普遍的例子則是婦女對一種貶抑的女性形象的堅守。（Bourdieu 2001[1998]: 35）

布迪厄主張，「理解這種支配形式的唯一方式，是要跨越人爲的二者擇一選項——或者是（武力的）限制，或者是（理性的）同意；或者是機械性的強迫，或者是自願、自由、刻意乃至於算計過的服從」（ibid., p. 37）。[15]

藉由「象徵暴力」（symbolic violence）的概念，布迪厄提供了一條處理這個問題的途徑。象徵暴力是「一種溫和的暴力，就連受害者都感覺不到，也觀察不到」（ibid., pp. 1-2）。

15 布迪厄認爲所謂的「理性行動理論」（rational action theory，他舉埃斯特爲代表人物）在「機械論」觀點與「目的論」觀點之間搖擺不定，「徘徊在外部機械決定論（原因）與知識決定論（理性——『啓蒙的自利』的理性）之間」（Bourdieu 2000[1997]: 139）。這種說法對埃斯特並不公允，因爲他將理性視爲原因，而沒有將它局限在啓蒙的自利。

「象徵支配（不論是種族、性別、文化或語言等）的效果」，是形塑布迪厄所稱的「慣習」——一種肉身化的稟性，它以排拒闡明、批判反省與意識操控的方式產出「務實感受」並將行動者的世界觀組織在意識層次之下。這種支配（ibid., p. 37）的

> 運用不是根據單純的意識邏輯，而是透過感知、欣賞以及行動的體系，這些體系構成了慣習，而位於意識決定與意志控制層次之下的慣習則建構出連自身也無法理解的認知關係。

布迪厄認爲「男性支配與女性屈從的弔詭邏輯，可以毫無矛盾地描述爲既**自發**又**強索**」。他主張，「除非把社會秩序施加於女性（與男性）身上的**持久效果**考慮進去，也就是說，將自發配合施加在他們身上的秩序的稟性考慮進去」，否則我們無法理解這種弔詭的邏輯。根據布迪厄的解釋，象徵暴力是

> 一種直接地、有如魔法般地施加於身體的權力形式，沒有施諸任何實體的限制，但只有在猶如泉水般含蘊於身體最深處的稟性基礎之上，這種魔法才能夠生效……它所做的，不過是啓動了教化與肉身化埋藏於人們身上的稟性，而這些人們早就因此而準備好要這麼做了。

爲了「導致持久的身體轉化，並產生爲其所啓動與喚醒的永久

稟性」，就需要「大量的基本勞作」，而「正因爲這種轉化行動的運用，絕大部分是悄悄地、不爲人知地透過人們對由象徵所架構的實體世界的無意識熟稔以及與充斥著支配結構的初期且長期的互動經驗，所以它是最爲有力的」（ibid., pp. 37-8）。

布迪厄透過象徵暴力所建構的支配概念是「其效力的後果與條件是持久且根深地以稟性的形式鑲嵌於身體之中」（ibid., p. 39），並根據不同的「領域」（field）產生不同的實踐。根據布迪厄的說法，「領域」是指分層的社會空間，個人在其中爭奪不平等分配的資源或「資本」（可以是經濟資本、文化資本或是象徵資本等等）。社會能動者「被賦予慣習，身上被銘刻著過去的經驗」：各種領域的社會規範與常規被「統合」爲身體的一部分，或者說是「銘刻」於身體之內，從而產生「永久的稟性，持久的站立、說話、行走乃至於感受與思考的方式」（Bourdieu 1990[1980]: 70）。這些構成慣習的稟性「自發地配合」社會秩序，並被視爲不證自明且天生如此（Bourdieu 2000[1997]: 138-9）。若將這種概念應用在性別問題上，則「學習陽性與陰性的關鍵在於把性別差異銘刻於身體上（尤其是透過衣裝），並表現在行走、說話、站坐、看望等等的方式上」（ibid., p. 141）。[16]

布迪厄對於各種社會生活「領域」的豐富民族誌研究，充

16 爲了進一步支持這個觀點，他引用了漢理（Nancy Henley）與洪（Frigga Haug）針對「身體服從的教化」所做的研究（ibid., p. 28）。

分地呈現了我所強調的作爲支配的權力的各種面向：尤其是各種提升其效力的方法——遮掩權力或使之變得無形、「自然化」或內化權力（亦即使得約定俗成或以地位、階級爲基礎的事物被行動者視爲是自然且客觀的），以及對權力來源與運作模式的「錯誤認知」。尤有甚者，根據布迪厄的說法，這些完全不是刻意達致的：「不同於某些人所相信的，社會世界的正當化，並不是宣傳或象徵施諸的蓄意且有目的行動的成果。」（Bourdieu 1989[1987]: 21）是故，舉例來說，卡拜爾社會中的送禮行爲是在慷慨的表面下約束他人的方式。「象徵資本」（例如文憑）賦予擁有者「施加最有利於其產品的價值量表」的權力——「特別是因爲在我們的社會中，他們實際上壟斷了這些制度，而這些制度（例如學校體系）正式地決定並確保了層級體系」。因此，舉例來說，「教授建構了他們的學生、他們的表現以及他們的價值的形象，並透過由相同範疇所導引的揀選實踐，（再）生產了由他們的同事與教員所組成的團體」（Bourdieu 1989[1987]: 21, 14）。在《秀異》（*Distinction*）一書中，布迪厄如小說般鉅細靡遺地描述了地位的區隔在藝術、運動、閱報、室內裝飾、飲食、語言習慣以及身體美學等領域中是如何被維繫與強化，就像人們將自己分級並加以接受一樣。在布迪厄的世界裡，階級鬥爭變成了「分級鬥爭」（classification struggle），其中的關鍵在於「分級圖式與體系的權力，而這些圖式與體系是團體呈現的基礎，從而也是團體動員與解除動員的基礎」。根據布迪厄的看法，這一切完全是在

「甚至沒有任何有意識的區別意圖或明顯的歧異追求」下發生的，而且是「策略（策略可以是完全無意識的，也因而更爲有效）」的結果（Bourdieu 1984[1979]: 479, 246, 255）。但是，正如埃斯特所言，「無意識的策略」是種可疑的解釋工具（Elster 1981），[17]而指出「條件與稟性的客觀區別」會產生「自動而無意識的後果」也同樣不具解釋力（Bourdieu 1984[1979]: 246）。

以上這些讓我不禁去問，布迪厄關於稟性實踐的理論（稟性實踐銘刻於身體之上，並自發地配合社會地位的條件），是否眞能透過「統合」打開支配的黑盒子？它是否有助於解釋「施諸身體之上的權力」的「魔法」（布迪厄有時也會使用「煉金術」一詞）？社會與身體的物理、化學、生理功能之間的相互作用，以及更廣泛的社會與生物的相互貫穿，這是個十分吸引人的主題，截至目前爲止，我們對它所知有限。[18]布迪厄的理論指出社會結構對身體的前言說銘刻。問題是「這個說法是否只是具暗示性的隱喻，如果不只如此，那麼這個隱喻是否有助於導出解釋」？[19]它確實爲經驗研究開展了一個有趣而重要的領域。然而，儘管有許多（有多少？）學習（尤其是早期的學習）是「肉身化」在肢體與行爲之上，但這究竟解釋了什麼？無論是在前現代社會，還是現代社會，我們都有許多反映與再生產各種「領域」中的社會位置層級的「身體知識」的可

17 埃斯特認爲布迪厄的觀點是種「半陰謀論、半功能論的世界觀」（Elster 1981: 11）。

18 對這些議題的精彩討論，見 Freund 1988。

19 見 Lahire 1988: 189-219。另一個對照的隱喻，是將文化視爲「工具箱」（Swidler 1986）。

信而嚴謹的例子（參見 Wacquant 2003），但它們可以一般化到怎樣的程度？默會而實踐性的肉身化知識在哪裡、何時以及如何爲「言說性」學習與自我轉化設限？我們說話的方式的確可能以極爲深層的方式顯示並強化了我們的社會地位，而認爲人們觀看、使用以及對待自己身體的方式具有社會意涵的想法也是合理而具啓發性的，因爲像「身體語言」這樣的東西表達了階級、性別以及國家認同，並使之持續下去。不過，它們也可以被理解爲對整個「言說性」文化影響的回應，從早期的社會化到宗教教義以及大衆媒體，而這些文化影響又受制於政治影響以及歷史演變。（是故，舉例來說，很有可能在經歷數十年的女性主義思潮之後，年輕女性觀看、控制以及使用自己在運動中或懷孕中的身體的方式也會有所改變）。

布迪厄批判「整個馬克思主義傳統」以及「女性主義理論者，因爲他們接受思想的積習，期待從『意識覺醒』中得到政治解放」，其緣由是他們忽略了「社會結構銘刻於身體之上所導致的超強慣性」（Bourdieu 2000[1997]: 172）。但是「超強慣性」的說法，遠超過我們目前對「『統合』入身體」的機制與效果的瞭解，尤有甚者，這種說法似乎表達出一種超越反身批判的一般化「內化」觀點，而這無論如何都與布迪厄的行動主義與參與式政治相抵觸。至於馬克思主義與女性主義，可以確定的是，它們開啓了對權力第三向度之主題的研究：在不斷變遷的歷史環境下，藉由施加內在限制來形塑信念與欲望，從而獲致對支配的順從的能力。

「眞實利益」與「虛假意識」

最後我們要問，這種形塑與施加的力量算是支配嗎？畢竟，文化濡化（enculturation）是我們認爲什麼是眞假、是非與善惡的主要源頭，而我們的反射性信念與欲望則源自無數我們認爲理所當然的其他來源。那麼，究竟是什麼使得透過信念的習得與偏好的形成而獲致的順從算得上是「支配」？

馬克思主義者對這個問題的處理並沒有多大的貢獻，因爲他們假定它的答案是不證自明的。權力本質上是階級權力：「支配意識形態的命題」（無論是最細緻的還是最粗糙的版本）完全相信受制於意識形態支配的人會因霸權的思考形式而偏離了對自身階級利益的認知與追求。是故，正如第一章所說的，葛蘭西認爲「服從與知識從屬」會阻礙一個從屬階級依循「自身對世界的認知」。葛蘭西認爲西方世界的公民社會是製造同意的地方，確保了統治階級的文化優勢與資本主義的穩定性。正如安德森（Perry Anderson）所言，對葛蘭西來說，這種意義下的「霸權」意指「勞動階級對於資產階級的意識形態從屬，使得資產階級能夠以同意之名進行統治」（Anderson 1976-7: 26）。葛蘭西認爲，資本主義下的從屬階級具有二元且矛盾的意識：一方是強加於他們身上的意識，而另一方則是「常識」（commonsense），常識是「片段的、不一致的、不重要的，與擁有這種哲學的大衆的社會與文化地位一致」。後者呈現了工人的利益：這種意識「隱含於他的活動中……事實上，它還在現實世界的實際轉變中將他與其他工人結合在一起」，不過，它卻因支配意識形態而無法發揮作用，這種支配意識形態是「極其表面地明示或言辭的」，是他「因襲而不經批判地加以吸收的」。葛蘭西假設意識形態與政治鬥爭會使得勞工看清並追求自身的「眞實利益」，而盧卡契則（以一種更加列寧式的方式）將他們的一再失敗解釋爲與「虛假意識」有關，而虛假意識對立於「被歸諸生產過程中的某種典型位置的適當而理性的反應」。後者這種「歸諸」階級的（眞實）意識，「既不是構成階級的個人的思考或感受的總和，也不是其平均」，然而「這種意識最終卻會決定具有歷史重要性的階級行動」（Lukács 1971[1923]: 229）。

然而，社會行動者當然並非只擁有單一或雙重利益，而是擁有多重且相互衝突的利益，[20]而且他們的認同並非被圈限於他們被歸諸的階級位置與命運。不過，馬克思主義的解釋掌握了意識形態可以轉化並顚覆常識與實際經驗的非凡能力，正如斯賓諾莎所言，「一個人的判斷可以透過許多方式受到影響，其中有某些方式幾乎令人難以置信」。馬克思主義對這個問題的答案以及用以表述答案的語言的根本錯誤，在於隱藏在答案背後的主張：對於什麼是「眞實」、什麼是對服從的「適當」且「理性」的反應，馬克思主義擁有獨到的、外在於行動者的「眞正」解釋。「虛假意識」的說法聽起來十分傲慢，而當「眞實

20　見第二章。

利益」一旦與具體或是主觀認定的利益衝突時，這個名詞聽起來就十分冒昧而放肆——而且在不預設馬克思主義的前提時，它似乎完全缺乏根據——這也是爲什麼《權力：基進觀點》首次出版時，批評者指控該書「以非馬克思主義的方式運用馬克思主義的概念」（Bradshaw 1976 in Scott (ed.)1994: 271）。

但問題究竟出在哪裡？是馬克思主義分析的**內容**：特別是將重點完全擺在階級？還是數十年來馬克思主義思想家、支持者以及黨書記的自負與教條主義，使得他們動輒將「眞實利益」與「虛假意識」歸諸他人？或者是第三種可能，即問題出在將施諸他人的權力歸諸某人並分析其機制的想法本身，因爲這使得我們需要採取一種外在於受制者的觀點？

前兩種可能性構成批評的正當理由，但第三種則否。因爲認爲對支配的順從可以透過形塑信念與欲望而獲致的主張，必定要訴諸認知與價值性的判斷，而這些判斷截然不同於被支配的行動者的眞實信念與欲望。換句話說，權力的第三向度的概念本身需要一個外部的觀點。我曾主張，作爲支配的權力涉及對利益設下限制的概念，而論及這種權力的第三向度，就等於論及被歸諸行動者而未被他們認知的利益。在《權力：基進觀點》中，我主張「辨識眞實利益的經驗基礎」是可能的，即「由B（**而不是A**）在相對自主的條件下做出選擇，並且不受A權力的影響（例如透過民主參與的方式）」。爲了證明這個觀點，我要引用納思邦曾提過的印度安得拉邦（Andhra Pradesh）的女性發展團體爲例。這些成員很快就開始質疑「從前被她們

認爲高尚的服從傳統」。正如納思邦所述，因爲如果

> 一個在法律之下沒有財產權、沒有受過正式教育、沒有離婚的法律權利，而且一旦尋求家庭以外的就業機會就極有可能會被毆打的人，說她支持謙遜、純正以及克己的傳統，我們該將她的宣稱視爲這個問題的最後定論嗎？

簡而言之，我們應該「在對別無選擇的女性是否眞的同意其生活方式下結論前再思考一下」（Nussbaum 2000: 43）。但我們也不該假定**擁有**其他選擇的人們就眞的同意其生活方式，特別是當選擇包含著不利於其自身利益的內在限制時。

但是，既然人們有許多截然不同且相互衝突的利益，我們又如何能說有「眞實」利益呢？舉例來說，當某人的「福祉利益」（或「強評價」或「後設偏好」）與滿足基本需求的「福利利益」相抵觸時，究竟什麼才是他的「眞實」利益？就像基督教基要主義者拒絕接受醫療急救，因爲這違反上帝的意志並將使他們遭受永恆的譴責。[21]另外，我們要如何辯護「辨識眞實利益的經驗基礎」的存在，而它是「由B（**而不是**A）在相對自主的條件下做出選擇，並且不受A權力的影響」？正如《權力：基進觀點》的另一個早期批評者所言，

21　這個例子要感謝海沃特提供。

> 假若必須要由外部觀察者或**代表**行動者的分析者來做出判斷，決定哪一類的欲望、偏好與選擇構成了受制者的利益；假若必須要做出的判斷，是行動者在現在不存在、過去不存在、甚至未來也不會存在的條件下會如何感受與行爲；那麼，不論觀察者的立意多麼良善，這仍然是他者歸諸的利益，而不是自我歸諸的利益。（Benton 1981 in Scott (ed.) 1944: vol. 2, p. 288）

再者，要在經驗上辨識何謂「相對自主」是困難的：

> 如果A可以暫時收回他對B行使的權力，那麼A要收回多少權力，我們才能正當地稱B在該時點上所表現的偏好是B的「眞實」利益？我們又該如何確知A沒有受到第三者C的權力行使影響？

尤有甚者，爲什麼此處所選擇的利益歸諸條件是「相對自主」？再一次地，這裡又是「由外部觀察者（透過利益概念的選定）從不可勝數的反事實條件中做出判斷，決定哪個適合作爲利益歸諸的條件」。而這個反事實的推理是否甚至連前後一致的標準都無法達到？如果「我們得想像一種社會化實踐的後果，而這些實踐既受到基進的重組，也與我們所熟知的實踐截然不同……那麼，我們根本不該稱**同一個**行動者就是那個具有這些假設性偏好與欲望的人」（ibid., pp. 289-91）。而且，當我們被要求接受必要的反事實條件時，我們難道不是「正接近一個荒謬地貧瘠而自我中心的領域」嗎（Bradshaw 1976 in Scott (ed.) 1994: vol. 2, p. 270）？

如果我們單純只將「什麼構成『眞實利益』」的問題視爲解釋性目的、架構與方法的連帶產物（這當然必須加以證成），那麼這些困難就變得沒那麼嚴重了。我們沒有理由相信世上存在著一組永恆不移的利益，可以「蓋棺論定」這個問題——既解決道德衝突，也確認所提出的解釋爲眞。是故，如果有人可以證明對前述的印度女性發展團體成員施壓的「第三來源」並不存在，那麼關於她們的證據就是重要而有力的。如果有人要進一步發展對資本主義下的階級妥協的「物質主義」解釋，像普許沃斯基一樣，那麼「眞實」利益就將是物質利益。如果有人試圖要在「理性選擇」的架構內解釋在限制下所做出的選擇，那麼「眞實利益」就意指個人的「最佳選擇」，因爲「在選擇境況使得個人只能在可行選項中做出選擇時，我們可以說他們的選擇其實不利於自身的更廣泛利益」（Dowding 1991: 43）。因此，在克蘭森關於印第安那州蓋瑞市的例子中，如果鋼鐵工人被迫爲了就業機會而放棄對空氣污染的反對，他們的眞實利益或最佳選擇是兼顧空氣乾淨與就業機會，而這需要對全美國的空氣污染進行防治，不讓任一社區受到空氣污染的威脅。或者「眞實利益」也可以理解爲一種辨識被既有制度排除的「基本」或「核心」能力的方式。因此，在納思邦的例子中，由於北印度女性「只能從屋內向外窺探，不能在世界上採取任何行動」，因此她們的隔離「不符合人類功能的完全運作」（Nussbaum 2000: 43）。[22]

最後，「虛假意識」的歸諸問題又該作何解釋？批評者一再指控《權力：基進觀點》運用了這個聲名狼籍的概念。一位批評者寫道，路克斯

> 使虛假意識的幽靈復活，儘管許多人早已認爲它已被驅逐於當代社會與政治理論之外。「虛假意識」這種表述的問題，在於它對社會主體抱持一種傲慢的態度，認爲他是意識形態的傀儡。這個可憐的意識形態傀儡不僅無法察覺其眞實利益，還被資產階級教化的迷幻效果所安撫。不過，啓蒙的學者從意識形態的迷霧中探身而出，從自己身處的象牙塔中往下俯視，從而得以辨識不像他們那般受到賜福的可憐傢伙的眞實利益。（Hay 1997: 47-8）

「虛假意識」一詞背負著不受歡迎的歷史包袱重負。但如果人們理解這並非意指壟斷**真相**的自大斷言，而是意指重要且範圍甚廣的認知性權力——即**誤導他人的權力**——那麼該不可承受之重就可以解除。誤導他人的權力有多種形式，其中一些

22 納思邦提到一名「最近跟團去德里」的不識字、「蒼老、沒了牙的婦人」，該名婦人「不像個婦人，反而更像『羊與水牛』」（Nussbaum 2000: 43）。

我們已經提過，從直接審查與給予錯誤資訊，到各種制度化與個人的判斷幼稚化方式，還有推動與維繫各種形式的理性失靈與幻念，例如將可以有所不同的事物予以「自然化」，以及對欲望與信念來源的錯誤認知。對這種權力在我們所處世界中的實在、普及程度以及重要性——不管我們在就特定狀況進行探究後對它的範圍與效果做出何種結論——抱持懷疑的態度眞的合理嗎？此外，承認這種權力的可能性，並非如海伊（Colin Hay）等人所言一般是極度傲慢的，也非在本質上不開明且父權式的，更不是暴政的許可狀。舉例來說，將權力等同爲取得對支配的自願性同意，是彌爾分析女性屈從的關鍵部分，但正如彌爾自己所正確指出的，已經有越來越多的女性清楚地自覺到這種情形。[23]

如此解釋，虛假意識永遠是局部且有限的。馬庫色（Herbert Marcuse）在《單向度的人》（*One-Dimensional Man*）中曾寫道，一個包括一切的「單面向想法」

> 被政治主事者以及負責提供大眾資訊的買辦有系統地推動。他們的論述充滿自我驗證的假設，這些論述不

23　彌爾寫道：

> 有人說，男性統治與其他統治不同之處在於其並非訴諸武力的統治，而是爲被統治者自願地接受，女性不僅沒有任何怨言，還對該統治投下了同意票。但首先，許多女性並不接受該統治，自有女性以寫作表達她們的情感起（這是社會允許女性公開發聲的唯一方式），就有越來越多的女性寫出她們對當下社會狀況的抗議。（Mill 1989[1869]: 131）

他可以引用 Wollstonecraft 1988[1792]。

> 斷地、壟斷地重複著，最後變成足以催眠的定義或命令。（Marcuse 1964: 14）

但是三個向度的權力並沒有也無法產生單向度的人。權力的第三向度的重點永遠在於特定的經驗範疇，而且永遠只是局部有效的（除了在虛構的反烏托邦之外）。若假定對支配的「自願」順從與「非自願」順從只能二者擇一，那麼，這是一種過於單純化的想法：我們可以對權力表示**同意**，但同時卻對其行使方式表示**憎惡**。[24]此外，人們是完全可以用一種高度理性而敏銳的方式來與內化的幻念共處的。柏多對此有清楚的說明：

> 承認具正常化力量的文化形式的存在，並非如某些論者所主張地必定得認爲女性是盲目屈從於美的壓迫政權的「文化傀儡」。儘管許多女性**確實**被迷惑（例如堅稱當下追求苗條的風潮只是爲了健康，或者主張爲了「矯正」「猶太人式」或「黑人式」鼻子所動的整型手術只是個人的偏好），但在節食與進行整型手術的決定中，女性通常有著相當高度的自覺。女性知道在這種文化中獲得成功的路徑（這些路徑已廣被宣

24　這裡再次引用彌爾的話：

> 這是政治的自然法則：那些受制於起源古早的權力的人，從不曾一開始就抱怨權力本身，而是抱怨其壓迫的行使方式。女性從來不曾停止抱怨丈夫對權力的不當使用。要不是抱怨是刺激權力不當使用一再重複與增加的首要原因，抱怨將會永無止盡地增加。這正是建立保護女性不受權力濫用傷害的權力的嘗試屢屢挫敗的原因。（Mill 1989[1869]: 132）

> 傳），而追求成功的她們絕非「傀儡」。在男性沙文主義、種族主義以及自戀的文化中，她們的個人快樂與經濟安全或許都依賴於此。（Bordo 2003: 30）

總的來說，正如傅柯所言，凡是有權力，就會出現反抗，因爲再一次地，正如斯賓諾莎所言：

> 儘管政治技巧所能達到的一切，這種企圖卻從來沒有完全成功過；人們總是發現個人有其自身的想法，他們的意見有如口味一般彼此各不相同。

IV
支配與同意

在前一章中，我企圖將討論的焦點縮小到本書的原始主題，也就是確保意願主體（willing subject）同意支配的能力及其核心問題：在不斷變遷的歷史脈絡中，權力者如何確保所支配者的服從，形塑信念及欲望，加諸內在約束。

從那裡開始，我處理了想要準確理解兩個相關概念的意義時所遇到的雙重挑戰，也就是什麼構成了**同意**（consent）以及什麼才算是支配？關於同意，詹姆斯．史考特對「厚實」與「單薄」的區分是有用的，但我主張，正如許多的二元對立一樣，這種區分具有誤導性，因爲它會掩蓋人類在回應相對無權及依賴情況時的全部表現。史考特宣稱在這兩種情況下，不是極少、就是幾乎不曾存在過對於支配的同意[譯1]。[1]而埃斯特宣稱，因爲欲望和信念無法從外部形塑，所以根本不可能有支配同意；我則主張這兩種說法都不具說服力。至於支配，我認爲這個詞既不是毫無意義，也沒有明確所指：正是這種不確定性

譯1 consent to domination，下簡稱支配同意。

1 一篇有挑戰性的重要文章也提出了與史考特相似的觀點（儘管作者們並沒有提到他），這篇文章考察了支配下之同意的本質，並引用了來自印度種姓歧視的證據（Rafanell and Gorringe 2010）。作者們顯然不同意這裡所捍衛的觀點，他們認爲「支配系統依賴於受壓迫者不情願但知情的共謀」（605）。他們站在傅柯這一邊並反對布迪厄，他們拒絕「權力運作的無意識結合」觀點，提供一種「對社會支配更由下而上的、互動論式的理解」（606）。就和史考特一樣，他們堅持「人們高度意識到他們的支配」（608）。繼1988年的巴恩斯之後，他們堅持「所有權力動態中之參與者的反身性本質——包括權力擁有者及權力臣服者」，將「互動的微觀動態視爲社會生活之基礎」（611）。因此，種姓是「被人們活出、實踐及恆久爭論的」（616）。他們在「不同的本體論立場」間做出明確對比，提供「對能動性的全然不同構想」。他們反對「潛伏在路克斯權力第三向度中的虛假意識概念」，宣稱服從是「經過計算的」，並主張「暴露路克斯概念上的弱點的」是「在主張『同意』並不排除『憤慨』的存在，而這顯然和他的無意識服從概念相矛盾」（619, 620）。他們的論證將這種意見分歧上升至本體論層次，是研究的前提，在這裡有兩個互相排斥的立場，然而我僅將它視爲社會學層次的分歧。同意是否「被製造出來」以及人們是否經驗到憤慨，都是需要經過調查才能斷定的事情。我認爲，在任何既定情況下，三向度權力在什麼範圍和什麼程度上起作用或是不起作用，這始終是個經驗問題，所以我嘗試在下一章中提供例子以支持這個看法。

才讓支配權力的概念「本質具爭議性」。那些提出諸如「真正利益」和「虛假意識」等反對意見的人旨在將其明確化，但我仍堅持我們在使用這一詞（也就是談論支配）時不需要擺出傲慢的優越感或是自以爲是的態度。

在過去三十年裡，政治理論家和哲學家們針對支配究竟是什麼展開了熱烈的辯論。這場辯論集中於作爲非支配的自由這一觀點的討論上（也就是所謂的「新共和主義」[neorepublican]觀點）這明顯要求人們必須提出一個關於支配是什麼的觀點。這場辯論的成果極爲豐碩，應能幫助我們以更精確的方式建立起我所稱的三維權力的運作領域。

新共和主義者的核心觀點就是分析並捍衛作爲非支配（non-domination）的自由。在他們的理解中，支配是「一種權力，通常是**社會權力**，也就是凌駕其他人的權力」（McCammon 2018）。那是一種不對稱的相互關係，涉及此種權力的強加與不平衡；對人民的利益之保護，它採取的方式是任意或不受約束的，[2]且難以與時俱進；道德上又過於一板一眼，因此容易讓受其支配者產生怨恨和憤慨。（然而，他們的反應並不會達到把這種權力視爲**正當**的程度，但那仍可算是一種支配。）只有當通過佩迪特（Pettit）所謂「眼球測試」

2　這場辯論中的大部分參與者都同意武斷性的標準（參見 Arnold and Harris 2017）。羅維特偏愛從「程序主義」的觀點來理解它，而佩迪特則提供了兩個「實質主義」的解釋。這些不同版本解釋的共通之處在於它們都認爲武斷干涉有害人們的利益。麥卡蒙（McCammon）的工作對於澄清「決策獨斷（deliberative isolation）」概念所要表達的意思很有幫助（McCammon 2015）。

（eyeball test）的考驗時，也就是當人們「安穩地享受資源與保護到一定程度……到他們可以直視彼此眼睛時」，亦即當他們擺脫了「可能引發權力干涉的恐懼或敬畏時」，非支配才存在（Pettit 2012: 105, 84）。為了保有這種自由，一個國家的法律和政策還必須進一步通過「厄運測試」（tough luck test），也就是必須達到人們在國家強行將「某種任意或隨意的想法套在我們個人身上」也不會產生怨恨的程度（Haugaard and Pettit 2017: 36, Pettit 2014）。新共和主義者（尤其是史基納、佩迪特和法蘭克．羅維特〔Frank Lovett〕）把不受支配當作自由主義者的自由觀之外的另一種理解，後者的觀點圍繞在對於實際與潛在的選擇之**實際**不干涉之上。[3]支配的權力不一定要被**行使**：新共和主義的自由在於不**受制於**他人意志或任其擺布，無論這種權力能否被仁慈地行使。（正如我們看到的，斯賓諾莎的**權勢**〔potesta〕一詞捕捉到了此一意義。）因此他們反覆提到了幾個範例，像是據說很和善的奴隸主；或是像易卜生的《玩偶之家》（*A Doll's House*）中的托瓦爾一樣的丈夫，在溺愛他的妻子諾拉時也將她囚禁在鍍金的籠子中（Pettit 2014: prologue）；履行其**高貴義務**（noblesse oblige）的貴族；以及肩負著「白種人負擔」的殖民地行政官。相對地，根據佩迪特的看法，無論古典或現代，所有種類的自由主義，都認為自由僅僅是不干涉而已，然而對共和傳統而言，無論是古典還是新共和主義，都

3 即使只是作為對許多重要自由主義思想家的概括描述，這也具有誤導性，但它達成了標誌出新共和主義立場獨特性的目的。

認爲自由意味著不**取決於**他人意志——換言之，無論那個他人是深具敵意或心存善意，自由在各種可能的情境下都是扎扎實實的自由。佩迪特認識到，儘管人們可能在特殊關係中遭受到「關係性的」支配，但支配可能在一個意義上是結構性的，也就是涉及他所謂「更深層的屈從來源」時，因爲這些關係之所以可能，只因爲「更廣大的社會與世界的實踐及制度：籠罩於人們生活之上的文化、經濟及憲章」（Pettit 2014: 53）。我所稱的「支配之辯」已經很大程度上獨立於「權力之辯」並往前推進了，這本書已經追溯過「權力之辯」並作出貢獻，但是當它在做這個工作時，幾乎沒有提到社會科學家們，尤其是像布迪厄這樣的社會學家對於支配的分析與研究工作。

這場辯論所突顯的權力作爲支配的主題，有三個向度與目前的討論相關，但需要更密切的關注。首先，那場辯論正確地將注意力集中於權力是被**能動者**（個人和集體）所持有及行使的這個觀點，而能動者被視爲受到結構的促進及約束。另一方面，它依賴一種過分限制的能動觀，即假設支配權力始終是**有明確意志**或蓄意的。我們從「任意性」和「干涉」標準的持續提及可以看出貫穿整個辯論的核心主題，也就是支配者的**意志**對被支配者在生活上的實際或可能的強加。因此，對所有新共和主義者而言，支配都涉及「隨權力擁有者意願或高興的社會權力」（Lovett 2012: 112）。這裡的關鍵思維是那個意志或高興是某個或某組能動者（或集體能動者）的意願或高興，他們對被支配者的聲音與需求無動於衷，甚至連考慮都考慮。請注意，正如我們已經看到的，承認支配可以是結構性——他所指的是實踐及制度——的佩迪特將這些視爲是「來源」。他認爲它們是更深層來源的原因是它們構成了那個使得能動者間的支配關係成爲可能的背景，但是後者始終是目的性的——也就是有明確意志或蓄意的。這裡考量的是「能動者的支配，尤其是自然人的支配」，儘管結構「促進了這種支配」，曝露出「受到他者支配的相對無權者（某個弱勢階級）」（Haugaard and Pettit 2017: 26, 29）。但是，正如我在前面幾頁裡重覆強調的，當支配權力只是例行、不被注意時，只是規範與實踐的日常制定、產生和維持從屬、依賴及無權狀態的規則及角色時，可能才是它最有效的時候。因此，這裡提供了更廣闊的支配權力觀，不是基於意願或意圖，而是基於利益，它可能浮出意識的水面，也可能不浮出，因此也無法被主觀地經驗到。

第二，新共和主義支配觀的一個關鍵要素是堅持支配權力是有傾向性的（dispositional），如脆弱性：指的是一種產生脆弱的潛在能力，它可能實現也可能不實現，是一種可能行使也可能不行使的傾向。權力之辯在初期階段還未能認識到這點。在行爲主義的推動下，基於方法論的原因，它聚焦於可觀察到的權力**行使**上。這是個雙重誤導。首先，因爲剛才提到的原因，你可以有權力而不行使你的權力，其次，這是因爲「行使」一詞意味著蓄意的干預。支配權力即使沒有被行使，也仍然在發揮作用，這時一個人之所以在另一個人或另一群人面前是脆弱的，只是因爲會傷害他的利益且可能推進他們的利益。但是這實在太模糊了。

以此爲基礎，支配將無所不在——也就是說，只要人們的利益可能受到他人威脅，就會有支配，（尤其）那可能性是來自於那些關愛他們（且最不可能做出傷害）的人。因此我們需要一種縮小範圍的方法，以決定何時權力的威脅性足以算作具支配性。正因爲權力與能動性緊密相連，但能動性的概念需要拓寬，使其與包圍利益的意圖分離開來，因此將權力視爲一種潛在力量才會需要**縮小**可能性的範圍。我們需要知道，什麼時候那些受權力支配者的利益受到的威脅會大到足以成爲他們怨恨及憤慨的理由。

考慮到人們對於這些利益爲何尚未能有一致的看法，關於那會是何時自然也不會有共識。舉例來說，如果你有自由意志論者（libertarian）的本能，或因閱讀羅伯特．諾齊克（Robert Nozick）的《無政府、國家與烏托邦》（*Anarchy, State and Utopia*，Nozick 1974）而被說服，你就會把國家侵略你財產權的那點可能性（從十分廣義的角度來理解）視爲是支配性的。有些人似乎覺得自己（除了軍隊和警察以外）受到國家權力的支配。正如我寫到的，許多美國公民將拒絕戴口罩以保護自己和他人免受新冠肺炎的侵襲視爲是他們的憲法權利，而要求他們必須這麼做的可能性本身就限制了他們作爲公民的自由。一些女性主義者視容易遭受不平等權力**濫用**的情境（比如性騷擾或婚內強姦等情形）爲一種支配。因這種權力濫用而遭受傷害的可能性，可藉由法律來防範。然而，對其他人而言，光是易受到男性權力的各種傷害這個境況本身，就是屈從於男性支配了。按照這種觀點來看，正常的以及法律許可的事都可被視爲是支配性的，因此需要更廣泛及更深層的改變，才能強化作爲非支配的自由。對某些人來說，遵從他們宗教的指令是種基本利益；對他們而言，支配就是沒有認識到他們信仰以及實踐的特殊性。對於那些因種族或族群原因而受歧視者，支配就是沒有根據他們的特殊性採取相應的對待方式。對其他人而言，這類特殊對待，例如積極糾正歧視行動（affirmative action），卻傷害了他應該受到平等對待的利益。這些分歧的基礎，其根源既是道德的也是政治的，而它們的含義與人們對支配範圍的理解是無法分割的。你如何看待人們的基本利益影響到你會看到多少支配，以及它在這世界上的何處發揮作用。這就是爲何即使面對著一再的反對，我卻從一開始就始終堅持權力的概念本質上就是有爭議的。

新共和主義支配概念的第三個值得懷疑的特徵，就是它是種非對稱關係，其中的權力者擁有凌駕另一個人或一群人的權力，涉及權力的強加以及權力的失衡。但是將支配視爲權力關係雙方間彼此依賴的持續的社會關係，這種思考方式過於限制性，原因我在之前已有所提及。支配的最初典範案例就是奴隸

譯2　支配的英文爲 domination，字首來自拉丁文 dominus。

制。這並不令人意外，部分是因爲語源學上的原因：dominus[譯1]的意思是「主人」，而奴隸制（主－奴關係）始終是支配的核心、最具標誌性的範例。正如佩迪特所寫到，共和主義傳統「一致同意，自由就是奴隸制的反面」（Pettit 1997:31）。支配接著被延伸到父權制、殖民主義以及各種形式的私人、社會及公共暴政。因此，羅維特寫道：「無論好壞，抑或不好不壞，有一個主人就是被支配」（Lovett 2012: 121）。所以我認爲，去限制支配概念就是被語言和語源學因此給困住。將焦點擴大，我們就可以看到能動者有權力以間接、非蓄意的方式，跨越時空影響其他人的利益。但新古典主義的支配由於把「結構性」因素歸爲積極能動性的背景來源，新古典主義的支配，因此無法捕捉到無論是單獨或集結起來的個人如何有權力能跨越社會、政治邊界和世代，確保他人的服從與依賴。我們需要一個更廣泛的支配概念，才能揭露以直接、間接甚至跨時空手段來取得同意，並藉此複製提利所謂的「持久不平等」（durable inequality）（Tilly 1998）之各種方式。在下一章，我們會看到這是如何在我們熟悉的日常、在地及全球脈絡下發生。

就我的理解，支配意味著確保能發生的服從，個人或群體在這種足以令人起疑的情境中，會自願去遵守或必須同意去遵守某些事。這時，也許是給予人們一組不利的選項，或是讓他們對他們的選項產生誤解，也有可能是透過因爲一段不正義的歷史而產生的過程或機制，服從被誘導出來。這時的服從也許是非自願或自願的，但如果情況是後者，就會是避免或妨礙人們根據有關證據或適時作出適當判斷的狀況下發生。

支配可以是**強制性的**（coercive），而且經常如此。如果我們的強制性是指其他人對某些人的強制，那麼它就涉及多少是公開或明顯的消極制裁或威脅。它可以是電影《教父》（*The Godfather*）裡的那種權力：開出一個你無法拒絕的條件。它也確實可以涉及強制性誘導的積極制裁，這時，不作爲、撤回或威脅撤回一項提議就會構成重大損失。通常情況下，性騷擾的案例可說明發生這類情形的各種方式（參見 Wilson and Thompson 2001）。一般而言，上述意義上的強制性支配都會涉及屈從於更有權力者的意願，而違反個人自身意願。根據人們對於更有權力者應占上風這件事的自願接受程度，支配將被體驗爲不那麼強制性或非強制性。這引導我們去考慮產生這種自願的各種方式。當然，確保他人服從也可能是非強制性的：也許只是涉及在一個眞正無強迫的互動或公平決策脈絡中、假設一個人下次或很快可能占上風或獲勝的情況下去接受失敗。有一些像這樣或接近這種狀況的無支配情境，比如科學家之間的合作討論，或是小規模的理想民主體制，像是在平等的人中連續進行投票。

有一種不那麼以能動者爲中心、更強調結構性的方式可以使用「強制性」一詞。馬克思以「經濟關係的隱晦強制」一詞來體現它，他寫到，這種強制「完成了勞動者對資本家的屈從」。在「事物的尋常運作中，可以令勞動者聽從『生產自然律』，亦即他對資本的依賴的擺布，這種依賴源自於生產條件本身，並永遠受到生產條件的保障」（Marx 1976: 898）。它也是密爾斯在《社會學的想像》（*The Sociological Imagination*）開頭所捕捉到的，他將人們的私生活描述爲在「工作、家庭、鄰里的特寫鏡頭下」的「一系列陷阱」，由「整個大陸所有社會的結構中出現的客觀變化」所引發的「野心」以及「威脅」所設下的陷阱（Mills 1959a: 3）。這種「強制」及「被陷阱困住」的感覺——通常由被剝削的工人、順從的妻子、負債的學生、不受保障的租客、沒有證件的移民，以及無數其他處於從屬及不利地位的人們體驗到——有時會被他們詮釋爲正當的，甚至是「公平」、「公正」的，因此他們心甘情願地接受。[4]

就這種意願被權力者有意或無意地產生及維持的意義而言，作爲支配的三維權力進入了我們的討論。例如，舉例來說，或者更廣泛的說法，例如在一個特殊的會議上，權力者能夠控制議程（即人們可以獲得的替代選項的範圍，或是要被討論或決定的議題）。正如我們看到的，這被稱之爲「偏見的動員」，這時「某些議題被組織進政治中，而其他則被刻意排除出去」（Schattschneider 1960:71）。最簡單、最公開也最清楚的例子就是審查制度，雖然透過自我審查，那些企圖預先防堵審查制度的人的提前反應會讓審查制度變得不必要，但是仍有許多其

4　馬克思對於分析或解釋這種接受不感興趣，並對於在資本主義下討論「正義」和「公平」嗤之以鼻，將之形容爲「過時的垃圾話」（參見 Lukes 1985）。

他方式可以進行這種「政治操弄的藝術」（Riker 1986）。然而，對支配的自願服從還是可以採取許多其他不需要操縱的形式，像是習慣化、忠誠和尊重等；從過去到現在，無論是有意還是無意，只要是人們爲了服務於自己的利益而採取的影響和形塑人們信念與偏好的方式，以及防阻人們進行另類思考及行動的方式（Jenkins and Lukes 2017），全都涵蓋在此範圍中。

在下一章中，我將探討這些方式的一些非常當代的例子。這一章的目標是進一步縮小並凸出前面討論的重點，我將透過例證來說明我所稱的權力第三向度不起作用以及起作用之處。

V
探索權力的第三向度

是三向度還是四向度？

有幾位作者指出，對權力的分析應從三向度延伸至第四向度。對彼得．狄格瑟（Peter Digeser）而言，「權力的第四向度並不以其他三向度的主體（A 和 B）為前提」。權力在其第四向度中「假設主體性或個體性被理解為社會建構，其構成可以歷史的方式加以描述。傅柯對權力一詞的使用即是他對這個構成之描述的一部分」。因此，**權力**「聚焦於主體與知識的構成」（Digeser 1992: 980, 990）。J. C. 亞伯拉罕（J. C. Abraham）批評葛分塔的書《權力與無權》，這本書運用對三面向權力的研究來解釋阿帕拉契山區礦工的默從（quiescence），亞伯拉罕的批評是這個解釋沒有看見權力的第四向度預設「權力本身會產生主體、他們的利益、他們反抗的前景，以及他們認為的眞理」（Abraham 2016: 1）。同樣地，對馬克．豪格（Mark Hauggard）而言，權力的第四向度「在於主體化的過程」。這構成一個客體化的過程，在這過程中社會行動者被打造為社會主體，從而使得「人類主體成為知識的客體」（Hauggard 2012a: 47）。而豪格也引用傅柯，因為對傅柯而言這裡涉及的是將個體打造為主體的權力形式。「主體」一詞有兩種意義：透過控制及依賴而受制於其他人，以及透過良知或自我認識而與他自己的身份認同連結（Foucault 1982: 208）。

主體性的社會建構、「主體化」等等的表達將我們的注意力導向形成人類能動性的各種方式及其社會和政治條件，這個過程從最早的嬰兒期開始，並通過過去被稱爲「社會化」的機制而完成。它涉及了傾向性的塑造，無論是作爲再生產出主流規範和期望的「慣習」、「常規化」或「規訓」的傾向性；或是作爲自主性的助長、作爲賦權和抵抗，或兩者皆是的傾向性。豪格還討論在集中營、奴隸制和單獨監禁的極端條件下，支配如何以系統性的方式摧毀能動性（Haugaard 2020）。

我們需要權力的第四向度嗎？「向度」（dimensions）一詞的使用是用來指出一個客體的不同面向（aspects），或是觀察一個客體之特質的方式，這些方面或特質的結合構成了一個可識別的統一體——在權力的情況中，就是指構成權力這個社會事實的機制及關係。當然，假定它們會結合起來就是假定存在著這樣一個社會事實。在提出權力的三個向度時，我已經試圖呈現（權力的每一向度中）促使這些面向進入我們視野的一系列方式。第四向度的提議是否揭露出從第三向度中看不見的權力運作方式呢？我準備暫時不回答這問題，並持續從三個向度來看待這個主題，因爲我不認爲這樣做會掩蓋第四向度的倡導者承諾要揭露的那些東西。

正如人們指出的，提出第四向度的靈感來自傅柯的「**屈從**（assujetisement）」概念。對這一概念的準確表達是宣稱個體均屈從於（subject to）權力之社會關係的約束，也就是在**屈從**於一種行使於他們身上的權力同時，也被賦予了一種能力，能夠在這些約束或權力的運作中並且通過這些約束或權力的運作而承擔起**主體**（subject）的位置（Hamilton 2013: 51）。

一個經常被引用的例子是女性實踐「針對並反對她們身體的規訓」的方式，在這種規訓中她們的「自我監控即是服從於父權體制的一種形式」（Bartky 1990: 80, Hamilton 2013: 50）。與此類似的是布迪厄對傳統卡拜耳（Kabyle）社會中女性慣習的著名解釋，卡拜耳社會的主流規範是當女性與男性互動時，她們必須轉移她們的視線。男性應將頭抬高，而女性則將視線投向地面，以表示出適當的尊重（Bourdieu 1979）。傅柯最知名的例子則是將個人身體轉變爲「馴良身體」的正常化規訓實踐（Foucault 1978）。「透過約束及賦權的方式，個體人格被形塑爲符合其社會角色」——在這個概念的許多不同應用中，其中之一是宣稱日益市場導向社會的公民本身就是基於在這種社會中生活爲目的而接受社會化或**傾向性的塑造**。早在 1979 年，對於「**經濟人**」（homo economicus）在各種制度領域中的紛紛出現感到印象深刻的傅柯，就已宣稱個體正在變成一個「企業家自我」（entrepreneurial self），個體實際上成爲他或她自己的企業家（Foucault 2010b），而溫蒂．布朗（Wendy Brown）則寫到了「自我的財政化」（financialization of the self）（Brown 2019），這種個體自我適應的世界被菲利浦．米洛斯基（Philip Mirowski）起了一個令人難忘的稱呼——「日常新自由主義」的世界（Mirowski 2013）。

當然，權力以系統性的方式在形塑個人的性格及其傾向性方面發揮作用，這也不是什麼新聞了。源自傅柯的四向度版本提議添加了三個特徵要素，在我看來，這些要素指向一些區域，要求我們針對其中的三向度權力進行進一步的理論反思及經驗研究。

首先是它堅持支配性權力同時是壓制性也是生產性的，是約束與賦權相互交纏的：因此，「規訓權力透過賦權而約束，並且只有當它能約束時它才能賦權」（Hamilton 2013: 51, Allen 1999: 36）。我們已經在前一章結尾時遇到了這種交纏的情況，並以一個例子說明內化的支配性規範如何可以是賦權的。

第二是語言的使用，涉及作出有關此一過程有效性的無根據假設。「屈從」——以及「構成」、「生產」，甚至是主體「建構」——的術語暗示「自我」是可以被「構成」、「生產」或「建構」出來的。因此它仰賴於「作爲社會建構的自我」這個經常被使用、卻沒有得到足夠說明的概念。儘管「社會建構」標籤的擴散範圍極廣，標籤的對象也幾乎無所不包，而哈金也曾盡力從中去蕪存菁（Hacking 1999），但要讓這第二個宣稱具有可研究的價値仍有許多工作要做（在哪些條件下此一過程能多少發揮效力？）——我們不該讓誘惑人的文字遊戲干擾而忽略了這個任務。

第三，用豪格的話來說，選擇權力與知識之緊密連結的傅柯式主題，就是宣稱人們會將他們的社會世界詮釋爲「事物之自然秩序的一部分」並因此接受一種具體說明何謂「眞實」和「本質」的「社會本體論」，這是「社會行動者默會的詮釋範圍」，它會「創造出社會行動可能性的條件」，並從而標示出（就他的看法）將第四向度從第三向度區分開來的特徵

（Haugaard and Pettit 2017: 28）。這裡確實談到了當今最重要的一個議題，尤其是與將種族及性別去自然化的持續未完的重要任務有關，但不限於此。

在這最後一章中，我將以四種方式來考察權力在現在及近期過去中的表現。首先討論（秉持史考特的精神）在曾被稱爲「實際存在的社會主義」後期階段的支配，在此一階段，服從及編碼抵抗（coded resistance）的藝術在面對失敗的意識形態考驗時仍倖存下來。第二和第三節要分別關注的是數位媒體以及一個環境劣化的極端案例。這些都是三向度權力形式的典型案例，但至今尚未在本書中得到討論。在第二節中，權力被認爲**避開**了人們作判斷及選擇的反思能力。在第三節中，權力的運作則**削弱**了那種能力。在最後一節中，我將呈現一個進行中的進步研究方案，該方案將揭露在許多不同的脈絡和社會和政治生活水準中，權力在所有三個向度上發揮的作用。

沒有同意的服從

首先要討論的是系統性非三向度權力的一個案例——如今已成爲經典的〈無權者的權力〉（The Power of the Powerless）一文，由瓦茲拉夫．哈維爾（Vaclav Havel）寫於1978年（Havel 2018），哈維爾是社會運動領袖、傑出劇作家及未來的捷克斯洛伐克總統，也在1989年至2003年擔任後來的捷克共和國總統。這篇著名的文章曾是對「後極權體制」中權力本質及機制的深刻描繪及敏銳分析，這種權力在蘇聯式「實際存在的社會主義」最後數十年的慘澹歲月中發揮了作用。這是一個「表象的世界」、一個純粹的遊戲，其背後是完全的操控、極其嚴格的控制，越軌行爲是危險的，受到十分嚴厲的懲罰，孩子們會密報自己的老師和父母，不聽話的知識份子被派去做最單調的粗活，而法典成爲儀式性溝通的基本工具，用來掩蓋法庭、檢察官和警察對權力的任意行使。哈維爾寫到，那裡的居民習慣了不得不「生活在謊言中」——一個賣蔬果的小販（我會再談到他）將「世界上的工人，團結起來！」標語放在自己的窗口，還有另一個辦公室職員也豎起了自己的標語；他們其實一點也不關心別人的標語，但卻強迫其他人必須「接受遊戲規則，從而確保了首先要求人們豎起標語的那個權力」。這些標語賦予這個世界一種「內在的一致性」：它們是「將它凝聚起來的黏合劑，它的結合原則、它的規訓工具」（362）。

哈維爾宣稱這個世界的居民不得不「生活在謊言中」，這意味著他們已經受夠了必須接受與謊言共存並生活在謊言中，受夠了必須表現得好像這些標語是有意義的、法律的運用是恰當的。因此，他們生活在「一個表象的世界，一種純粹儀式性、形式化的語言，被剝奪了與現實的語意聯繫並轉化爲一個儀式符號的系統，它以僞現實取代了現實」（362）。我們應注意到，這裡描繪的不是一個成功灌輸意識形態的世界，而是個失敗的意識形態的世界。沒有人上當：從蔬果販子、辦公室職員到釀酒廠工人，從黨的低階幹部到當權者，整個權力階層體系都對遊戲的規則及其操弄模式心知肚明。

所以讓我們再回到那位蔬果販子身上——一個受無數景仰哈維爾的讀者及其文章的詮釋者廣泛注意及討論的人物。首先要注意到的是這是蘇聯式共產主義體制底下的一個蔬果販子：不是從其財產權中獲得少許尊嚴和自由的小資產階級資本家，而是用大衛．奧斯特（David Ost）的話來說，一個零售工作者，相較於哈維爾主要以知識份子及專業人士爲主的讀者，他的影響力小得多，甚至連捷克斯洛伐克工廠工人都比不上。他的店舖（捷克文 obchod）不在生產週期中擄有關鍵位置，沒有公司依賴它的產品來經營。除了店裡的幾個僱員外，它的經理也沒有位置可以來影響任何人．哈維爾自己就將這名蔬果販子描寫成一個孤獨的個體，他沒有在需要時可以部署的網絡。（Ost 2018: 302）

其次，哈維爾以寓言的形式來呈現這名蔬果販的故事。標語海報是跟著洋蔥和胡蘿蔔從企業總部送到我們的蔬果販子手上的。他將它們掛進櫥窗裡，只因爲他多年來一直是這樣做的，因爲每個人都這樣做，也因爲事情就是要這樣做。如果他拒絕，他就可能惹上麻煩。他可能因爲沒有適當裝飾他的櫥窗而被訓斥一頓；有人甚至會指責他不忠黨愛國。他這樣做是因爲一個人想要生活下去就必須要做這些事。就像他們說的，想要保證擁有一個「與社會和諧共處的」相對平靜生活，這是要做的成千上萬件事情之一（Havel 2018: 359）。

那個標語就是一個訊息，它「上傳給那名蔬果販子的上級，同時也是一個盾牌，保護他免受潛在告密者的傷害。因此那個標語的眞正意義深深地根植於那名蔬果販子的生存中。它反映了他的切身利益」。它是個「至少在其文本表面表明了一種無私信念的符號」，但它「幫助向這名蔬果販子隱瞞他那低落的服從基礎，同時也掩蓋了他那低落的權力基礎」（359）。基本上這就是哈維爾對這名被視爲普通公民代表的蔬果販子的描述。正如它的實際意涵，這對哈維爾是很清楚的：當這名蔬果販子不再擺出標語並開始說出自己的眞心話時，他將開始「生活在眞理中」，而整個體制也將從內部開始崩潰。

雖然我是這篇文章的長期欣賞者，但我同意奧斯特對它的尖銳批評（Ost 2018）。奧斯特寫到，哈維爾「從未給予這名蔬果商人一個應得的評價」（304）；實際上，他是用一種施恩俯就的居高臨下姿態來描述他。此外，它「犯了道德錯誤，將責任推給最弱勢的人」，而且還「犯了政治上的謬誤：國家社會主義不是因爲一般人不再行禮如儀而垮台，而是當社運人士組織的運動強大到足以爭取到那些謹愼的循規蹈矩者並將他們改變時才垮台的」（302）。

蔬果販子是缺乏資源的人之一。他接近史考特所描繪的一個接近當代的例子，他描述了這類人通常如何透過迴避正面衝突來抵抗權力、以用欺騙和裝糊塗的方式來維護自己尊嚴。蔬果販子櫥窗裡的標語就是他對史考特所謂「公開文本」的貢獻。確實，奧斯特自己就引用了史考特的著作，並觀察到「缺乏資源者可以生活在眞理中，同時盡責地在牆上掛上海報」、「玩一個只是表面上接受國家社會主義的遊戲」（306）（正如捷克工廠工人有時也會成功玩遊戲，得到薪資和勞動條件的改善）。這是個人們普遍在玩的「表面工夫」遊戲，就是所有人都假裝遵守官方的那一套。哈維爾那種「生活在眞理中」的公開方式是「知識份子的抵抗方式、剛冒出頭的反對派的抵抗方式，是那些有資源可以部署的人在自我防禦時的抵抗方式」（303）。關鍵是，東歐到了1970年代時，由自願公民－主體同意權力支配的年代早已過去，「異議份子」這個廣爲西方記者和評論家所喜愛的標籤帶有誤導性，因爲它指稱的是那些大膽或魯莽到敢大聲說出每個人都視爲理所當然的事情的人。但根本沒有人眞正相信那套遊戲了：當每個人都在日常生活中將支配體系的結構、機制和受益者視爲理所當然時，沒有人會在這套支配體系中被愚弄。每個人都將權力及其執行機制——權力的第一和第二張「臉孔」，看得清清楚楚。[1]

1 邁可．布若威（Michael Burawoy 2012）曾經確認並深化了哈維爾的權力圖像，他將國家社會主義和先進資本主義下勞工的支配進行比較，且大部分極具說服力。他的論述借鑑了葛蘭西霸權概念的優缺點，另一方面則參考了布迪厄對於慣習及象徵性支配解釋的優缺點。布若威透過神祕化（mystification）將先進資本主義下的製造同意與國家社會主義下「剝削與支配的明顯透明性」（201）進行了對比。資本主義下的工人同時屈從於剝削及導致誤認的神祕化，透過補償性的玩遊戲及鼓勵工人追求象徵性報酬的管理技巧，神祕化向工人隱藏了剝削的眞相。但是在國家社會主義底下，這種神祕化是不可能發生的，因爲「黨國及其機構對社會主義意識的強力灌輸」使得「剝削的運作變得透明」（198）。因此，工廠裡的組織化儀式是無效的，因爲工人「用統治意識形態來反對統治者，要求他們實現他們社會主義宣傳中宣稱的權利。國家社會主義的官僚體制播下的是異議的種子，而不是同意的種子」（199）。葛蘭西對資本主義下霸權的解釋在今天是不充分的，因爲他沒有看到神祕化的作用：他的經驗是工人占領工廠並透過工人委員會組織生產，「對黨及工會對資本主義的同意是完全

行爲修正

在蔬果商人的世界裡，每個人都了解他們必須玩的那個遊戲的規則。但是在我們所有人都越來越淪陷其中的數位世界裡，當我們幾乎是不自覺地合作玩起那些其他人都在玩的遊戲時，我們卻越來越不了解它的機制和基礎設施。[2]

在其出色的《監控資本主義時代》（*The Age of Surveillance Capitalism*）一書中，肖莎娜．祖博夫（Shoshana Zuboff）提供了一個權力的觀點或概念，她稱爲「工具性權力」（instrumentarian power）。她宣稱這是一種全新、在歷史上獨一無二的權力，且重要的是我們應以這樣的態度來回應它。

她將這種權力定義爲爲了修正、預測、將其貨幣化並進行控制的目的，而將行爲儀表化（instrumentation）及工具化（instrumentalization）（Zuboff 2019: 352）。

這裡的關鍵觀念是對我們未來的行爲做出越來越準確的

明白而清楚的」（196）。與此相反，根據布若威的看法，布迪厄「將他對當代法國及前資本主義卡拜耳社會的想法錯誤地普遍化到所有的社會秩序」（192），因此「將誤認理解爲一種深刻而普遍的經驗──是整合並身體化的慣習的結果，一種內化的過程，而不是無意識而非資本主義生產關係的自發效應」（189）。因此，葛蘭西未能看見神祕化對於穩定先進資本主義的重要性，布迪厄的慣習則銘刻得過於深刻，以致於無法理解國家資本主義的脆弱感。葛蘭西因此對於對抗支配的可能性過於樂觀，而布迪厄則又過於悲觀。

2　這裡很可能有顯著的代際差異。那些跟著社群媒體平台長大的人更意識到平台的結構及運作方式。參考米雪兒．瑟拉（Michelle Cera）的研究，我要感謝她對此的觀察：他們「意識到公司利用他們的資料牟利，並持續抱怨定向廣告等許多事情。他們也許不清楚自己的資料實際是如何被使用，但他們仍意識到監視及強迫的更大圖景」。此外，他們「往往能意識到那些公司在做什麼，但沒有在乎到停止使用這個技術，因爲報酬遠高於犧牲。舉例來說，我知道臉書和 Instagram 都利用我的資料來改變我的消費行爲，但我從使用這些平台上得到了許多東西，所以我勉強同意」（個人交流）。

預測，並將它們賣給企圖透過修正行為來獲利的人。她宣稱，這是「前所未見的」——一種「新品種的強制，在祕密中形成，隱藏在科技和技術複雜性的保護色下，並被花言巧語模糊了其面目」，它是「一個融合數位科技以打造其獨一無二社會支配品牌的市場方案」中固有的一部分（360）。她將這種權力的知識源頭追溯到哈佛心理學者、《超越自由與尊嚴》（*Beyond Freedom and Dignity*）一書的作者B·F·史金納（B. F. Skinner）以及他的「操作制約」（operant conditioning）研究，她描述這種權力為結合了：

> 新的數位裝置——它是連續的、自主的、無所不在的、感官的、可計算、可驅動、網絡化並由網際網路啓動的——與監控資本主義計畫的利益，最終將滿足史金納的要求：一套「在力量和準確度上可與物理和生物技術相媲美的行為技術」的「工具和方法」。得到的結果是一種無處不在的行為修正手段，其行動的經濟考量旨在最大限度地提高監控的收益。（374）

它「將人類經驗化約為可測量的可觀察經驗，並始終對這種經驗的意義保持著一種漠然的態度」（377）。不同於國家導向的極權主義方案，她認為「工具主義」（instrumentarianism）是「將市場轉變為一種完全確定方案」的信號。這種「全新權力」讓我們能夠「想像出工具化並控制人類經驗的經濟原則，以便系統性、預測性地為他人的圖利目標而形塑人類行為」（382）。

她的書提供了這種新權力的大量例子，從電子遊戲《寶可夢地圖》（*Pokémon Go*）開始，該遊戲「讓遊戲玩家在真實世界裡跑來跑去，但卻不是為了他們以為自己在玩的遊戲而跑」（314）；書中提供的例子表明「在達到全球範圍的行動經濟的同時，將特定的個體行動導向準確的在地市場機會，讓出價高的人可以獲得日益接近的保證結果近似值」，是可能的（317）。她講述了谷歌早期目標式廣告如何轉變成資料提取的故事，後者產生出「行為剩餘」（behavioral surplus），使其更準確及有利可圖。這個觀念和技術傳播開來，首先傳到了臉書——其目標是「讓社會比較的無情刺激臻於完善，在這種比較下人天生的同理心受到操弄和工具化，以便修正行為以達到他人之目的」（468）——然後擴散到各種企業，提供關於我們行為及經驗的日益詳盡資訊，並生產出智慧家庭、穿戴式設備、自動駕駛車輛、無人機，乃至可消化的傳感器，以定位追蹤我們的內在生活。

人們提出了關於工具化權力的幾個問題。首先是這種權力是否真的是「前所未有的」、「全新的」，如果是，又是就什麼意義而言。祖博夫寫到，它「在侵入我們意識的同時形塑著我們的行為」，她引用首屈一指的當代理論家艾力克斯．潘特蘭（Alex Pentland），聲稱確保順從的「關鍵不在於說服或教育，而在於行為修正」，並要求「對於決策」以及「激勵設計機制」的「新預測性理論」——「一個可與史金納的『增強程序』（schedule of reinforcement）相媲美的概念」（428）。但是這種確保順從的方式眞的是全新、前所未見的嗎？祖博夫眞正認爲全新而前所未見的不是這個權力機制，而是兩個發展：因數位科技及海量資料的提取而不斷增加的預測準確性，以及設計機制的範圍，透過這些機制「千百萬人集體朝向保證結果的方向移動……」（428）。因此，根據祖博夫的看法，全新的是這種權力日益增加的效力及範圍。祖博夫引用了一篇 2015 年的學術論文，該文警告「人們極容易受到他們透露出的訊息內容及訊息多寡的影響。此外，他們分享的訊息可被用來影響他們的情感、思想和行爲」。其結果是改變了「在擁有資料的人和資料所屬主體的人之間的權力平衡」（460）。

眞正造成差異的是，基於機器的預測如今已經遠遠贏過了人類的力量。根據祖博夫的看法，臉書的「預測引擎『FBLearner Flow』被餵食成千上萬的數據點，這些數據點都來自它的人類行爲紀錄」。而 Instagram 的機器計算先是以某位主體使用者所產生之行爲剩餘的各種數據流爲基礎，然後是基於來自那位使用者網絡中朋友的更多數據流，接下來則是來自和那位主體使用者追蹤相同帳戶者的活動的數據流，還有基於那位使用者臉書活動的資料和社會連結。當它終於應用一個排序的邏輯來預測那位使用者接下來想要看到什麼圖像時，那個分析已經將那位主體使用者過去行爲的資料也包括在內了。Instagram 讓機器做這種「學習」，因爲人類做不到（484）。

除此之外，我們還應加上一個關於人工智能和演算法的重要觀察，那就是它們已日益不受控制，甚至連它們的創造者也越來越難以理解它們，這些人經常創造出東西來，但卻連他們創造出的東西怎麼運作都不知道。此外，這些科技發展所造成的後果，影響所及遠遠超出了消費者的網上生活。這些發展所源自的人類行爲模式受到反恐戰爭的推動，並在此一脈絡下以資訊戰和政治宣傳形式被部署。

祖博夫認爲，這些科技發展正是造成她所謂的「監控資本主義」那種不祥的新穎性的原因，用她的話來說，這裡面一直在進行著一場「由上而下的政變」：斯密及我們時代的海耶克曾進行過理論闡述的那雙自由市場「看不見的手」，已被「一種新形式的集體主義」取代，從前，知識透過市場價格而分散開來，從而不受集中化控制源頭染指；如今，在這種新形式的集體主義中，「將知識和自由都集中於自己領域內的是市場，而不是國家」（504）。現在，「監控資本家取得了組織安排知識的自由，接著利用那個知識上的優勢來保有並擴張他們的自由」（498）。

毫無疑問，這是一個令人不安的資本主義威脅未來的黑暗景象（對此的徹底批判，參見 Morozov 2019）。然而，作爲一個對這種威脅的來源及其範圍——也就是它已經存在於我們日常生活及全球政治活動的程度——的描述，可以說，它是有限的。監控資本主義的**「資本主義」**本質值得我們的關注：人們認爲，監控資本主義的決定性新穎特質在於它的壟斷性格（參見 Doctorow 2020）——也就是只有一小撮公司支配網際網絡的市場支配，於是我們迎接到的是一個只有五個巨型網站、每個網站上都塞滿了其他四個網站截圖的資訊時代。

至於它的廣及性，我們應注意到祖博夫的焦點幾乎完全放在對個體的威脅上，她認爲個體已不再是擁有主權的**消費者**。一旦我們看見此種權力的手可以伸到多遠的地方——在日益準確預測的基礎上，它可以越來越精準地鎖定人們、修正他們的行爲，並在總體上影響他們的生活和生計；這通常是透過演算法做到的，而演算法的基礎則是人們大量無償提供的資料，無論他們是自願或是無意間這麼做。此外，演算法自身也可能不準確，或是自帶偏見並產生嚴重影響，使得本已處在劣勢中的人們生活得更加糟糕。

如此產生出的權力也在人們的工作生活中發揮作用，因爲人們在不知不覺的情況下被分類了，而這些隱藏的分類方式決定了他們獲得如信用及健康保險等基本必需品的機會。這種權力似乎也在識別應遣返的移民上發揮作用。[3]更嚴重的是，人們日益看清，它的影響力已經廣泛而深入到全球各地的政治競選及選舉操縱活動。2018年，一名吹哨人揭開了「劍橋分析」（Cambridge Analytica）公司的醜聞，這家公司爲全球各地的競選活動蒐集八千萬臉書用戶資料，這讓大多數人第一次有機會

3 參見 Glaser, A. (2019)「Palantir 公司說它跟美國移民及海關執法局（ICE）遣返行動毫無關係。新的文件似乎有不同的說法」，見《Slate》，網址 https://slate.com/technology/2019/05/document-reveal-palantir- software-is-used-for-ice-deportations.html.

一窺這個規模數十億美元的成熟產業，它以避人耳目的方式在全球各地運營。隨著我們從學者[4]及記者那裡更加了解到這些運作，讓它們變得更透明、更明白易懂的任務就變得更刻不容緩，因爲這樣才能對這些活動進行監管，並保護人們的自由。

回到祖博夫，我們必須問，她的工具性權力在多大程度上是三向度的？祖博夫曾寫到這種權力在形塑我們行爲的同時，也逃避了我們的意識。這本書至今討論過的許多例子都是不可見的[譯1]因爲權力者的行動和目的是避人耳目或無法察覺的，但是這裡的焦點是技術領域的不透明性，在這個領域裡，透過只是蒐集人們自願或無意間提供的大量資訊，就可以在用戶不知情的情況下實施控制。再回到《寶可夢地圖》，情況是人們參與了一個遊戲，但不是他們以爲自己正在玩的那個遊戲。人們在追求主觀利益的同時，也自願提供了資料，這些資料經過演算法的處理後促進了其他人的利益，卻沒有促進或反而傷害了他們自己的利益。

這幅圖像所對於今日現實的描繪到底有多準確，這確實是可以討論的。這個行爲修正方案在更廣大的人群中眞正能發揮多少效力？這個效力能夠持續多久？成功對失敗的比率是多少？大多數時候，祖博夫認爲其支持者的宣稱就足以證明它的

4　艾瑪・布里安特（Emma Briant）透過她在 www.propagandamachine.tech 上繪製的劍橋分析全球活動地圖說明了這個不透明的影響力產業的迅速擴張，相關內容將收入一本即將出版的書中。

譯1　指權力是不可見的。

準確性了。然而它確實似乎掌握了正在我們世界中發揮作用的一股眞正趨勢，而隨著時間經過，這股趨勢可能只會變得越來越眞實：「一個融合數位科技以打造其獨一無二社會支配品牌的市場方案」。然而，當祖博夫將它稱爲「新品種的強制」時，她對這種權力特徵的描述是錯誤的，因爲在她的描述裡，支配的發生是通過同意，而不是通過強制。當然，這種同意往往是敷衍了事的同意，正如我們對一長串看也看不懂的服務條款點擊「同意」時發生的情形。但是這仍然是同意，也應該被視爲一種**互惠性**的展現。

大衛．哈維（David Harvey）已經用**奪取**（dispossession）的傳統語言來稱呼資料占有及其轉化爲資本的過程，涉及因資本的掠奪行爲而導致使用者蒙受權利損失（Harvey 2004）。祖博夫也用奪取的措辭來進行類似寫作。然而，正如瑪西昂．傅卡德（Marion Fourcade）和丹尼爾．克魯茲（Daniel Kluttz）所認爲的，人們對這整個過程的經驗以及科技公司對此的呈現方式，其實溫和得多：人們「爲取得『免費』服務而註冊、回覆『朋友』邀請，或被鼓勵『分享』他們的看法」（Fourcade and Kluttz 2020: 1）。如果搶劫是個賭注，那它就是戴著絲絨手套進行的，主要的方式（或者看似如此）是透過社交性、互惠性和自我利益。因此，數位資本主義的社會邏輯常能避免強制的出現（12）。

傅卡德和克魯茲將這整組關係描述爲一種「牟斯式的討價還價」（Maussian bargain）—— 這裡指的是馬瑟．牟斯

（Marcel Mauss）的經典名文〈禮物〉（The Gift），在這篇文章中，送禮是種結構化、儀式性行爲，涉及回禮的義務、強化社會連結及爲社會聯盟增添新成員。他們也借用了布迪厄的「誤認」（misrecognition）概念，認爲在數位資本主義中「牟斯式討價還價不僅掩蓋了送禮者與收禮者之間的結構不對稱，而且允許個人資料這種新商品被創造出來，模糊了它的眞正價值，並將其私人占有自然化了」（3）。於是，「使用者（或開發者）被整合進超越他們的事物中，而他們對它幾乎沒有控制權」（5），以平台爲基礎的公司設計了互惠的義務：這些互惠義務產生出「包容性及群體歸屬感」，但也令使用者必須服從於「新的社群規範，並要求他們須以回報的形式進行互惠」（5）。傅卡德和克魯茲寫到，這種類似於禮物的交換結構是非貨幣性的，它將使用者鎖進一個不斷重新開始的交易週期，在這個交易週期中永遠預設著同意，相形之下，以市場爲基礎的社會關係則有一個有限的範圍，交易一旦完成，關係就立即解散。這使得我們能夠看見這個「獨一無二的體制」（unique regime）（1）是如何在掩蓋其支配特性的情況下有效運作，並使得我們將它誤認爲完全是解放性的，這是數位經濟的獨特之處。

我們也許可以進一步推測，儘管數位經濟明顯是基於自由意願的同意，但透過這些新穎獨特的方式，它正在讓人們變得更不自由，更無法「依照他們的本性和判斷而活」，用斯賓諾莎的話來說。也許，正如詹姆斯 · 威廉士（James Williams）所指出的，推動經濟發展的激烈競爭正在創造一種新的競爭：通過分散注意力來爭奪人們的注意力。藉由無所不在且始終連結的使用者介面，以及測量、實驗、定位及分析的複雜基礎設施，這個工業化說服（industrialized persuasion）的全球方案如今是網際網路上具主導性的商業模式及設計邏輯。至今為止，「注意力分散」的問題一直被當成微不足道的煩惱看待。然而，注意力爭奪及使用者「說服」終將等同於一種意志操弄方案（88）。

長期的結果將是損害「我們將意識及行動導向任務的直接能力」、「通過我們更高的目標及價值……來主導我們生活的更廣泛能力」，以及「我們的基本能力——如反思、後設認知、理性和智力——這些能力使我們能夠定義我們一開始的目標和價值」。威廉士將這些能力的破壞稱為「認識分心」（epistemic distraction）。作為一種支配形式，這確實是種具備最完整三向度（或者如果你願意的話，也可認為是四向度）的權力，因為它的廣度和深度都勝過祖博夫所關切的行為修正。因為在這裡，它的效果是弱化——並且，在極端情況下，使之喪失——能動者形成他真正的偏好、欲望、價值和目標的能力。正如我們將看到的，這樣的無能為力正在我們接下來要考慮的情況中發揮作用，那個故事的核心不是分心，而是困惑及混淆。

有毒的不確定性

位於阿根廷布宜諾斯艾利斯的東南邊境，有個居住了約三千名居民的貧民窟，叫作「易燃山莊」（Villa Flammable）。社會學家哈維爾·奧韋羅（Javier Auyero）和他的共同作者、人類學家迪博拉·阿萊安斯拉·斯威斯敦（Débora Alejandra Swistun）針對這群人所遭受的「環境苦難」（environmental suffering）進行了生動而詳盡深入的民族誌研究。斯威斯敦的大半生都居住在這個地方，這為他們的研究增添了一份大多數這類研究所缺乏的眞實感。

易燃山莊在過去的七十年裡從一個充滿絕望氣息的非法聚居地，變成了大都會都市空間裡的三不管地帶，它的命運「如瓦片般與結構調整及去工業化進程彼此深刻交疊」。它的四周被這些東西包圍：

> 阿根廷最大的石化物園區之一；一條流淌著從製革廠及其他產業排出有毒廢棄物的高度污染河流；一座危險的廢棄物焚化爐；一座無人監管的垃圾場。結果，易燃山莊的土壤、空氣和水都被鉛、鉻、苯及其他化學物質給污染了，當然，生活在那塊土地上、呼吸那裡的空氣、喝著那裡的水的人們也難以倖免於難。（4）

這本書是「一個描寫人們對他們四周毒物的困惑、錯誤及（或）盲目的故事」，也是「一個默默習慣污染並且幾乎完全沒有針對毒物戕害發動大規模抗議的故事」（4）。作者們寫到，他們的書是「關於環境苦難及其與社會支配之錯綜複雜聯繫」的書。他們借鑒了布迪厄的「象徵性暴力」（symbolic violence）概念，企圖「揭露支配運作的各種方式」、支配運作方式是透過「被支配者對於權力結構的誤認」。他們透過「剖析參與象徵性暴力運作的行動者及過程」而做到這點，並企圖「解開窮人爲何有時會接受令他們致命的屈從地位的謎團」。換句話說，也就是要回答屈從是如何在得到「從屬者同意」的情況下發生的（5）？

他們針對這一問題提出的答案關鍵，是他們所謂的「有毒的不確定性」（toxic uncertainty）。他們透過令人信服的細節描述了令居民不斷**等待**的「困惑不解、謠言、挫折與希望」；他們等待「更多的測試、更深入及更完善的認識、重新安置，以及其中一家『有力公司』的『鉅額』和解費用，用一位鄰居的話來說，這筆費用將『讓我們能重新生活』」。透過這種方式，他們呈現「易燃山莊居民經驗屈從的一種方式」。他們解釋方式的獨到之處（同時也與我們目前思考工作的論述高度相關的）是他們聚焦於他們故事中的許多能動者，這些人透過「多個不協調的行動」參與了「困惑的製造工作，這些工作對造成他們共同的理解（或誤解）具有決定性影響」（10）。他們的經驗，也就是他們對於自己生活在其中的污染的認識、忽視、渴望認識及誤認，所有這些都是「社會和政治過程的產物；污染的意義是居民和外在行動者之間權力關係所產生出的結果」。這些外在行動者包括了「政府官員、公司人員、醫師、教師、記者和律師」（12）。他們共同展開行動，「但並非以合作的形式，考慮到他們的意見並沒有同等的份量」，而透過這些行動，他們「形塑了當地人對於污染和風險的經驗」。於是，流行病學內在固有的不確定性「在不同人員、醫師、政府官員及律師的實踐及話語干涉下被擴大了」，結果造成居民們每天都生活在「對他們（及他們心愛之人）體弱多病的原因及預後的憂慮中、對由地方政府負責（不）協調的重新安置工作的不確定中、對因醫師們令人不解的干涉行爲而產生的困惑中，以及對該園區最有力公司——殼牌公司的行動產生的疑慮和謠言之中」（4）。

這些不同行動者的權力時而被行使（無論是蓄意或只是當成例行公事），時而展現在不採取行動，也助長了全面並持續存在的困惑及不確定感。而殼牌公司作爲其中最有力的企業行動者，也與該園區的一些其他公司合作，「成立了易燃山莊的社群關係計畫，這是其他貧窮社區所沒有的」，但是「他們的生產過程也在這裡產生了比其他阿根廷貧民窟更多的環境危害」（50）。殼牌公司的公關長譴責媒體對污染的報導是「一派胡言」，而它的健康、安全、環境和品質經理儘管承認易燃山莊「不適合人居住」，但卻將社區中的問題怪罪於「貧窮：毒品、酒精等。」即怪罪於「人們的生活方式」（68）。他說，「鄰居們都知道殼牌公司不是問題所在」；他說「鉛是一種貧窮病」（69）。殼牌公司的年度報告向外宣傳「一種正面的公共形象」，強調「永續發展、企業社會責任，以及對環境和後代子孫的保護」（69）。

人們對於這些公司的運作框架始終相當不解。居民「不太知道易燃山莊究竟是屬於布宜諾斯艾利斯州，還是屬於港口管理總局（該聯邦州的一個分支機構）的管轄範圍」（94），所以當垃圾沒有清運時，附近居民不知道要上哪投訴，沒有人（包括州的官員們）知道園區裡面有多少家公司，州的不同級別政府也不關心園區裡的工業污染物及其對人口的影響。包括州長在內的州府官員們會譴責這些公司製造污染，甚至承諾重新安置，市府官員也會隨性現身並承諾重新安置，然後他們就消失了，還是沒有任何事情發生。醫師的情況很有意思。他們在一家當地的健康中心工作，該中心的興建及設備都是由殼牌公司出的錢，但是付錢的則是當地政府（雖然有些人懷疑是由殼牌付錢的）。這家健康中心的資源異常豐富：有二十四小時的急診服務，一台救護車，以及七名在現場工作的醫師——這些醫師們除了否認之外，還對「關於毒物和個人健康之間**具有紀錄的**連結方面顯得全然無知，同時他們又懷疑『這裡有些奇怪的事情正在發生』」（101-05）。作者們觀察到他們的訓練和醫療方向只關注「疾病」，而不是病痛——人類對於病症及痛苦的經驗。此外，這些醫師也和殼牌一樣，用缺乏事實佐證的理由將居民對毒物影響健康的焦慮去正當化，同時鼓勵他們的患者搬出易燃山莊，因爲他們孩子的病可能和他們住在那裡有關。這些作者問到，「如果連當地醫師都對易燃山莊痛苦的來源感到困惑，並且（或是）判斷錯誤，當地居民能夠不糊裡糊塗嗎？」（105）。

至於記者，「電視和新聞記者常爲了談論一個話題而出現在易燃山莊——污染。附近居民對媒體記者的看法相當曖昧。」一方面，他們「很清楚記者越常出現在這附近，他們的聲音被聽見、他們的困境得到政府回應的機會就越大」。但另一方面，他們「看見媒體『利用他們的困境』也令他們感到不滿」，因爲記者會「隨意進入這個社區，將焦點集中在這裡的生活中最極端的一面」，「偶爾還帶著專家，強調著易燃山莊的生活是多麼荒謬」。如果「媒體異口同聲地告訴他們這樣的生活很不可思議，我們不禁要想：他們怎麼不會感到困惑」？如果「記者來到這個社區，用承諾提供幫忙來換取一個『故事』，然後就消失得無影無蹤，直到他們再次出現在電視螢幕上才看得到人，那麼居民們怎麼能夠不被搞糊塗」（107）？

最後，「易燃山莊毒性體驗的另一個關鍵行動者：律師」（117）又怎麼樣呢？當居民們對其中一家公司提起訴訟，以阻止安裝高壓電網，或至少是得到補償或重新安置時，他們得到的結果是「解決環境毒素問題的集體嘗試失敗了」。作者向我們講述「屈服如何發揮作用」，方式是透過「向律師、法官及國家官員的權力讓步」（128）。它「被經驗爲一場等待：等待（儘管燃起希望，接著卻陷入沮喪）其他人爲他們的生活做決定；其實是使自己屈服於其他人的權威」。這種「支配的動態」意味著「易燃山莊的居民注定要生活在配合其他人時間並由其他人時間主導的時間中」，而這導致他們對自身（個體和集體）權力的懷疑」（110-11, 129）。

我重新講述了易燃山莊的故事以便說明三面向權力產生其效力的進一步方式，即製造困惑及不確定性。顯然，正如作者們所指出的，這只是這個故事的一部分而已，因爲

> 人們對於特定時空下他們周遭環境的知識庫存是……該地方的歷史、其居民的日常活動及互動，以及他們深陷其中的權力關係的共同產物。（144）

然而，這些權力關係的結果——困惑和不確定性——並未得到充分研究。[4]作者們觀察到「不確定性和困惑並不是民族誌學者的主要關注；這是可以理解的，因爲，正如莫瑞．萊斯特（Murray Last）所寫的，『光是要記錄他們眞的知道的事就已經夠難的了』」（12）。但是對權力的研究也是如此。[5]確實，在這裡我們也許可以看見易燃山莊的故事和本章前一節之間的聯繫。因爲我寫這些文字時正值英國脫歐及川普的年代，此一年代在競爭激烈的2020年美國大選和新冠疫情（COVID-19 pandemic）在美國及全球日益肆虐時達到高峰。在這些背景下，我們正看見一種看似不受控的三向度權力在一種極低度信任及混合訊息的情況下正在逐漸**侵蝕人們的認識能力**（一篇早

4 同頁263註4。

5 確實有一大批學者，包括哲學家、心理學家和一些社會學家，針對無知的生產、表現與利用進行了學術研究。它被稱爲「無知學」（agnotology）——研究蓄意散播困惑與欺騙的行爲，通常是爲了銷售產品或贏得好感（參見Proctor 2008以及Oreskes and Conway 2011）。感謝蓋比．愛本（Gabi Abend）令我注意到此一文獻。

期的新聞性描述，參見 Carpenter 2018）：關於「假新聞」、陰謀論和有毒不確定性的案例和指控聚集在一起，並透過數位媒體的管道得到大幅擴大。

是以，當權力從三個向度來觀察時，其實能以各種形式出現。在本書前幾章中，我們已將它描述爲信念和偏好的形塑。就祖博夫的看法，它能繞過兩者[譯2]進行行爲的修正。現在我們開始更清楚看見它**使人失能**的效果，它會削弱人們依照自己本性和判斷而活的能力。在我寫作本文時，似乎再怎麼強調三向度權力在我們社會和政治生活的重要性和程度都不爲過。

權力方塊

易燃山莊講述了一個十分具有地方性的故事，而這故事顯然是一個更大故事的一小部分而已。在一本名爲《全球公民行動》（*Global Citizen Action*）的書中，葛分塔曾於一篇短文中寫道：「自1970年代以來，許多社會運動者都聽過並遵循著『全球思維，在地行動』（Think globally, act locally.）這句格言。這些文章提出相反建議：用在地的方式來思考全球性制度及全球性力量的影響。以全球性的方式採取行動。」（Edwards and Gaventa 2001: 276）。他（和其他人一起）成爲「權力方塊」（power cube）這一概念的發明人：一種理解三面

譯2　信念和偏好。

向權力的方式，可幫助許多研究者、組織和社會運動者以這種方式來思考問題。

葛分塔曾在1980年出版過一本書：《權力與無權：一個阿帕拉契山谷中的默從與反叛》（*Power and Powerlessness: Quiescence and Rebellion in an Appalachian Valley*），他在這本書中運用了權力的所有三個向度及其彼此互動來說明總部設於倫敦的跨國性美國協會（American Association）因追求自己的利益，犧牲了阿帕拉契地區中部明叉谷地（Clear Fork Valley）居民的利益。（一篇四十年後的回顧性評論，參見Gaventa 2019。）這本書受到廣泛讚揚，並贏得了數個聲望很高的獎項。令人欣慰的是，它也受到了來自各方的批評——包括波斯拜及其他人，他們嘗試解釋非事件（non-event）並想要超越行爲政治科學對於觀察可直接觀察事物的堅持；史考特則批評它因嚴肅看待霸權的觀念而低估了日常生活反抗的「隱藏文本」；還有亞伯拉罕，他批評它未能採取傅柯式的權力觀，因而無法看見構成主體及其利益的權力的「第四張臉」。此外，考慮到他後來的著作，我們還應注意到，儘管這本書主要是對長期確保默從的研究，但它的副標題中含有「反叛」一詞：這本書也包含了一些關於參與、賦權及反抗的證據和反思。葛分塔寫到，因爲正如

> 權力的各向度是爲了維持默從而不斷累積及增強，同樣地，在權力關係的某個區域出現的挑戰也會弱化整

> 體權力，以抵禦挑戰，並造成不只是單一組成部分的損失……一旦一組怨恨的默從模式被打破，挑戰所累積的資源，包括組織、動能及意識，都可能可轉移到其他的議題和目標上。（24, 25）

《權力與無權》一開始是篇在我指導下進行的博士論文，當時的作者後來成了牛津大學的羅德斯學者（Rhodes scholar）。他走進並加入了一場巴克拉克（應該說巴克拉克和巴拉茲，他們已經發表了一篇著名的論文，批評達爾和多元主義論者，並提出權力兩向度論）和我之間才剛展開的一場持續辯論，巴克拉克當時正在牛津訪問。這場辯論以一系列生動而熱烈的私人討論和公開研討會形式進行，討論如何思考權力以及如何透過經驗研究對其進行研究。葛分塔將這場辯論進一步帶進了他在阿帕拉契山區的田野工作（他的田野工作很早就運用攝影技術來拍攝阿帕拉契地區和威爾斯礦工中間的討論，並將這些拍攝成果和兩群人分享）。他是研究社會運動的先驅，他加入田納西州紐馬基特高地研究與教育中心（Highlander Research and Education Center in New Market, Tennessee，我後來去那裡拜訪他）的一個草根成人教育計畫，然後成爲該計畫的主持人。從那時起，他就一直主持薩塞克斯大學（University of Sussex）發展研究中心（Institute for Development Studies）在許多國家的廣泛研究計畫，權力方塊一直在這些計畫中扮演核心的定位角色。在第一個案例中，權力方塊是一種視覺的呈現，它在一張圖像中同時捕捉到不同的**機制**、不同的**場所**，以及權力的各種**範圍**。令人印象深刻地描繪出一個看法，即權力在所有三個向度（重新標示為可見、隱藏及不可見三種形式）中都可運行於不同的社會或政治空間（可能是封閉、受邀或占用的空間）、不同的規模或行動層級（從家庭、地方、全國，一直到全球）。這裡的「機制」或「形式」指的是我們所說的「向度」。空間則是「機會、時刻和管道，作為社會行動者的公民透過它們潛在地將引導挑戰的方向，改變影響他們生活及利益的政策、話語、決策及關係」（Gaventa 2007: 213）。儘管可以表達為一個連續體，但仍可將它們分類為：

封閉空間：決策在這裡是不公開的情形下做出，連一點擴大邊界以顯示包容的樣子都不去假裝。

受邀空間：人們被邀請到這裡參與公共生活，但僅限於設定好的邊界內。受邀空間也許是受到監管的空間；也就是說，它們是制度化的空間，可能持續存在，或透過一次性諮詢形式而為時更短。

占用空間：實力較弱的行動者占用或創造他們自己的空間，他們可以在這空間中塑造自己的議程或更自主地表達自己的聲音。這些空間包括由社會運動和社區協會所創造出的空間，也包括只是因人們聚在一起，在制度化的政策場域外進行辯論、討論及抵抗的自然空間。

同樣地，行動層級也可以用連續體的方式來表示，並將它們想成從次國家到超國家的不同層次。因此可將它們分成：

全球層級：超出民族國家的正式和非正式決策地點。

國家層級：與民族國家相連的政府、議會、政黨或其他權威形式。

地方層級：國家層級以下的政府、地方議會及地方性協會。

家庭層級：微觀層級，也許位於公領域之外，確有助於形塑公領域內部發生的事件。

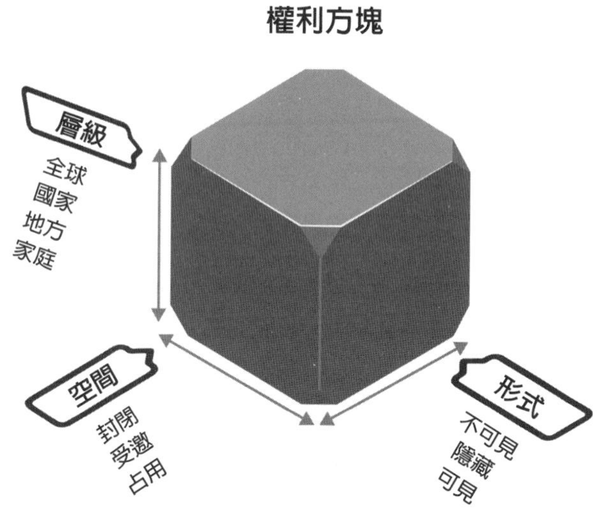

資料來源：Gaventa, J. and Pettit, J, Powercube image from https://www.powercube.net/, Brighton: IDS

當然了，這種立方體的呈現方式是靜態的，所發展出的看法也始終認爲權力形式、空間和層級之間不斷進行互動，打開或封閉在其中行動或不行動的可能性。由方塊的視覺圖像所提示的一個聰明見解，引導出**對齊**（alignment）的進一步看法，就像魔術方塊一樣：也就是說，認爲成功的權力（可認爲是由上而下的強加或由下而上的抵抗）涉及了跨越形式、空間及層級進行權力協調。隨著你可以在所有三向度上、在所有三個社會空間及政治層級上確保順服，以便推進自身利益的程度增加，你將會越來越有權力。（還有，也正如魔術方塊，這種全面成功的目標在大多數情形中都將永遠難以實現。）

正如葛分塔所觀察到的，權力方塊已經「受到許多學界及社運人士的接納及廣泛採用，包括國際性的非政府組織、社會運動、智庫、大學及捐款人和其他人士」。它的第一個應用是分析與參與、政策及治理議題相關的權力，但「事實證明它的應用範圍極廣，並與其他領域及議題相關，包括數位包容、經濟正義、環境議題、貿易（包括公平貿易）、健康、住房、人道救助、人權、飢餓及營養、法律權益的賦予、心理健康、和平締造、水及其他自然資源」（Gaventa 2021: 14-5）。以下僅舉數例：它被用於調查瓜地馬拉原住民女性的政治參與、印度的愛滋病防治工作、英國的公平貿易城鎮運動（Fair Trade Towns movement），以及馬拉威的健康及消除貧困工作。這些廣泛的經驗性應用都有個共同的目標，就是在各領域及脈絡中找到對抗支配的策略。再次用葛分塔的話來說，權力方塊能提供的最普遍洞見是「眞正變革性的變遷發生於……當社會行動者（運動、公民社會組織、捐款人）在方塊的所有面向展開工作時，這必然造成行動者聯盟及網絡的出現，而這些聯盟與網路自身也受到權力動態的影響」（14）。

易燃山莊似乎是成功支配權力的好例子，支配權力長期來始終未受到挑戰。這不僅是個地方性空間，而且還是個廢棄空間，儘管它與國家和國際政治經濟有所連結。它也是個封閉空間：居民從未受邀參與決策（或政策）制定，而且他們距離要求擁有這樣的權利還很遙遠。權力在全部三向度上都發揮著作用：在所有重要決定上，殼牌及園區內的其他公司都持續占上風，穩穩地將議程設定操之在手，而正如我們所看到的，居民們感到不確定、困惑，多數時候都是默從的態度。

有關以權力方塊爲基礎的研究，有趣也不尋常之處在於它建立了一個了不起的個案研究庫，其中包括了來自世界各地的各種挑戰支配權力的例子，有成功（通常是有限度的）也有具有啓發性的失敗案例。我認爲可以將權力方塊視爲狄特里西·魯舍梅耶（Dietrich Rueschemeyer）所稱的「理論框架」，即他視爲「可用理論」（usable theory）核心的分析工具。魯舍梅耶寫到，理論框架

> 指導假設的行程，但本身卻不包含或可在邏輯上產生一組可驗證的假設。它們識別出似乎與某一既定議題範圍相關的種種因果條件和過程模式，提供對應於這

> 些識別的概念，並爲所做的選擇提供理由……它們主要有助於開發可驗證的假設。（Rueschemeyer 2009: 1）

理論框架「常對不同領域的研究產生影響」。它們「建立在過去的研究上」。它們「經常成群結隊而來，有時遵循一個共同的研究框架」。它們「確保形成假設時將脈絡考慮進去」。它們「在舊的問題上產生新的見解」。它們「對於修正持開放態度」並且是「形成自己理論的開始」（14-6）。[6]

到目前爲止，在文獻中已有數個這類成果豐碩的假設，它們都展示了權力在所有三個向度上的運作。這裡是一些例子。一份研究探討了柬埔寨、中國、迦納、肯亞、南非和辛巴威非政府行動者的人權鬥爭，該研究提出「嵌套」（nesting）概念來理解權力的三種形式（或向度）如何實際互動。因此，以迦納爲例

> 一項將家庭暴力列爲犯罪行爲的法案受到議會成員及負責的女性部長的公開反對，然而透明的政治過程允許法案支持者在民主的脈絡下捍衛該法案。……針對法案的抵抗是透過刻意拖延立法進程悄悄在幕後進行，並透過煽動傳統父權制規範的支持聲浪來反對立法禁止家庭暴力。換言之，公開的政治過程未能阻止結合的權力形式阻礙人權在私領域的進步。事實上，

6　您可從 powercube.net 開始。

> 重要政治人物——可見的權力——的反抗是嵌套於傳統和文化以及隱蔽的政治議程設定中。

透過這個方式，作者們寫到，「嵌套的政治權力以更細膩的手法削弱了確保人民權利的民主鬥爭，而不只是用直接壓力來限制人民權利」（Andreassen and Crawford 2013: 220, 227）。

另一組假設關注空間的靈活性、延展性和脆弱性。各式各樣的研究追蹤了空間開啓與封閉的動態，並展示群體建立跨空間連結的方式。它們表明受邀空間可能會擴大它們的所有權，並且有時會顛覆掉建立這些空間的權力者最初的目的，但它們也會「給人一種擁有更大聲音及參與機會的表面印象」，但「隱蔽而不可見的權力形式也許只意味著即便在這些空間中，人們的聲音也會變成有權力的行動者想要聽見的聲音的回聲」。其他研究顯示它們的可行性取決於來自內部的邊界工作——取決於「運動人士從地方層級開始塑造活動空間邊界的能力……決策與邊界……在一個確定的空間中誰能發言及參與，對於該空間的民主通透性（democratic permeability）而言是至關重要的」（Discetti et al. 2019: 10）。另一些則說明良好的制度設計、法律規定及來自受邀空間外部支持的重要性。因此，巴西阿雷格里港（Porto Alegre）著名的參與式預算程序在2004年工人黨（Workers Party）敗選後就崩潰了：後來，「一個政治保守派的聯盟上台……維持了參與式預算程序的表面特徵，但將行政部門的實際運作回歸到更傳統的恩庇關係及地方菁英特權模式」（Baiocchi and Ganuza 2016）。

至於權力的層級，權力方塊研究則聚焦於關注連結的需求，其形式爲「幫助達成跨權力層級之垂直連結的有效中介行動者、制度及程序」。葛分塔引用三個不同結果的個案研究：這些研究分別關注印度的公平貿易、尙比亞的營養問題，以及加拿大的食物權力。前兩個研究是脫連結（disconnection）的例子。在第一個案例中，公平貿易喜馬拉雅山茶葉的生產與交易涉及了在封閉空間中的討價還價過程，這未能保護工人及小農，並剝奪了他們在地方層級透過創造空間來進行動員的權力（Brugger 2017）。在第二個案例中，尙比亞的營養政策「受到全球知識社群的形塑，這些社群仰賴技術性與言語知識的隱蔽不可見權力」，過程中不存在「權力的受邀或占用空間，在這裡營養不良的人或他們的社區或代表們」的聲音可以被聽見」（Harris 2019）。但是在第三個案例中，地方公民社會協會能夠跨層級展開工作，阻止政府運用「看得見和看不見的權力令自由市場話語享有特權並淡化解決社會正義問題的必要性」；透過使用「跨越多個層級的權力」，它們得以「令更多兒童獲得更健康的食物，並打開了在省的層級上獲得在地健康食物的空間」（Blay-Palmer 2016）。

透過將所謂的「權力之辯」帶入發展研究的領域，權力方塊研究已大幅延伸了從三面向來理解權力的這一理論框架的範圍及適用性，但這些方式尙未得到主流社會學及政治科學的充分承認。此一權力框架與相關概念一起（參見如 Fung 2020）已被證明是個進步的研究方案，用魯舍梅耶的話來說， 它已對可用理論做出貢獻，並將持續如此。

延伸閱讀

一般性著作

涵蓋此一主題及環繞它之辯論的一般性作品有丹尼斯·朗（Dennis Wrong）的權威性縱覽（Wrong 1979）、Clegg 1975、Haugaard 1997、Scott 2001及Hearn 2012。還有由重印文章、談到該主題的書籍章節所集結而成的各種「讀本」：Bell, Edwards and Harrison Wagner (ed.) 1969；Lukes (ed.) 1986；Haugaard (ed.) 2002；以及收錄範圍最廣的三卷頭讀本——Scott (ed.) 1994。還有一些由不同人的新發表文章集結而成的文集，這些文章從理論上和經驗上將權力的概念與當前（文章發表時）正受到辯論的議題連結，尤其是Cartwright (ed.) 1959、Champlin (ed.) 1971、Barry (ed.) 1976、Wartenberg (ed.) 1992、Goverde, Cerny, Haugaard and Lentner (eds.) 2000、Clegg and Haugaard 2009及Haugaard and Ryan 2012。2008年創刊，2011年起更名爲《政治權力期刊》（*Journal of Political Power*）的《權力期刊》（*Journal of Power*）已就權力、支配及賦權發表了廣泛而多樣的理論性和經驗性文章。

古典主張

關於文本中引用的古典權力分析，讀者可參考 Boétie 1998 [1548]、Hobbes1946[1651]、Spinoza 1958[1670 and 1677]、Locke1946[1690], 1975[1690]、Vico 1963[1744]、Kant 1996 [1780]、Burke 1910[1790]、Wollstonecraft 1988[1792]、Marx 1976[1867]、Marx and Engels 1962 and 1965[1845]、Mill 1989 [1869] 以及 Nietzsche 1956[1887], 1967[1908], 1968[1906], 1974 [1882,1887]。

概念分析

對權力概念最佳、最精確且最系統性的分析莫過於Morriss 2002——儘管該書將重點完全擺在「從事……的權力」，只有在第二版的導論中用了幾句話來談論「施諸……的權力」。儘管 Pettit 1997 說服莫里斯相信支配的重要性，但他依然令人不解地自承對該主題的「嫌惡」（Morriss 2002: xxxiv）。Barry 1988 與 Dowding 1990, 1991, 1996 等書曾對莫里斯做出批評，但他在第二版的導論中有效地反駁了它們。其他對於權力概念的重要討論包括 Riker 1964、March 1966、White 1971, 1972、Goldman 1972,1974a, 1974b（見 Braybrooke 1973）、Ball 1975, 1979, 1988a、Elster 1976（pp. 249-54）、Oppenheim 1981、Airaksinen 1984, 1988, 1992、Stoppino 1995 與 Ledyaev 1997。

關於強迫的討論，見Nozick 1972、Pennock and Chapman (eds) 1972、Wertheimer 1987與Rhodes 2000。關於權威的討論，見Raz 1979與Raz (ed.)1990。關於自主的討論，見Haworth 1986、Hill 1987、Dworkin 1988與Friedman 2003。關於操控，見Riker 1986。關於利益的概念，見Balbus 1971、Connolly 1972與Feinberg 1984。儘管Nagel 1975的書名是《權力的描述性分析》（*The Descriptive Analysis of Power*），但它的主題其實是影響力，該書探討了定義、測量與推論偏好對結果的因果性影響力的方式。近來關於「機制」的著作包括Boudon 1998、Elster 1998, 1999、Hedstrom and Swedberg (eds) 1998與van den Berg 1998。關於權力術語的百科全書，參見Dowding 2011。關於權力是否是「本質具爭議性的概念」這一問題（Lukes 1974 and Connolly 1983認可此一觀點），有過各式各樣的探討。本質爭議性的原始提倡者是W．B．蓋利（W. B. Gallie，Gallie 1955-6）。持懷疑態度者的看法，參見Barry 1975、MacDonald 1976（亦請參見Lukes 1977a）以及Morriss 1980。至於支持者方面，參見Gary 1977、1983。針對政治概念的本質爭議性仔細論證辯護的著作，參見Swanton 1985及Mason 1983。亦請參見Collier, Hidalgo and Maciuceanu 2006。至於概念上的分歧，參見Chalmers 2011。有關本質具爭議性概念的辯論，維基百科提供了一份精彩說明：https://en.wikipedia.org/wiki/Essentially_contested_concept。

現代主張

影響二十世紀的權力觀念至鉅的是韋伯對權力（Macht）與支配（Herrschaft）概念的經典定義與應用，以及他對具正當性的支配模式的解釋（Weber1978[1910-14]），關於後者可見Beetham1991。羅素並沒有受到韋伯影響，他就權力所寫的著作（Russell1938）清晰地討論了權力的形式與種類，這本書橫跨了歷史並富含洞見，但缺點是對社會科學相當無知。鄂蘭在她對於暴力的研究中把重點擺在權力，當時她對權力的定義有別於她在 Arendt 1970 中對支配的韋伯式定義，但受到《權力：基進觀點》與 Habermas1977 的批評。對權力做出開創性社會科學研究的作品，在政治學是 Lasswell and Kapla 1950，在社會學是 Parsons 1963a, 1963b, 1967（紀登斯在 Giddens 1968 中很正確地批評帕森斯避開了支配與衝突的主題），在階層化研究是 Lenski 1966，在交換理論是 Blau 1986。愛丁堡學派科學社會學的肇建人之一巴恩斯（Barry Barnes）出版過一本關於權力的研究，探討了權力與知識的關係（Barnes 1988, 1993）。德文著作則有 Popitz 2017 [1986]，以及盧曼（Niklas Luhmann）將他獨特的系統理論應用到權力研究的作品（Luhmann 1975），而從批判理論觀點來研究權力的則有 Honneth 1991 和 Frost 2013, 2017。對權力的政治社會學研究則有曼（Michael Mann）的經典比較歷史社會學分析（Mann 1986, 1993, 2012, 2013），以及波吉（Gianfranco Poggi）對政治、意識形態與經濟的權力所做的韋伯式研究（Poggi 2001）。關於權力研究的各種途徑，Korpi 1985 提出「權力資源」途徑，Barry1974, 1989 提出「經濟」途徑，Dowding 1991, 1996（本書後來加入新章節重新出版，參見 Dowding 2019）提出一種理性選擇模式的途徑，而 Coleman 1974, 1982, 1990 則提出另一種比較傾向社會學的理性選擇模式途徑（見 Lukes 2003），Balzer 1992 提出賽局理論途徑，Bell 1975 則提出政治語言學途徑。從人類學角度研究權力的，包括 Tambiah 1968、Cohen 1974、Farndon (ed.) 1985、Bell 1992、Wolf 1999, 2001 及 Ortner 2006。Kertzer 1988 是對儀式與權力的有趣研究。有趣的是，經濟學家對權力少有有趣的研究，關於這一點可參見 Rothschild (ed.) 1971，而這個事實也反映在這類選集的付之闕如；只有兩位著名的二十世紀經濟學家曾就權力寫下周詳的著作，即 Galbraith 1983 與 Boulding 1989。哲學家對自願奴役與虛假意識等概念的討論，見 Rosen 1996。至於國際關係學者對權力的研究，參見 White 1978、Baldwin 1989, 2016、Strange 1990、Keohane 2002，以及（與本書主題有關聯的著作）Guzzini 1993、2005、2012 及 2013。

主要論辯

對於是否存在著支配美國民主社會的「權力菁英」的問題，帕森斯（Parsons 1957）與密爾斯（Mills 1956）針鋒相對。其後同樣針對結構與能動性問題的論辯始於 1960 年代晚期，這次是發生在兩個馬克思主義者之間——英國的米立班與法國的柏蘭札斯。米立班的主要著作是 Miliband 1969，柏蘭札斯的主要著作則是 Poulantzas 1973（法文版出版於 1968 年），他們在《新左評論》（*New Left Review*）上的論辯，可以參見 Poulantzas 1969, 1976 與 Miliband 1970, 1973。拉克勞（Ernesto Laclau）在 1975 年加入這場論辯（Laclau 1975），並在 Gold, Lo and Wright 1975 與 Clarke 1977 兩書中受到討論。傅柯的著作不但有著無數的追隨者、詮釋者與批評者，還引發了他與哈伯瑪斯之間一場短暫但卻十分有趣的論辯，關於這場論辯可參見 Kelly (ed.) 1994 與 Ashenden and Owen (eds) 1999。

正如本書導論所言，「權力向度」的論辯源於對 Mills 1956 與 Hunter 1953 的「菁英」理論的批判。Haugaard 2020 是利用此一框架的權威性、全方位著作。該論辯始於 Dahl 1957, 1958，第一階段的論辯發表於 Dahl 1961。Steinbrickner 2015 及 Lukes 2015 追溯了達爾的權力及影響力觀點在他的書《現代政治分析》（*Modern Political Analysis*）（Dahl 1963）前後版本中的演變過程，兩篇著作均重印於 Baldwin and Haugaard 2016。Polsby 1963 對達爾的立場進行了詳盡闡述，Polsby 1968 針對批評進行了辯護。在 Bachrach and Baratz 1962, 1963（重刊於 Bachrach and Baratz 1970 的經驗研究）提出批判之後，Merelman 1968a, 1968b、Wolfinger 1971a, 1971b、Frey 1971 與 Debnam 1975, 1984 又加入了這場論辯，Bachrach and Baratz 1968, 1975 隨後也加以回應。《權力：基進觀點》於 1974 年加入戰火，引用克

蘭森對兩個美國城市所做的空氣污染研究（Crenson 1971）作爲舉證，而 Gaventa 1980、Danziger 1988 與 Komter 1989 則對《權力：基進觀點》的主張做出經驗性的應用。針對相關議題的論辯持續至今，其中有不少對《權力：基進觀點》做出尖銳的批判，包括 Barry 1975、Clegg 1975、Ball 1976、Bilgrami 1976、Bradshaw 1976、Hindess 1976、Abell 1977、Goldman 1977、Thomas 1978、Young 1978、Bloch et al. 1979、Benton 1981、Hoy 1981、Hindess 1982、Hartsock 1983、Layder 1985、arbalet 1987、Isaac 1987a, 1987b、Morriss 2002 (first edition 1987)、West 1987、Ball 1988b、Clegg 1989、Kernohan 1989、Digesser 1992、Hyland 1995、Haugaard 1997、Hay 1997、Doyle 1998、Hay 1999, 2002、Hayward 2000（該書第二章結合了理論與精彩的個案經驗研究）與 McGettigan 2002。以上這些討論的選集可參考 Scott (ed.) 1994，其摘要散見多處，包括 Scott 2001 以及 Haugaard (ed.) 2002。在 2011 年更名爲《政治權利雜誌》的《權力雜誌》中（以及其他地方），這場辯論一直在持續。

在法蘭克福學派批判理論的脈絡中，雷納．佛斯特（Rainer Forst）的文章詳盡闡述了他對「本體權力」（noumenal power）的理解（Forst 2013），並在他的書《規範性與權力》（*Normativity and Power*）（Forst 2017）中進一步發展該概念，這篇文章引發了一連串的回應，其中一些收錄於 Haugaard and Kettner 2020。

對於這個新共和主義支配觀的主要陳述，讀者應參考

Skinner 1998；Pettit 1996、1997、1999、2001、2005、2006、2008、2012及2014；Lovett 2001、2010、2012及2018。對支配之辯作出顯著貢獻的著作有Costa 2007、Katz 2017、Krause 2013、Laborde 2008、List and Valentini 2016、McCammon 2015及2018（最佳全面性研究及參考文獻）、Pansardi 2012、Richardson 2002、Shapiro 2012及2016、Thompson 2018以及Ypi 2020。

女性主義與權力

許多書籍與文章從女性主義的觀點來討論權力，其中最有名的是Allen 1999、Bordo 2003、Butler 1997、Connell 1987、Fraser 1989、Hartsock 1983, 1984、Held 1993、Janeway 1981、Miller 1992、Nussbaum 2000、Okin 1989以及I. M. Young 1988, 1990。另外還有特別從傅柯對女性主義與女性主義議題的概念出發所進行的討論，包括Bartky 1990、Diamond and Quinby (eds) 1988、Fraser 1981、Hekman (ed.) 1996、McNay 1992、Sawicki 1991與Spivak 1992。自從《權力：基進觀點》二版以來的最佳文章來源是艾倫的文章，其最新（2016）修訂版收錄於《史丹佛哲學百科全書》（*Stanford Encyclopedia of Philosophy*），參見Allen 2005。

葛蘭西與霸權

正如本書導論所指出的，《權力：基進觀點》連結了這場論辯與葛蘭西的霸權概念。在眾多關於葛蘭西霸權概念的文獻中，以下是與本書討論主題相關的：Anderson 1976-7、Gramsci 1971[1926-37]、Przeworski 1980, 1998、Abercrombie, Hill and Turne1980、Femia 1981、Bates 1975 與 Williams 1960。史考特主張葛蘭西的霸權概念無助於研究支配（Scott 1985, 1990）；對史考特主張的批判，見 Mitchell 1990、Tilly 1991 與 Farber 2000。更多關於葛蘭西及霸權概念的近期相關文章，參見 Lentner and Haugaard 2006 以及 Rachar 2016。Burawoy 2012 針對葛蘭西與布迪厄提供了優秀而深入的比較性探討，該文主張「一種比布迪厄的象徵性支配更具隨制性（contigent）、比葛蘭西的霸權更深入的支配概念」。

布迪厄

在布迪厄的諸多著作當中，討論權力與支配的是 Bourdieu 1977[1972], 1984[1979], 1989[1987], 1990[1980], 1991, 2000[1997], 2001[1998]。在關於布迪厄的大量英語文獻中，針對權力著墨最深的是 Swartz 1997 和 2013、Harris 2011、Grenfell 2008，以及如上面提到的 Burawoy 2012。

傅柯

傅柯關於權力的短篇著作與相關的訪談集結在 Foucault 2000，其他相關著作還有 Foucault 1978[1975], 1980a, 1980b, 1980c[1976], 1982, 1987, 2008, 2010。關於傅柯對權力的處理，以下是些有趣的討論與／或延伸發展：Connolly 1991、Donzelot 1979、Flyvbjerg 1994、Fraser and Gordon 1994、Garland 1990, 1997、Hacking 1986、Hindess 1996、Hoy(ed.) 1986、McHoul and Grace 1993、Merquior 1991、Pasquino 1992、Rose 1999 與 Taylor 1984。谷廷（Gutting）的百科全書很有幫助，正如收錄於其中的他的文章：Gutting 2005，亦請參見 Gutting and Oksala 2018。我也推薦 Dean 2013、Lilja and vinthagen 2014，以及Sayer 2012。

哈維爾

哈維爾的著名文章〈無權者的權力〉出現在保羅・威爾森（Paul Wilson）翻譯的連續幾本著作中，包括 Havel 1985，一同出現於該書的還有捷克及斯洛伐克反對派知識份子的文章；以及 Havel 1991-2，一同出現於該書的還有哈維爾的其他文章以及《東歐政治、社會與文化（East European Politics, Societies and Cultures）》特刊（vol. 32(2) 2018）中關於該文的各種文章；這期特刊的編者爲詹姆士・克拉夫（James Krapf）和芭芭拉・J・佛克（Barbara J. Falk），本書第五章中討論到的一篇文章（David Ost 2018）亦出現於此。

權力方塊

權力方塊逐步呈現於 Gaventa 2005、2006、2007、2020，Gaventa and Mayo 2009、Gaventa and Tandon 2010，以及 Gaventa and Barrett 2012。其應用的例子可見於 Andreasson et al. 2013、Biekart and Fowler 2018、Blay-Palmer 2016、Brugger 2017、Discetti et al. 2019、Harris 2019、Idler et al. 2015、Lay Lee 2012、McCollum 2018 以及 Pearce et al 2015。網站 powercube.net 是一個「爲了解權力關係以努力帶來社會變遷而成立的資源」，網站內容包括「實用性及概念性素材，幫助我們思考如何在組織內部以及更廣大的社會及政治空間中應對權力關係」。

參考書目

Abell, P. (1977) 'The Many Faces of Power and Liberty: Revealed Preferences, Autonomy and Teleological Explanation', *Sociology*, 11: 3–24.

Abercrombie, N., Hill, S. and Turner, B. (1980) *The Dominant Ideology Thesis*. London: Allen & Unwin.

Abraham, J. C. (2016) 'Extending Gaventa: A Foucauldian Reading of Power and Powerlessness'. Paper delivered at the Appalachian Studies Association.

Agamben, G. (1998) *Homo Sacer: Sovereign Power and Bare Life*. Stanford, CA: Stanford University Press.

Airaksinen, T. (1984) 'Coercion, Deterrence and Authority', *Theory and Decision*, 17: 105–17.

Airaksinen, T. (1988) *The Ethics of Coercion and Authority*. Pittsburgh, PA: Pittsburgh University Press.

Airaksinen, T. (1992) 'The Rhetoric of Domination', in Wartenberg (ed.): 102–20.

Akram, S., Emerson, G. and Marsh, D. (2015) '(Re)Conceptualising the Third Face of Power: Insights from Bourdieu and Foucault', *Journal of Political Power*, 8(3): 345–62.

Alexander, J. C. (2009) 'The Democratic Struggle for Power: The 2008 Presidential Campaign in the USA', *Journal of Power*, 2(1): 65–88.

Alexander, J. C. (2011) *Performance and Power*. Cambridge: Polity.

Allen, A. (1999) *The Power of Feminist Theory: Domination, Resistance, Solidarity*. Boulder, CO: Westview Press.

Allen, A. (2002) 'Power, Subjectivity, and Agency: Between Arendt and Foucault', *International Journal of Philosophical Studies*, 10(2): 131–49.

Allen, A. (2005) 'Feminist Perspectives on Power', *Stanford Encyclopedia of Philosophy* (substantively revised 2016): 131–49.
https://plato.stanford.edu/entries/feminist-power/

Allen, A. (2008) *The Politics of Ourselves: Power, Autonomy and Gender in Contemporary Critical Theory*. New York: Columbia University Press.

Allen, A., Forst, R. and Haugaard, M. (2014) 'Power and Reason, Justice and Domination: A Conversation', *Journal of Political Power*, 7(1): 7–33.

Althusser, L. (1971) 'Ideology and Ideological State Apparatuses', in *Lenin and Philosophy and Other Essays*, trans. B. Brewster. London: New Left Books.
Althusser, L. and Balibar, E. (2016[1968]) *Reading Capital*, trans. B. Brewster and D. Fernbach. London and New York: Verso.
Anderson, P. (1976–7) 'The Antinomies of Antonio Gramsci', *New Left Review*, 100: 5–78.
Andreassen, B. A. and Crawford, G. (2013) *Human Rights, Power and Civic Action: Comparative Analyses of Struggles for Rights in Developing Societies.* London: Routledge.
Arendt, H. (1970) *On Violence*. London: Allen Lane.
Arnold, S. and Harris, J. R. (2017) 'What Is Arbitrary Power?', *Journal of Political Power*, 10(1): 33–70. https://doi.org/10.1080/2158379X.2017.1287473.
Aron, R. (1964) 'Macht, power, puissance: prose démocratique ou poésie démonaique?', *Archives européennes de sociologie (European Journal of Sociology)*, 5: 25–51; reprinted in Lukes (ed.) 1986.
Ashenden, S. and Owen, D. (eds.) (1999) *Foucault Contra Habermas: Recasting the Dialogue Between Genealogy and Critical Theory*. London: Sage.
Auyero, J. and Swistun, D. A. (2009) *Flammable. Environmental Suffering in an Argentinian Shantytown*. New York: Oxford University Press.
Bachrach, P. (1967) *The Theory of Democratic Elitism: A Critique*. Boston, MA: Little, Brown.
Bachrach, P. and Baratz, M. S. (1962) 'The Two Faces of Power', *American Political Science Review*, 56: 941–52; reprinted in Bachrach and Baratz 1970, Bell et al. 1969, and Scott (ed.) 1994.
Bachrach, P. and Baratz, M. S. (1963) 'Decisions and Nondecisions: An Analytical Framework', *American Political Science Review*, 57: 641–51; reprinted in Bachrach and Baratz 1970, Bell et al. 1969, and Scott (ed.) 1994.
Bachrach, P. and Baratz, M. S. (1968) 'Communication to the Editor', *American Political Science Review*, 62: 1268–9.
Bachrach, P. and Baratz, M. S. (1970) *Power and Poverty: Theory and Practice*. New York: Oxford University Press.
Bachrach, P. and Baratz, M. S. (1975) 'Power and Its Two Faces Revisited: A Reply to Geoffrey Debnam', *American Political Science Review*, 69: 900–4; reprinted in Scott (ed.) 1994.
Bachrach, P. and Bergman, E. (1973) *Power and Choice: The Formulation of American Foreign Policy.* Lexington, MA: Lexington Books, D. C. Heath.
Bachrach, P. and Botwinick, A. (1992) *Power and Empowerment: A Radical Theory of Participatory Democracy*. Philadelphia, PA: Temple University Press.
Baiocchi, G. and Ganuza, E. (2016) *Popular Democracy: The Paradox of Participation.* Stanford University Press.
Balbus, I. D. (1971) 'The Concept of Interest in Pluralist and Marxist Analysis', *Politics and Society*, 1: 151–77.

Baldus, B. (1975) 'The Study of Power: Suggestions for an Alternative', *Canadian Journal of Sociology*, 1(2): 179–201.
Baldwin, D. A. (1989) *Paradoxes of Power*. Oxford: Basil Blackwell.
Baldwin, D. A. (2015) 'Misinterpreting Dahl on Power', *Journal of Political Power*, 8(2): 209–27.
Baldwin, D. A. (2016) *Power and International Relations: A Conceptual Approach*. Princeton, NJ: Princeton University Press.
Baldwin, D. A. (2021) 'The Faces of Power Revisited'. https://www.tandfonline.com/action/showAxaArticles?journalCode=rpow21.
Baldwin, D. A. and Haugaard, M. (2015) 'Editorial: Robert Dahl: An Unended Quest', *Journal of Political Power*, 8(2): 159–66.
Baldwin, D. A. and Haugaard, M. (2016) *Robert Dahl: An Unended Quest*. London: Routledge.
Ball, T. (1975) 'Models of Power: Past and Present', *Journal of the History of the Behavioral Sciences*, 11: 211–22.
Ball, T. (1976) 'Review of S. Lukes, Power: A Radical View and Nagel 1975', *Political Theory*, 4: 246–9.
Ball, T. (1979) 'Power, Causation and Explanation', *Polity*, 8: 189–214.
Ball, T. (1988a) *Transforming Political Discourse*. Oxford: Basil Blackwell.
Ball, T. (1988b) 'New Faces of Power' (Chapter 4 of Ball 1988); reprinted in slightly revised form in Wartenberg (ed.) 1992.
Balzer, W. (1992) 'Game Theory and Power Theory: A Critical Comparison', in Wartenberg (ed.) 1992: 56–78.
Barbalet, J. M. (1987) 'Power, Structural Resources and Agency', *Perspectives in Social Theory*, 8: 1–24.
Barnes, B. (1988) *The Nature of Power*. Cambridge: Polity Press.
Barnes, B. (1993) 'Power', in R. Bellamy (ed.), *Theories and Concepts of Politics: An Introduction*. Manchester: Manchester University Press.
Barnett, M. and Duvall, R. (2005) 'Power in International Politics', *International Organization*, 59(1): 38–75.
Barry, B. (1965) *Political Argument*. London: Routledge & Kegan Paul.
Barry, B. (1974) 'The Economic Approach to the Analysis of Power and Conflict', *Government and Opposition*, 9: 189–223.
Barry, B. (1975) 'The Obscurities of Power', *Government and Opposition*, 10: 250–4; reprinted in Barry 1989.
Barry, B. (ed.) (1976) *Power and Political Theory: Some European Perspectives*. London and New York: Wiley.
Barry, B. (1988) 'The Uses of "Power"', *Government and Opposition*, 23: 340–53; reprinted in Barry 1989.
Barry, B. (1989) *Democracy, Power and Justice*. Oxford: Clarendon Press.
Bartky, S. (1990) 'Foucault, Femininity and the Modernization of Patriarchal Power', in S. Bartky (ed.), *Femininity and Domination*. New York: Routledge.

Bates, T. R. (1975) 'Gramsci and the Theory of Hegemony', *Journal of the History of Ideas*, 36(2): 351–66.

Bates, S. (2010) 'Re-structuring Power', *Polity*, 42(3): 352–76.

Bauman, Z. and Haugaard, M. (2008) 'Liquid Modernity and Power: A Dialogue with Zygmunt Bauman', *Journal of Political Power*, 1(2): 111–30.

Beetham, D. (1991) *The Legitimation of Power*. Basingstoke: Macmillan.

Bell, D. V. J. (1975) *Power, Influence and Authority: An Essay in Political Linguistics*. New York: Oxford University Press.

Bell, C. (1992) *Ritual Theory, Ritual Practice, Part III: 'Ritual and Power'*. New York and Oxford: Oxford University Press.

Bell, R., Edwards, D. V. and Harrison Wagner, R. (eds.) (1969) *Political Power: A Reader in Theory and Research*. New York: Free Press.

Benn, S. (1967) 'Freedom and Persuasion', *Australasian Journal of Philosophy*, 45: 259–75.

Benton, T. (1981) '"Objective" Interests and the Sociology of Power', *Sociology*, 15: 161–84; reprinted in Scott (ed.) 1994.

Biekart, K. and Fowler, A. (2018) 'Ownership Dynamics in Local Multi-Stakeholder Initiatives', *Third World Quarterly*, 39(9): 1692–710. Available from: https://doi.org/10.1080/01436597.2018.1450139 [Accessed 4 May 2020].

Bilgrami, A. (1976) 'Lukes on Power and Behaviouralism', *Inquiry*, 10(2): 267–74.

Blau, P. (1964) *Exchange and Power in Social Life*. New York: Wiley.

Blay-Palmer, A. (2016) 'Power Imbalances, Food Insecurity, and Children's Rights in Canada', *Frontiers in Public Health*, 4: 117. Available from: https://doi.org/10.3389/fpubh.2016.00117 [Accessed 4 May 2020].

Bloch, M., et al. (1979) 'Power in Social Theory: A Non-relative View', in S. C. Brown (ed.), *Philosophical Disputes in the Social Sciences*. Sussex: Harvester, pp. 243–59.

Blunt, G. D. (2015) 'On the Source, Site and Modes of Domination', *Journal of Political Power*, 8(1): 5–20. https://doi.org/10.1080/2158379X.2015.1010800.

Boétie, E. de La (1998[1548]) 'On Voluntary Servitude', trans. D. L. Schaefer, in D. L Schaefer (ed.), *Freedom over Servitude: Montaigne, La Boétie, and 'On Voluntary Servitude'*, first published (in Latin) 1574. Westport, CT: Greenwood Press.

Boonstra, W. J. (2016) 'Conceptualizing Power to Study Social-Ecological Interactions', *Ecology and Society*, 21(1): article 21.

Bordo, S. (2003) *Unbearable Weight: Feminism, Western Culture and the Body*, 10th Anniversary Edition with new preface by the author, new foreword by Leslie Heywood. Berkeley, CA: University of California Press; 1st edn 1993.

Boudon, R. (1998) 'Social Mechanisms Without Black Boxes', in Hedström and Swedberg (eds.) 1998.

Boulding, K. E. (1989) *Three Faces of Power*. Newbury Park, CA, and London: Sage.

Bourdieu, P. (1977[1972]) *Outlines of a Theory of Practice*, trans. Richard Nice. Cambridge: Cambridge University Press.

Bourdieu, P. (1979) *Algeria 1960: The Disenchantment of the World.* Cambridge: Cambridge University Press.
Bourdieu, P. (1984[1979]) *Distinction: A Social Critique of the Judgment of Taste*, trans. Richard Nice. Cambridge, MA: Harvard University Press.
Bourdieu, P. (1989[1987]) 'Social Space and Symbolic Power', *Sociological Theory*, 7: 14–25; originally published in Choses dites. Paris: Editions de Minuit, 1987.
Bourdieu, P. (1990[1980]) *The Logic of Practice*, trans. Richard Nice. Stanford, CA: Stanford University Press.
Bourdieu, P. (1991) *Language and Symbolic Power: The Economy of Linguistic Exchanges*, ed. and introduced by J. B. Thompson. Cambridge: Polity Press.
Bourdieu, P. (2000[1997]) *Pascalian Meditations*, trans. Richard. Nice. Stanford, CA: Stanford University Press.
Bourdieu, P. (2001[1998]) *Masculine Domination*, trans. Richard Nice. Stanford, CA: Stanford University Press.
Bowles, S. and Gintis, H. (1992) 'The Political Economy of Contested Exchange', in Wartenberg (ed.) 1992: 196–224.
Bradley, A. (2020) 'Did We Forget About Power? Reintroducing Concepts of Power for Justice, Equality and Peace', in R. McGee and J. Pettitt (eds.), *Power, Empowerment and Social Change*. Abingdon: Routledge, pp. 101–16.
Bradshaw, A. (1976) 'A Critique of Steven Lukes' Power: A Radical View', *Sociology*, 10: 121–7; reprinted in Scott (ed.) 1994.
Braybrooke, D. (1973) 'Two Blown Fuses in Goldman's Analysis of Power', *Philosophical Studies*, 24(6): 369–77.
Brown, W. (2019) *In the Ruins of Neoliberalism: The Rise of Antidemocratic Politics in the West.* New York: Columbia University Press.
Brubaker, R. and Cooper, F. (2000) 'Beyond Identity', *Theory and Society*, 29: 1–47.
Brugger, A. (2017) 'Power Relations in the Global Production Network for Orthodox Himalayan Tea Analyzing Fairtrade Tea Production in East Nepal and Darjeeling Through the Power-as-Translation Framework and the Power Cube', Thesis (master's). University of Zurich. Available from: https://www.cairn-int.info/article-E_RTM_200_0735--empowerment-the-history-of-a-key-concept.htm.
Burawoy, M. (2012) 'The Roots of Domination: Beyond Bourdieu and Gramsci', *Sociology*, 46(2): 187–206.
Burke, E. (1910[1790]) *Reflections on the Revolution in France.* London: Dent, Everyman Library.
Butler, J. (1997) *The Psychic Life of Power: Theories in Subjection.* Stanford, CA: Stanford University Press.
Carpenter, A. (2018) *Gaslighting America: Why We Love It When Trump Lies to Us.* New York: Broadside Books (HarperCollins)
Cartwright, D. (ed.) (1959) *Studies in Social Power.* Ann Arbor, MI: University of Michigan Press.
Chalmers, D. J. (2011) 'Verbal Disputes', *Philosophical Review*, 120: 515–66.

Champlin, J. R. (ed.) (1971) *Power*. New York: W. W. Norton.
Christman, J. (2008) 'Review: Republicanism: A Theory of Freedom and Government by Philip Pettit', *Ethics*, 109(1): 202–6. https://doi.org/10.1086/233891.
Clarke, S. (1977) 'Marxism, Sociology and Poulantzas's Theory of the State', *Capital and Class*, 2: 1–31.
Clegg, S. R. (1975) *Power, Rule and Domination*. London: Routledge.
Clegg, S. R. (1989) *Frameworks of Power*. London: Sage.
Clegg, S. R. (2009) 'Foundations of Organization Power', *Journal of Political Power*, 2(1): 35–64.
Clegg, S. R. and Haugaard, M. (eds.) (2009) *The Sage Handbook of Power.* London: Sage.
Clegg, S., Courpasson, D. and Philips, N. (2006) *Power and Organization*. London: Sage.
Cohen, A. (1974) *Two-Dimensional Man: An Essay on the Anthropology of Power and Symbolism in Complex Society*. London: Routledge & Kegan Paul.
Coleman, J. S. (1974) *Power and the Structure of Society*. New York and London: W. W. Norton.
Coleman, J. S. (1982) *The Asymmetric Society*. Syracuse, NY: Syracuse University Press.
Coleman, J. S. (1990) *The Foundations of Social Theory*. Cambridge, MA: Harvard University Press.
Collier, D., Hidalgo, F. D. and Maciuceanu, A. O. (2006) 'Essentially Contested Concepts: Debates and Applications', *Journal of Political Ideologies*, 11(3): 211–46.
Connell, R. W. (1987) *Gender and Power: Society, the Person and Sexual Politics.* Stanford, CA: Standford University Press.
Connolly, W. E. (1972) 'On "Interests" in Politics', *Politics and Society*, 2: 459–77; reprinted in Connolly 1983.
Connolly, W. E. (1983) *The Terms of Political Discourse*, 2nd edn. Oxford: Martin Robertson; 1st edn 1974.
Connolly, W. E. (1991) *Identity/Difference.* Ithaca, NY: Cornell University Press.
Cornwall, A. and Coelho, V. S. (2007) Introduction: Spaces for Change? The Politics of Participation in New Democratic Arenas', in A. Cornwall and V. S. P. Coelho (eds.), *Spaces for Change? The Politics of Participation in New Democratic Arenas*. London: Zed Books, pp. 1–29.
Costa, M. V. (2007) 'Freedom and Non-domination: Normativity and Indeterminacy', *Journal of Value Inquiry*, 41(2/4): 291–307.
Crenson, M. A. (1971) *The Un-Politics of Air Pollution: A Study of Non-decision making in the Cities*. Baltimore, MD: Johns Hopkins Press.
Dahl, R. A. (1957) 'The Concept of Power', *Behavioral Science*, 2: 201–15; reprinted in Scott (ed.) 1994.
Dahl, R. A. (1958) 'A Critique of the Ruling Elite Model', *American Political Science Review*, 52: 463–9.

Dahl, R. A. (1961) *Who Governs? Democracy and Power in an American City*. New Haven, CT: Yale University Press.

Dahl, R. A. (1963) *Modern Political Analysis*. Englewood Cliffs, NJ: Prentice-Hall.

Dahl, R. A. (1968) 'Power', *International Encyclopedia of the Social Sciences*, ed. D. L. Sills. New York: Crowell, Collier and Macmillan; reprinted in Lukes (ed.) 1986.

Dahrendorf, R. (1959) *Class and Class Conflict in Industrial Society*. London: Routledge & Kegan Paul.

Danziger, R. (1988) *Political Powerlessness: Agricultural Workers in Postwar England*. Manchester: Manchester University Press.

Dean, M. (2002) 'Liberal Government and Authoritarianism', *Economy and Society*, 31(1): 37–61.

Dean, M. (2010) *Governmentality: Power and Rule in Modern Society*, 2nd edn. London: Sage.

Dean, M. (2012) 'The Signature of Power', *Journal of Political Power*, 5(1): 101–17.

Dean, M. (2013) *The Signature of Power: Sovereignty, Governmentality and Biopolitics*. London: Sage.

Debnam, G. (1975) 'Nondecisions and Power: The Two Faces of Bachrach and Baratz', *American Political Science Review*, 69: 889–900.

Debnam, G. (1984) *The Analysis of Power: A Realist Approach*. Basingstoke: Macmillan.

Diamond, I. and Quinby, L. (eds.) (1988) *Feminism and Foucault: Reflections on Resistance*. Boston, MA: Northeastern University Press.

Digeser, P. (1992) 'The Fourth Face of Power', *Journal of Politics*, 54(4): 977–1007.

Discetti, R., Anderson, M. and Gardner, A. (2019) 'Campaign Spaces for Sustainable Development: A Power Analysis of the Fairtrade Town Campaign in the UK', *Food Chain*. Reference to be supplied.

Doctorow, C. (2020) 'How to Destroy Surveillance Capitalism', *One Zero*. https://onezero.medium.com/how-to-destroy-surveillance-capitalism-8135e6744d59.

Domhoff, G. W. (1978) *Who Really Rules? New Haven and Community Power Reexamined*. New Brunswick, NJ: Transaction Books.

Donzelot, J. (1979) *The Policing of Families*. New York: Pantheon.

Dowding, K. (1990) 'Ability and Aldeness: Morriss on Power and Counteractuals', Government Department Working Papers, 10. Uxbridge: Brunel University.

Dowding, K. (1991) *Rational Choice and Political Power*. London: Edward Elgar.

Dowding, K. (1996) *Power*. Minneapolis, MN: University of Minnesota Press.

Dowding, K. (2006) 'Three-Dimensional Power: A Discussion of Steven Lukes', *Power: A Radical View. Political Studies Review*, 4: 136–45.

Dowding, K. (2008) 'Agency and Structure: Interpreting Power Relationships', *Journal of Power*, 1(1): 21–36.

Dowding, K. (2011) *Encyclopaedia of Power*. London: Sage.

Dowding, K. (2012) 'Why Should We Care About the Definition of Power?', *Journal or Political Power*, 5(1): 119–35.

Dowding, K. (2019) *Rational Choice and Political Power. The Original Text with Two New Chapters*. Bristol: Bristol University Press (first published 1991).

Doyle, J. (1998) 'Power and Contentment' *Politics* 18(1): 49–56.

Du Bois, W. E. B. (1969[1903]) *The Souls of Black Folk*. New York: New American Library.

Duncan, G. and Lukes, S. (1964) 'The New Democracy', *Political Studies*, 11(2): 156–77.

Dworkin, G. (1988) *The Theory and Practice of Autonomy*. Cambridge: Cambridge University Press.

Dyrberg, T. B. (1997) *The Circular Structure of Power: Politics, Identity, Community*. London: Verso.

Edwards, M. and Gaventa, J. (eds.) (2001) *Global Citizen Action*. Boulder, CO: Lynne Rienner Publishers.

Elster, J. (1976) 'Some Conceptual Problems in Political Theory', in Barry (ed.) 1976, pp. 243–70.

Elster, J. (1981) ''Snobs' (Review of Bourdieu 1984[1979])', *London Review of Books*, 3(20): 10–2.

Elster, J. (1983) *Sour Grapes: Studies in the Subversion of Rationality*. Cambridge: Cambridge University Press.

Elster, J. (1989) *Nuts and Bolts for the Social Sciences*. Cambridge: Cambridge University Press.

Elster, J. (1998) 'A Plea for Mechanisms', in P. Hedström and R. Swedberg (eds.), *Social Mechanisms: An Analytical Approach to Social Theory*. Cambridge: Cambridge University Press, pp. 45–73.

Elster, J. (1999) *Alchemies of the Mind: Rationality and the Emotions*. Cambridge and New York: Cambridge University Press.

Fanon, F. (1970[1952]) *Black Skin, White Masks*, trans. C. L. Markmann. London: Paladin.

Farber, S. (2000) *Social Decay and Transformation: A View from the Left*. Lanham, MD: Lexington Books.

Farndon, R. (ed.) (1985) *Power and Knowledge: Anthropological and Sociological Approaches*. Edinburgh: Scottish Academic Press.

Feinberg, J. (1984) *Harm to Others: The Moral Limits of the Criminal Law*. New York and Oxford: Oxford University Press.

Femia, J. (1981) *Gramsci's Political Thought: Hegemony, Consciousness and the Revolutionary Process*. Oxford: Clarendon Press.

Flyvbjerg, B. (1998) *Rationality and Power: Democracy in Practice*. Chicago, IL: Chicago University Press.

Fontana, B. (2006) 'State and Society: The Concept of Hegemony in Gramsci', in H. Lentner and M. Haugaard (eds.), *Hegemony and Power: Consensus and Coercion in Contemporary Politics*. New York: Lexington Books.

Fontana, B. (2010) 'Political Space and Hegemonic Power in Gramsci', *Journal of Political Power*, 3(1): 342–63.

Forst, R. (2013) 'A Kantian Conception of Justice as Nondomination', in A. Niederberger and P. Schink (eds.), *Republican Democracy: Liberty Law and Politics*. Edinburgh: Edinburgh University Press, pp. 154–68.

Forst, R. (2014) 'Noumenal Power', *The Journal of Political Philosophy*, 23(2): 111–27.

Forst, R. (2017) *Normativity and Power: Analysing Social Orders of Justification*. Oxford: Oxford University Press.

Foucault, M. (1978[1975]) *Discipline and Punish: The Birth of the Prison*, trans. Alan Sheridan. New York: Random House.

Foucault, M. (1980a) *Power/Knowledge: Selected Interviews and Other Writings, 1972–77*. Brighton: Harvester.

Foucault, M. (1980b) 'Power and Strategies', in Foucault 1980a. New York: Pantheon.

Foucault, M. (1980c[1976]) *The History of Sexuality*, vol. 1, trans. Robert Hurley. New York: Random House.

Foucault, M. (1982) 'The Subject and Power', published as the Afterword to H. L. Dreyfus and P. Rabinow, *Michel Foucault: Beyond Structuralism and Hermeneutics*. Brighton: Harvester; Chicago, IL: Chicago University Press, pp. 208–26; reprinted in Foucault 2000.

Foucault, M. (1987) 'The Ethic of Care for the Self as a Practice of Freedom: An Interview with Michel Foucault on 20 January 1984', in J. Bernauer and D. Rasmussen (eds.), *The Final Foucault*. Cambridge, MA and London: MIT Press.

Foucault, M. (2000) *Power*, ed. J. D. Faubion as vol. 3 of Essential Works of Foucault, 1954–1884. New York: New Press.

Foucault, M. (2010a) *The Government of Self and Others: Lectures at the Collége de France, 1982*. London: Palgrave Macmillan.

Foucault, M. (2010b) *The Birth of Biopolitics: Lectures at the Collège de France, 1978–1979*, ed. Michel Senellart, trans. Graham Burchell. New York: Picador

Fourcade, M. and Kluttz, D. N. (2020) 'A Maussian Bargain: Accumulation by Gift in the Digital Economy', *Big Data and Society*, January–June: 1–16.

Fraser, N. (1981) 'Foucault on Modern Power: Empirical Insights and Normative Confusions', *Praxis International*, 1: 272–87; reprinted in Fraser 1989.

Fraser, N. (1989) *Unruly Practices: Power, Gender and Discourse in Contemporary Critical Theory*. Cambridge: Polity Press.

Fraser, N. (1997) *Justice Interruptus: Critical Reflections on the 'Post-socialist' Condition*. New York and London: Routledge.

Fraser, N. and Gordon, L. (1994) '"A Genealogy of "Dependency": Tracing a Keyword of the US Welfare State', *Signs*, 19: 311–36; reprinted in Fraser 1997.

Freund, P. E. S. (1988) 'Bringing Society into the Body: Understanding Socialized Human Nature', *Theory and Society*, 17(6): 838–64.

Frey, F. W. (1971) 'Comment: On Issues and Non Issues in the Study of Power', *American Political Science Review*, 65: 1081–101.

Friedman, M. (2003) *Autonomy, Gender, Politics*. Oxford: Oxford University Press.

Friedrich, C. J. (1941) *Constitutional Government and Democracy: Theory and Practice in Europe and America*. Boston, MA: Ginn.

Fung, A. (2020) 'Four Levels of Power: A Conception to Enable Liberation', *Journal of Political Philosophy*, 28(2): 131–57.

Galbraith, J. K. (1983) *The Anatomy of Power*. Boston, MA: Houghton Mifflin.

Gallarotti, G. (2011) 'Soft Power: What It Is, Why It's Important, and Its Conditions for Its Effective Use', *Journal of Political Power*, 4(1): 24–47.

Gallie, W. B. (1955–6) 'Essentially Contested Concepts', *Proceedings of the Aristotelian Society*, 56: 167–98.

Garland, D. (1990) *Punishment and Modern Society: A Study in Social Theory*. Oxford: Clarendon Press.

Garland, D. (1997) '"Governmentality" and the Problem of Crime', *Theoretical Criminology*, 1: 173–214.

Gaventa, J. (1980) *Power and Powerlessness: Quiescence and Rebellion in an Appalachian Valley*. Oxford: Clarendon Press.

Gaventa, J. (2005) Reflections on the uses of the 'Power Cube' approach for analyzing the spaces, places and dynamics of civil society participation and engagement. CFP Evaluation Series 2003– 2006, no. 4. Netherlands: Mfp Breed Netwerk.

Gaventa, J. (2006) 'Finding the Spaces for Change: A Power Analysis', *IDS Bulletin*, 37(6): 23–33. Available from: https://doi.org/10.1111/j.1759-5436.2006.tb00320.x [Accessed 5 May 2020].

Gaventa, J. (2007) 'Levels, Spaces and Forms of Power: Analysing Opportunities for Change', in F. Berenskoetter and M. J. Williams (eds.), *Power in World Politics*. Abingdon: Routledge, pp. 204–24.

Gaventa, J. (2019) 'Power and Powerlessness in an Appalachian Valley – Revisited', *The Journal of Peasant Studies*, 46(3): 440–56. Available from: https://doi.org/10.1080/03066150.2019.1584192 [Accessed 5 May 2020].

Gaventa, J. (2020) 'Applying Power Analysis: Using the 'Powercube' to Explore Forms, Levels and Spaces', in R. McGee and Pettitt 2020, pp. 117–38.

Gaventa, J. (2021) 'Linking the prepositions: using power analysis to influence strategies for social action', https://www.tandfonline.com/action/showAxaArticles?journalCode=rpow21.

Gaventa, J. and Barrett, G. (2012) 'Mapping the Outcomes of Citizen Engagement', *World Development*, 40(12): 2399–410. Available from: https://doi.org/10.1016/j.worlddev.2012.05.014 [Accessed 5 May 2020].

Gaventa, J. and Mayo, M. (2009) 'Spanning Citizenship Spaces Through Transnational Coalitions: The Case of the Global Campaign for Education', in Gaventa and Tandon 2010, pp. 140–62.

Gaventa, J. and Tandon, R. (2010) *Globalizing Citizens*. London: Zed Books.

Geras, N. (1983) *Marx and Human Nature*. London: New Left Books.

Giddens, A. (1968) '"Power" in the Recent Writings of Talcott Parsons', *Sociology*, 2: 257–72.

Gledhill, J. (2009) 'Power in Political Anthropology', *Journal of Political Power*, 2(1): 9–34.

Gold, D., Lo, C. and Wright, E. O. (1975) 'Recent Developments in Marxist Theories of the Capitalist State', *Monthly Review*, 27: 29–43, 46–51.

Goldman, A. (1972) 'Towards a Theory of Social Power', *Philosophical Studies*, 23: 221–68; reprintedin Lukes (ed.) 1986.

Goldman, A. (1974a) 'On the Measurement of Power', *Journal of Philosophy*, 71: 231–52.

Goldman, A. (1974b) 'Power, Time and Cost', *Philosophical Studies*, 26: 263–70.

Goldman, A. (1977) 'Steven Lukes, Power: A Radical View', *Theory and Decision*, 8: 305–10.

Goverde, H., Cerny, P. G., Haugaard, M. and Lentner, H. M. (eds.) (2000) *Power in Contemporary Politics: Theories, Practices, Globalizations.* London: Sage.

Gramsci, A. (1971[1926–37]) *Selections from the Prison Notebooks of Antonio Gramsci*, eds. Q. Hoare and G. Nowell-Smith. London: Lawrence & Wishart.

Gray, J. (1977) 'On the Contestability of Social and Political Concepts', *Political Theory*, 5: 331–48.

Gray, J. (1983) 'Political Power, Social Theory and Essential Contestability', in D. Miller and L. Siedentop (eds.), *The Nature of Political Theory*. Oxford: Clarendon Press, pp. 75–101.

Grenfell, M. (ed.) (2008) *Pierre Bourdieu: Key Concepts*. London: Routledge.

Gutting, G. (ed.) (2005) *The Cambridge Companion to Foucault*. Cambridge: Cambridge University Press.

Gutting, G. and Oksala, J. (2018) 'Michel Foucault', *Stanford Encyclopedia of Philosophy*. Online: https://plato.stanford.edu/entries/foucault/.

Guzzini, S. (1993) 'Structural Power: The Limits of Neorealist Power Analysis', *International Organization*, 47: 443–78.

Guzzini, S. (2005) 'The Concept of Power: A Constructivist Analysis', *Millennium: Journal of International Studies*, 33(3): 495–522.

Guzzini, S. (2012) *The Diffusion of Power in Global Governance: International Political Economy Meets Foucault.* New York: Palgrave Macmillan.

Guzzini, S. (2013) *Power, Realism and Constructivism*. Hoboken, NJ.

Habermas, J. (1977) 'Hannah Arendt's Communications Concept of Power', *Social Research*, 44: 3–24; reprinted in Lukes (ed.) 1986.

Hacking, I. (1986) 'Making up People', in T. Heller, M. Sosna and D. Wellbery (eds.), *Reconstructing Individualism*. Stanford, CA: Stanford University Press.

Hacking, I. (1999) *The Social Construction of What?* Cambridge, MA: Harvard University Press.

Hamilton, L. (2013) 'Power, Domination and Human Needs', *Thesis Eleven*, 119(1): 47–62.

Harré, R. and Madden, E. H. (1975) *Causal Powers*. Oxford: Basil Blackwell.

Harris, G. S. (2011) 'Political Power as Symbolic Capital and Symbolic Violence', *Journal of Political Power*, 4(2): 237–58.

Harris, J. (2019) 'Power in the Zambian Nutrition Policy Process', *IDS Bulletin*, 50(2): 121–30.

Hartsock, N. C. M. (1983) *Money, Sex and Power: Toward a Feminist Historical Materialism*. New York and London: Longman.

Hartsock, N. C. M. (1984) 'Gender and Sexuality: Masculinity, Violence and Domination', *Humanities in Society*, 7: 19–45; reprinted in Wartenberg (ed.) 1992.

Harvey, D. (2004) 'The New Imperialism: Accumulation by Dispossession', *Socialist Register*, 40: 63–87.

Hathaway, T. (2016) 'Lukes Reloaded: An Actor-Centred Three-Dimensional Power Framework', *Politics*, 36(2): 118–30.

Haugaard, M. (1997) *The Constitution of Power: A Theoretical Analysis of Power, Knowledge and Structure*. Manchester: Manchester University Press.

Haugaard, M. (ed.) (2002) *Power: A Reader*. Manchester: Manchester University Press.

Haugaard, M. (2008a) 'Power and Habitus', *Journal of Power*, 1(2): 189–206.

Haugaard, M. (2008b) 'Sociological Versus Moral Lukes: Reflections upon the Second Edition of Power: A Radical View', *Journal of Power*, 1(1): 99–106.

Haugaard, M. (2010) 'Power: A 'Family Resemblance' Concept', *European Journal of Cultural Studies*, 13(4): 419–38.

Haugaard, M. (2012a) 'Rethinking the Four Dimensions of Power', *Journal of Political Power*, 5(1): 35–54.

Haugaard, M. (2012b) 'Editorial: Reflections upon Power over, Power to, Power with, and the Four Dimensions of Power', *Journal of Political Power*, 5(3): 353–58.

Haugaard, M. (2020) *The Four Dimensions of Power: Understanding Domination, Empowerment and Democracy*. Manchester: Manchester University Press.

Haugaard, M. and Kettner, M. (eds.) (2020) *Theorising Noumenal Power: Rainer Forst and His Critics*. London and New York: Routledge, Taylor and Francis Group.

Haugaard, M. and Pettit, P. (2017) 'A Conversation on Power and Republicanism: An Exchange Between Mark Haugaard and Philip Pettit', *Journal of Political Power*, 10(1): 25–39.

Haugaard, M. and Ryan, K. (eds.) (2012) *Political Power: The Development of the Field*. Berlin: Barbara Budrich.

Havel, V. (1985) *The Power of the Powerless*, trans. P. Wilson Intro S. Lukes London: Hutchison, 1985; Armonk, NY: M. E. Sharpe.

Havel, V. (1991–2) *Open Letters*, trans. P. Wilson. Intro. P. Wilson. London: Faber & Faber, 1991; New York: Vintage, 1992.

Havel, V. (2018) 'The Power of the Powerless' translated by Paul Wilson', *East European Politics and Societies and Cultures*, 32(2): 353–408. This reproduces the

translation published in Havel 1985 and 1991–2. It forms part of a special issue of the journal devoted to various discussions of Havel's famous essay.
Haworth, L. (1986) *Autonomy: An Essay in Philosophical Psychology and Ethics.* New Haven, CT: Yale University Press.
Hay, C. (1997) 'Divided by a Common Language: Political Theory and the Concept of Power', *Politics*, 17(1): 45–52.
Hay, C. (1999) 'Still Divided by a Common Language: Discontentment and the Semantics of Power', *Politics*, 19(1): 47–50.
Hay, C. (2002) *Political Analysis: A Critical Introduction*. London: Red Globe Press.
Hayek, F. A. (1960) *The Constitution of Liberty*. London: Routledge & Kegan Paul.
Hayward, C. R. (2000) *De-facing Power*. Cambridge: Cambridge University Press.
Hayward, C. R. (2013) *How Americans Make Race*. Cambridge: Cambridge University Press.
Hayward, C. R. (2018) 'On Structural Power', *Journal of Political Power*, 11(1): 56–67.
Hayward, C. R. and Lukes, S. (2008) 'Nobody to Shoot? Power, Structure, and Agency', *Journal of Power*, 1(1): 5–20.
Heaney, J. (2011) 'Emotions and Power: Reconciling Conceptual Twins', *Journal of Political Power*, 4(2): 259–77.
Hearn, J. (2008) 'What's Wrong with Domination?', *Journal of Power*, 1(1): 37–49.
Hearn, J. (2012) *Theorizing Power.* London: Red Globe Press.
Hedström, P. and Swedberg, R. (eds.) (1998) *Social Mechanisms: An Analytical Approach to Social Theory*. Cambridge: Cambridge University Press.
Hekman, S. (ed.) (1996) *Re-reading the Canon: Feminist Interpretations of Foucault.* University Park, PA: Pennsylvania State Press.
Held, V. (1993) *Feminist Morality: Transforming Culture, Society and Politics.* Chicago, IL: Chicago University Press.
Hendriks, C. M. (2009) 'Deliberative Governance in the Context of Power', *Policy and Society*, 28(1): 173–84.
Heyward, C. (2007) 'Revisiting the Radical View: Power, Real Interests and the Difficulty of Separating Analysis from Critique', *Politics*, 27(1): 48–54.
Hill, T. E. (1987) *Autonomy and Self-Respect*. Cambridge: Cambridge University Press.
Hindess, B. (1976) 'On Three-Dimensional Power', *Political Studies*, 24: 329–33.
Hindess, B. (1982) 'Power, Interests and the Outcomes of Struggles', *Sociology*, 16: 498–511; reprinted in Scott (ed.) 1994.
Hindess, B. (1996) *Discourses of Power: From Hobbes to Foucault.* Oxford: Blackwell Publishing.
Hirschmann, N. J. (2009) *The Subject of Liberty: Toward a Feminist Theory of Freedom.* Princeton, NJ: Princeton University Press.
Hobbes, T. (1946[1651]) *Leviathan*, ed. with an introduction by M. Oakeshott. Oxford: Basil Blackwell.

Hochschild, J. (2015) 'Robert Dahl: Scholar, Teacher, and Democrat', *Journal of Political Power*, 8(2): 167–74.

Honneth, A. (1991) *The Critique of Power: Reflective Stages in a Critical Social Theory*, trans. K. Baynes. Cambridge, MA: MIT Press.

Honneth, A., Allen, A. and Cook, M. (2010) 'A Conversation Between Axel Honneth, Amy Allen and Maeve Cooke, Frankfurt am Main, 12 April 2010', *Journal of Political Power*, 3(2): 153–70.

Hoy, D. C. (1981) 'Power, Repression, Progress: Foucault, Lukes and the Frankfurt School', *TriQuarterly*, 52(Fall): 43–63; reprinted in Hoy (ed.) 1986.

Hoy, D. C. (ed.) (1986) *Foucault: A Critical Reader*. Oxford: Basil Blackwell.

Hunter, F. (1953) *Community Power Structure: A Study of Decision Makers*. Chapel Hill, NC: University of North Caroline Press.

Hyland, J. L. (1995) *Democratic Theory: The Philosophical Foundations.* Manchester: Manchester University Press.

Idler, A., Mouly, C. and Miranda, L. (2015) 'Power Unpacked: Domination, Empowerment and Participation in Local Guatemalan Peace Forums', *Journal of Peace, Conflict & Develop*ment, 21: 1–40. Available from: www.researchgate.net/publication/282117737_Power_Unpacked_Domination_Empowerment_and_Participation_in_Local_Guatemalan_Peace_Forums [Accessed 5 May 2020].

Isaac, J. C. (1987a) 'Beyond the Three Faces of Power', *Polity*, 20: 4–30; reprinted in Wartenberg (ed.) 1992.

Isaac, J. C. (1987b) *Power and Marxist Theory: A Realist View.* Ithaca, NY: Cornell University Press.

Isaacs, H. R. (1964) *India's Ex-Untouchables*. New York: John Day.

Janeway, E. (1981) *The Powers of the Weak*. New York: Morrow Quill Paperbacks.

Jenkins, R. (2008) 'Erving Goffman: A Major Theorist of Power', *Journal of Political Power*, 1(2): 157–68.

Jenkins, D. and Lukes, S. (2017) 'The Power of Occlusion', *Journal of Political Power*, 10(1): 6–24.

Johansson, A. and Vinthagen, S. (2015) 'Dimensions of Everyday Resistance: The Palestinian Sumud', *Journal of Political Power*, 8(1): 109–40.

Kant, I. (1996[1780]) 'Answer to the Question "What Is Enlightenment?"', in I. Kant, *Practical Philosophy*, trans. and ed. M. J. Gregor. Cambridge: Cambridge University Press.

Kashwan, P., MacLean, L. M. and García-López, G. A. (2019) 'Rethinking Power and Institutions in the Shadows of Neoliberalism: (An Introduction to a Special Issue of World Development)', *World Development*, 120: 133–46. Available from: https://doi.org/10.1016/j.worlddev.2018.05.026 [Accessed 5 May 2020].

Katz, C. (2017) 'Neorepublicanism and the Domination of Posterity', *Ethics, Politics and Environment*, 20(3): 294–313.

Kelly, M. (ed.) (1994) *Critique and Power: Recasting the Foucault/Habermas Debate.* Cambridge, MA: MIT Press.

Kenny, A. (1975) *Will, Freedom and Power*. Oxford: Basil Blackwell.

Keohane, R. O. (2002) *Power and Governance in a Partially Globalized World*. London: Routledge.

Kernohan, A. (1989) 'Social Power and Human Agency', *Journal of Philosophy*, 86(12): 712–26.

Kertzer, D. I. (1988) *Ritual, Politics and Power.* New Haven, CT: Yale University Press.

Kirchin, S. (2013) *Thick Concepts.* Oxford: Oxford University Press.

Knights, D. and Wilmott, H. (1982) 'Power, Values and Relations: A Comment on Benton', *Sociology*, 16: 578–85.

Kolodny, N. (2019) 'Being Under the Power of Others', in Y. Elazar and G. Rousselière (eds.), *Republicanism and the Future of Democracy*. Cambridge: Cambridge University Press.

Komter, A. (1989) 'Hidden Power in Marriage', *Gender and Society*, 3(2): 187–219.

Korpi, W. (1985) 'Power Resources Approach vs. Action and Conflict: On Causal and Intentional Explanations in the Study of Power', *Sociological Theory*, 3: 31–45.

Krause, S. (2013) 'Beyond Non-domination: Agency, Inequality and the Meaning of Freedom', *Philosophy and Social Criticism*, 39(2): 187–208.

Laborde, C. (2008) *Critical Republicanism: The Hijab Controversy and Political Philosophy.* Oxford: Oxford University Press.

Laborde, C. (2013) 'Republicanism and Global Justice: A Sketch', in A. Niederberger and P. Schink (eds.), *Republican Democracy: Liberty Law and Politics*. Edinburgh: Edinburgh University Press, pp. 276–301.

Laborde, C. and Maynor, J. (eds.) (2008) *Republicanism and Political Theory*. Malden, MA: Blackwell Publishing.

Laclau, E. (1975) 'The Specificity of the Political: Around the Poulantzas–Miliband Debate', *Economy and Society*, 5(1): 87–110.

Lahire, B. (1998) *L'Homme pluriel: les ressorts de l'action*. Paris: Nathan.

Lasswell, H. and Kaplan, A. (1950) *Power and Society*. New Haven, CT: Yale University Press.

Latour, B. (1986) 'The Powers of Association', in Law (ed.) 1986.

Law, J. A. (ed.) (1986) *Power, Action and Belief: A New Sociology of Knowledge?*, Sociological Review Monographs, 32. London: Routledge & Kegan Paul.

Lay Lee, T. (2012) 'Rethinking Power and Rights-Promoting NGOs in China', *Journal of Asian Public Policy*, 5(3): 343–51. Available from: https://doi.org/10.1080/17516234.2012.731177 [Accessed 5 May 2020].

Layder, D. (1985) 'Power, Structure and Agency', *Journal for the Theory of Social Behaviour*, 15: 131–49; reprinted in Scott (ed.) 1994.

Ledyaev, V. G. (1997) *Power: A Conceptual Analysis*. Commack, NY: Nova Science.

Leiter, B. (2002) *Nietzsche on Morality*. London: Routledge.

Lenski, G. E. (1966) *Power and Privilege: A Theory of Social Stratification.* New York: McGraw Hill.

Lentner, H. and Haugaard, M. (eds.) (2006) *Hegemony and Power: Consent and Coercion in Contemporary Politics.* New York: Lexington Books

Lewis, B. (ed.) (1967) *The Encyclopedia of Islam*, new edn. Leiden: Brill; London: Luzac.

Lilja, M. and Vinthagen, S. (2014) 'Sovereign Power, Disciplinary Power and Biopower: Resisting What Power with What Resistance?', *Journal of Political Power*, 7(1): 107–26.

Lipsitz, L. (1970) 'On Political Belief: The Grievances of the Poor', in P. Green and S. Levinson (eds.), *Power and Community: Dissenting Essays in Political Science.* New York: Random House, Vintage Books.

List, C. and Valenteini, L. (2016) 'Freedom as Independence', *Ethics*, 126(4): 1043–74.

Locke, J. (1946[1690]) *The Second Treatise on Civil Government and a Letter Concerning Toleration*, ed. J. W. Gough. Oxford: Basil Blackwell.

Locke, J. (1975[1690]) *An Essay Concerning Human Understanding*, ed. P. H. Nidditch. Oxford: Clarendon Press.

Lovett, F. (2001) 'Domination: A Preliminary Analysis', *The Monist*, 84(1): 98–112. https://doi.org/10.5840/monist20018414.

Lovett, F. (2010) *A General Theory of Domination and Justice*. Oxford: Oxford University Press.

Lovett, F. (2012) 'What Counts as Arbitrary Power?', *Journal of Political Power*, 5(1): 135–52.

Lovett, F. (2018) 'Republicanism', *Stanford Encyclopedia of Philosophy* (online).

Luhmann, N. (1975) *Macht*. Stuttgart: Ferdinand Enke Verlag.

Lukács, G. (1971[1923]) *History and Class Consciousness*. Cambridge, MA: MIT Press.

Lukes, S. (1967) 'Varieties of Political Philosophy', *Political Studies*, 15: 55–9.

Lukes, S. (1973) *Individualism*. Oxford: Basil Blackwell.

Lukes, S. (1974) 'Relativism Cognitive and Moral', *Supplementary Proceedings of the Aristotelian Society*, June; reprinted in Lukes 1977c.

Lukes, S. (1976) 'Reply to Bradshaw', *Sociology*, 10: 128–32; reprinted in Scott (ed.) 1994.

Lukes, S. (1977a) 'Power and Structure', in Lukes 1977c.

Lukes, S. (1977b) 'Reply to MacDonald', *British Journal of Political Science*, 7: 418–9.

Lukes, S. (1977c) *Essays in Social Theory*. London: Macmillan.

Lukes, S. (1978) 'Power and Authority', in T. Bottomore and R. Nisbet (eds.), *A History of Sociological Analysis*. London: Heinemann, pp. 633–76.

Lukes, S. (1979) 'On the Relativity of Power', in S. C. Brown (ed.) *Philosophical Disputes in the Social Sciences*. Brighton: Harvester, pp. 261–74.

Lukes, S. (1985) *Marxism and Morality*. Oxford: Oxford University Press.

Lukes, S. (ed.) (1986) *Power*. Oxford: Blackwell; New York: New York University Press.

Lukes, S. (1987) 'Perspectives on Authority', in J. R. Pennock and J. W. Chapman (eds.), *Authority Revisited*, Nomos, XXIX; reprinted in Raz (ed.) 1990.

Lukes, S. (1996) 'Potere', in *Enciclopedia delle scienze sociali*, vol. 6. Rome: Treccani, pp. 722–45.

Lukes, S. (2003) 'Le pouvoir dans l'oeuvre de Coleman', *Revue française de sociologie*, 44: 375–88.

Lukes, S. (2015) 'Robert Dahl on Power', *Journal of Political Power*, 8(2): 262–71.

Lukes, S. (2021) 'Power and domination', *Journal of Political Power*, 14(1). https://www.tandfonline.com/action/showAxaArticles?journalCode=rpow21.

MacDonald, K. I. (1976) 'Is "Power" Essentially Contested?', *British Journal of Political Science*, 6: 380–2.

MacKinnon, C. (2015) 'Dahl's Feminism', *Journal of Political Power*, 8(2): 249–60.

Mann, M. (1986) *The Sources of Social Power, vol. 1: A History of Power from the Beginning to AD 1760*. New York: Cambridge University Press.

Mann, M. (1993) *The Sources of Social Power, vol. 2: The Rise of Classes and Nation-states, 1760–1914*. New York: Cambridge University Press.

Mann, M. (2012) *The Sources of Social Power, vol. 3: Global Empires and Revolution, 1890–1945*. New York: Cambridge University Press.

Mann, M. (2013) *The Sources of Social Power, vol. 4: Globalizations, 1945–2011*. New York: Cambridge University Press.

Mann, M. and Haugaard, M. (2011) 'Reflections on the Sources of Power', *Journal of Political Power*, 4(2): 169–78.

March, J. (1966) 'The Power of Power', in D. Easton (ed.), *Varieties of Political Theory*. Englewood Cliffs, NJ: Prentice-Hall.

Marcuse, H. (1964) *One-Dimensional Man: Studies in the Ideology of Advanced Industrial Society*. London: Routledge and Kegan Paul.

Martin, R. (1977) *The Sociology of Power*. London: Routledge & Kegan Paul.

Marx, K. (1976[1867]) *Capital*, vol. 1, Introduced by E. Mandel, trans. B. Fowkes. Harmondsworth: Penguin; New York: Vintage.

Marx, K. and Engels, F. (1962) *Selected Works*, 2 vols. Moscow: Foreign Languages Publishing House.

Marx, K. and Engels, F. (1965[1845]) *The German Ideology*. London: Lawrence & Wishart.

Mason, A. (1993) *Explaining Political Disagreement*. Cambridge: Cambridge University Press.

Mayhew, R. (2015) 'Robert A Dahl: Questions, Concepts, Proving It', *Journal of Political Power*, 8(2): 175–87.

McCammon, C. (2015) 'Domination: A Rethinking', *Ethics*, 125(4): 1028–52.

McCammon, C. (2018) Domination. *Stanford Encylopedia of Philosophy*. https://plato.stanford.edu/archives/win2018/entries/domination.

McCarthy, T. (1990) 'The Critique of Impure Reason', *Political Theory*, 18: 437–69; reprinted in Wartenberg (ed.) 1992.

McCollum, R., et al. (2018) "'Sometimes It Is Difficult for Us to Stand Up and Change This': An Analysis of Power Within Priority-Setting for Health Following Devolution in Kenya', *BMC Health Services Research*, 18(1): 1–14. Available from: https://doi.org/10.1186/s12913-018-3706-5 [Accessed 5 May 2020].

McGary, H. (1992) 'Power, Scientific Research and Self-Censorship', in Wartenberg (ed.) 1992.

McGee, R. and Pettit, J. (eds.) (2020) *Power, Empowerment and Social Change*. New York and London: Routledge.

McGettigan, T. (2002) 'Redefining Reality: A Resolution to the Paradox of Emancipation and the Agency–Structure Dichotomy', *Theory and Science*, 3: 2.

McHoul, A. and Grace, W. (1993) *A Foucault Primer: Discourse, Power and the Subject*. New York: New York University Press.

McLachlan, H. V. (1981) 'Is "Power" an Evaluative Concept?', *British Journal of Sociology*, 32: 392–410; reprintedin Scott (ed.) 1994.

McNay, L. (1992) *Foucault and Feminism: Power, Gender and the Self*. Cambridge, MA: Polity Press; Boston, MA: Northeastern University Press.

Merelman, R. (1968a) 'On the Neo-elitist Critique of Community Power', *American Political Science Review*, 62: 451–60.

Merelman, R. (1968b) 'Communication to the Editor', *American Political Science Review*, 62: 1269.

Merquior, J. G. (1979) *The Veil and the Mask: Essays on Culture and Ideology*. London: Routledge & Kegan Paul.

Merquior, J. G. (1991) *Foucault*, 2nd edn. London: Fontana.

Miliband, R. (1969) *The State in Capitalist Society*. London: Weidenfeld & Nicolson.

Miliband, R. (1970) 'The Capitalist State: Reply to Nicolas Poulantzas', *New Left Review*, 59: 53–60.

Miliband, R. (1973) 'Poulantzas and the Capitalist State', *New Left Review*, 82: 83–92.

Mill, J. S. (1989[1869]) *On the Subjection of Women*, in J. S. Mill, *On Liberty and Other Writings*, ed. Stefan Collini. Cambridge: Cambridge University Press.

Miller, J. B. (1992) 'Women and Power', in Wartenberg (ed.) 1992.

Miller, V., VeneKlasen, L., Reilly, M. and Clark, C. (2020) *Making Change Happen 3: Power. Concepts for Revisioning Power for Justice, Equality and Peace*. Washington, DC: Just Associates. Available from: https://www.justassociates.org/en/resources/mch3-power-concepts-revisioning-power-justice-equality-and-peace [Accessed 11 May 2020].

Mills, C. W. (1956) *The Power Elite*. New York: Oxford University Press; republished in 2000 with a new Afterword by Alan Wolfe.

Mills, C. W. (1959a) *The Sociological Imagination*. New York: Oxford University Press, republished in 2000 with a new Afterword by Todd Gitlin.

Mills, C. W. (1959b) *The Causes of World War Three*. London: Secker & Warburg.
Mirowski, P. (2013) *Never Let a Serious Crisis Go to Waste: How Neoliberalism Survived the Financial Meltdown*. New York: Verso
Mitchell, T. (1990) 'Everyday Metaphors of Power', *Theory and Society*, 19: 545–77.
Moore, B. (1967) *Social Origins of Dictatorship and Democracy: Lord and Peasant in the Making of the Modern World*. London: Allen Lane.
Morozov, E. (2019) 'Capitalism's New Clothes', *The Baffler*, February 4.
Morriss, P. (1972) 'Power in New Haven: A Reassessment of "Who Governs?"', *British Journal of Political Science*, 2: 457–65.
Morriss, P. (1980) 'The Essentially Uncontestable Concepts of Power', in M. Freeman and D. Robertson (eds.), *The Frontiers of Political Theory*. New York: St Martin's Press, pp. 198–232.
Morriss, P. (2002) *Power: A Philosophical Analysis*, 2nd edn. Manchester: Manchester University Press; 1st edn 1987.
Morriss, P. (2009) 'Power and Liberalism', in S. Clegg and M. Haugaard (eds.), *The Sage Handbook of Power*. London: Sage, pp. 54–69.
Nagel, J. H. (1975) *The Descriptive Analysis of Power*. New Haven, CT: Yale University Press.
Newton, K. (1972) 'Democracy, Community Power and Non-decision Making', *Political Studies*, 20: 484–7.
Nietzsche, F. (1956[1887]) *The Genealogy of Morals in the Birth of Tragedy and the Genealogy of Morals*, trans. F. Golffing. Garden City, NY: Doubleday.
Nietzsche, F. (1967[1908]) *Ecce Homo*, trans. W. Kaufmann. New York: Vintage.
Nietzsche, F. (1968[1906]) *The Will to Power*, trans. W. Kaufmann and R. J. Hollingdale. New York: Vintage.
Nietzsche, F. (1974[1882, 1887]) *The Gay Science*, trans. W. Kaufmann. New York: Vintage.
Nozick, R. (1972) 'Coercion', in P. Laslett and W. G. Runciman (eds.), *Philosophy, Politics and Society*, 4th Series. Oxford: Basil Blackwell, pp. 101–35.
Nozick, R. (1974) *Anarchy, State and Utopia*. New York: Basic Books.
Nussbaum, M. (2000) *Women and Human Development: The Capabilities Approach*. Cambridge and New York: Cambridge University Press.
Nussbaum, M. and Glover, J. (1995) *Women, Culture and Development*. Oxford: Clarendon Press.
Nussbaum, M. and Sen, A. (eds.) (1993) *The Quality of Life*. Oxford: Clarendon Press.
Nye, J. (2004) *Soft Power: The Means to Success in World Politics*. New York: Public Affairs.
Nye, J. (2011) 'Power and Foreign Policy', *Journal of Political Power*, 4(1): 9–24.
O'Keohane, N. (2015) 'Dahl's Concept of Leadership: Notes Towards a Theory of Leadership in a Democracy', *Journal of Political Power*, 8(2): 229–47.
Okin, S. M. (1989) *Justice, Gender and the Family*. New York: Basic Books.

Oppenheim, F. E. (1981) *Political Concepts: A Reconstruction.* Chicago, IL: Chicago University Press.

Oreskes, N. and Conway, E. M. (2011) *Merchants of Doubt: How a Handful of Scientists Obscured the Truth on Issues from Tobacco Smoke to Climate Change.* New York: Bloomsbury.

Ortner, S. B. (2006) *Anthropology and Social Theory: Culture, Power and the Acting Subject.* Durham: Duke University Press.

Ost, D. (2018) 'The Sham, and the Damage, of "Living in Truth"', *East European Politics and Societies and Cultures*, 32(2): 301–9.

Pansardi, P. (2012a) 'A Non-normative Theory of Power and Domination', *Critical Review of Social and Political Philosophy*, 16(5): 614–33.

Pansardi, P. (2012b) 'Power to and Power over: Two Distinct Concepts?', *Journal of Political Power*, 5(1): 73–89.

Parsons, T. (1957) 'The Distribution of Power in American Society', *World Politics*, 10: 123–43; (a review article of Mills 1956).

Parsons, T. (1963a) 'On the Concept of Political Power', *Proceedings of the American Philosophical Society*, 107: 232–62; reprinted in Bell et al. (ed.) 1969 and Lukes (ed.) 1986.

Parsons, T. (1963b) 'On the Concept of Political Influence', *Public Opinion Quarterly*, 27: 37–62.

Parsons, T. (1967) *Sociological Theory and Modern Society*. New York: Free Press.

Pasquino, P. (1992) 'Political Theory of War and Peace: Foucault and the History of Modern Political Theory', *Economy and Society*, 21: 77–89.

Pearce, J. and Vela, G. (2015) 'Colombia Country Report for the Dutch CFA Programme Evaluation', in I. Guijt (ed.), *Assessing Civil Society Participation as Supported in-Country by Cordaid, Hivos, Novib and Plan Netherlands 1999–2004.* The Hague: MPF Breed Network.

Peck, J. and Tickell, A. (2002) 'Neoliberalizing Space', *Antipode*, 34: 380–403.

Pennock, J. R. and Chapman, J. W. (eds.) (1972) *Coercion*, Nomos, 14. New York: Aldine-Atherton.

Pettit, P. (1996) 'Freedom as Antipower', *Ethics*, 106: 576–604.

Pettit, P. (1997) *Republicanism: A Theory of Freedom and Government.* Oxford: Clarendon Press.

Pettit, P. (1999) 'Republican Freedom and Contestatory Democratization', in I. Shapiro and C. Hacker-Cordon (eds.), *Democracy's Value.* Cambridge: Cambridge University Press.

Pettit, P. (2001) *A Theory of Freedom: From the Psychology to the Politics of Agency.* Oxford and New York: Oxford University Press.

Pettit, P. (2005) 'The Domination Complaint', in M. S. Williams and S. Macedo (eds.), *Political Exclusion and Domination* (Nomos, 46). New York: New York University Press, pp. 87–117.

Pettit, P. (2006) 'The Determinacy of Republican Policy: A Reply to McMahon', *Philosophy and Public Affairs*, 34(3): 275–83. https://doi.org/10.1111/j.1088-4963.2006.00068.x.

Pettit, P. (2008) 'Dahl's Power and Republican Freedom', *Journal of Power*, 1(1): 67–77.

Pettit, P. (2012) *On the People's Terms. A Republican Theory and Model of Democracy*. Cambridge: Cambridge University Press..

Pettit, P. (2014) *Just Freedom: A Moral Compass for a Complex World*. New York and London: W. W. Norton.

Poggi, G. (2001) *Forms of Power*. Cambridge: Polity Press.

Polsby, N. W. (1963) *Community Power and Political Theory*, 2nd edn 1980. New Haven, CT: Yale University Press.

Polsby, N. W. (1968) 'Community: The Study of Community Power', in D. Sills (ed.), *International Encyclopedia of the Social Sciences*, vol. 3. New York: Macmillan and Free Press, pp. 157–63.

Popitz, H. (2017[1986]) trans. Poggi, G. ed. Gottlieb and Dreher, J., *Phenomena of Power: Authority, Domination, and Violence* with an introduction by Poggi, G. New York: Columbia University Press.

Poulantzas, N. (1969) 'The Problem of the Capitalist State', *New Left Review*, 58: 67–78.

Poulantzas, N. (1973) *Political Power and Social Clas*ses. London: New Left Books, Sheed and Ward.

Poulantzas, N. (1976) 'The Capitalist State: A Reply to Miliband and Laclau', *New Left Review*, 95: 63–83.

Przeworski, A. (1980) 'Material Bases of Consent: Economics and Politics in a Hegemonic System', in M. Zeitlin (ed.), *Political Power and Social Theory*, vol. 1. Greenwich, CT: JAI Press, pp. 21–66.

Przeworski, A. (1985) *Capitalism and Social Democracy*. Cambridge: Cambridge University Press; Paris: Editions de la Maison des Sciences de l'Homme.

Przeworski, A. (1998) 'Deliberation and Ideological Domination', in J. Elster (ed.), *Deliberative Democracy*. Cambridge: Cambridge University Press, pp. 140–60.

Rachar, M. (2016) 'Power, Hegemony, and Social Reality in Gramsci and Searle', *Journal of Political Power*, 9(2): 227–47.

Rafanell, I. and Gorringe, H. (2010) 'Consenting to Domination: Theorizing Power, Agency and Embodiment with Reference to Caste', *Sociological Review*, 58(4): 604–22.

Rawls, J. (1972) *A Theory of Justice*. Oxford: Clarendon Press.

Raz, J. (1979) *The Authority of Law: Essays on Law and Morality*. Oxford: Clarendon Press.

Raz, J. (ed.) (1990) *Authority*. New York: New York University Press.

Read, J. (2010) 'Leadership and Power in Nelson Mandela's Long Walk to Freedom', *Journal of Political Power*, 3(3): 317–40.

Read, J. (2012) 'Is Power Zero-Sum or Variable-Sum? Old Arguments and New Beginnings', *Journal of Political Power*, 5(1): 5–31.

Rhodes, M. R. (2000) *Coercion: A Nonevaluative Approach*. Amsterdam: Rodopi.

Richardson, H. S. (2002) *Democratic Autonomy: Public Reasoning About the Ends of Policy*. Oxford: Oxford University Press.

Riker, W. H. (1964) 'Some Ambiguities in the Notion of Power', *American Political Science Review*, 58: 341–9; reprinted in Bell et al. (eds.) 1969.

Riker, W. H. (1986) *The Art of Political Manipulation.* New Haven, CT: Yale University Press.

Rorty, A. O. (1992) 'Power and Powers: A Dialogue Between Buff and Rebuff', in Wartenberg (ed.) 1992.

Roscigno, V. J. (2011) 'Power, Revisited', *Social Forces*, 9021: 349–74.

Rose, N. (1999) *Powers of Freedom: Reframing Political Thought.* Cambridge: Cambridge University Press.

Rosen, M. (1996) *On Voluntary Servitude: False Consciousness and the Theory of Ideology*. Cambridge: Polity Press.

Rothschild, K. W. (ed.) (1971) *Power in Economics: Selected Readings*. Harmondsworth: Penguin Books.

Rueschemeyer, D. (2009) *Usable Theory: Analytic Tools for Social and Political Research*. Princeton, NJ: Princeton University Press.

Russell, B. (1938) *Power: A New Social Analysis*. London: Allen & Unwin.

Saar, M. (2010) 'Power and Critique', *Journal of Power*, 3(1): 7–20.

Said, E. (1986) 'Foucault and the Imagination of Power', in Hoy (ed.) 1986.

Sawicki, J. (1991) *Disciplining Foucault: Feminism, Power and the Body.* New York: Routledge.

Sayer, A. (2012) 'Power, Causality and Normativity: A Critical Realist Critique of Foucault', *Journal of Political Power*, 5(2): 179–94.

Schattschneider, E. E. (1960) *The Semi-Sovereign People: A Realist's View of Democracy in America*. New York: Holt, Rhinehart & Winston.

Scheler, M. (1972) *Ressentiment*. New York: Schocken Books.

Schumpeter, J. A. (1962[1950]) *Capitalism, Socialism and Democracy*, 3rd edn. Harper Torchbooks edition. New York: Harper and Row.

Scott, J. C. (1985) *Weapons of the Weak: Everyday Forms of Peasant Resistance.* New Haven, CT: Yale University Press.

Scott, J. C. (1990) *Domination and the Arts of Resistance: Hidden Transcripts*. New Haven, CT: Yale University Press.

Scott, J. (ed.) (1994) *Power: Critical Concepts*. 3 vols. London: Routledge.

Scott, J. (2001) *Power.* Cambridge: Polity Press.

Searle, J. (2007) 'Social Ontology and Political Power', in *Freedom and Neurobiology: Reflections on Free will, Language and Political Power*. New York: Columbia University Press.

Sen, A. (1984) *Resources, Values and Development*. Oxford: Basil Blackwell; Cambridge, MA: Harvard University Press.

Sen, A. (1985) *Commodities and Capabilities*. Amsterdam: North-Holland.

Sen, A. (1992) *Inequality Re-examined*. Oxford: Oxford University Press; Cambridge, MA: Harvard University Press.

Sen, A. (2002) *Rationality and Freedom*. Cambridge, MA: Harvard University Press.

Sennett, R. (2003) *Respect in a World of Inequality*. New York: W. W. Norton.

Shapiro, I. (2003) *The State of Democratic Theory*. Princeton, NJ: Princeton University Press.
Shapiro, I. (2008) 'Freedom as the Absence of Arbitrary Power', in Laborde and Maynor 2008: ch. 3.
Shapiro, I. (2012) 'On Non-domination', *University of Toronto Law Journal*, 62(3): 293–335.
Shapiro, I. (2016) *Politics Against Domination*. Cambridge, MA: Belknap Press.
Simpson, T. W. (2017) 'The Impossibility of Republican Freedom', *Philosophy and Public Affairs*, 45(1): 27–53.
Skinner, Q. (1998) *Liberty Before Liberalism*. Cambridge: Cambridge University Press. https://doi.org/10.1017/CBO9781139171274.
Smith, P. (2008) 'Meaning and Military Power: Moving on from Foucault', *Journal of Power*, 1(3): 275–94.
Somjee, A. H. (1972) 'Political Dynamics of a Gujarat Village', *Asian Survey*, 12(7): 602–8.
Spinoza, B. de (1958[1677]) *Tractatus Politicus*, in B. de Spinoza, *The Political Works*, ed. and trans. A. G. Wernham. Oxford: Clarendon Press.
Spivak, G. C. (1992) 'More on Power/Knowledge', in Wartenberg (ed.) 1992.
Srinivas, M. N. (1952) *Religion and Society Among the Coorgs of South India*. Oxford: Clarendon Press.
Srinivas, M. N. (1962) *Caste in Modern India and Other Essays*. London: Asia Publishing House.
Stinebrickner, B. (2015) 'Robert A. Dahl and the Essentials of Modern Political Analysis: Politics, Influence, Power, and Polyarchy', *Journal of Political Power*, 8(2): 189–207.
Stone, C. (1980) 'Systemic Power in Community Decision-Making: A Restatement of Stratification Theory', *American Political Science Review*, 74(4): 978–90.
Stoppino, M. (1995) *Potere e teoria politica*. Milan: Giuffré.
Strange, S. (1990) 'Finance, Information and Power', *Review of International Studies*, 16: 259–74.
Strawson, P. F. (1959) *Individuals*. London: Methuen.
Strawson, P. F. (1962) 'Freedom and Resentment', *Proceedings of the British Academy*, 48: 1–25.
Sunstein, C. R. (1997) *Free Markets and Social Justice*. Oxford: Oxford University Press.
Susen, S. (2018) 'The Seductive Force of 'Noumenal Power': A New Path (or Impasse) for Critical Theory?', *Journal of Political Power*, 11(1): 4–45.
Swanton, C. (1985) 'On the "Essential Contestedness" of Political Concepts', *Ethics*, 95: 811–27.
Swartz, D. (1997) *Power & Culture: The Sociology of Pierre Bourdieu*. Chicago, IL: Chicago University Press.
Swartz, D. (2013) *Symbolic Power, Politics and Intellectuals: The Political Sociology of Pierre Bourdieu*. Chicago, IL: Chicago University Press.

Swidler, A. (1986) 'Culture in Action: Symbols and Strategies', *American Sociological Review*, 51: 273–86.

Tambiah, S. J. (1968) 'The Magical Power of Words', *Journal of the Royal Anthropological Institute*, 3: 175–208.

Tarrow, S. (2011) *Power in Movement: Social Movements and Contentious Politics*, 3rd edn. Cambridge University Press.

Taylor, C. (1984) 'Foucault on Freedom and Truth', *Political Theory*, 12(2): 152–83; reprinted in Taylor 1985.

Taylor, C. (1985) *Philosophical Papers*, vol. 1: Human Agency and Language; vol. 2: Philosophy and the Human Sciences. Cambridge: Cambridge University Press.

Taylor, C. (1992) *Multiculturalism and 'The Politics of Recognition'*. An Essay by Charles Taylor, ed. with commentary by A. Gutmann et al. Princeton, NJ: Princeton University Press.

Therborn, G. (1980) *The Ideology of Power and the Power of Ideology*. London: Verso.

Thomas, K. (1978) 'Power and Autonomy: Further Comments on the Many Faces of Power', *Sociology*, 12: 332–5.

Thompason, M. J. (2013) 'A Functionalist Theory of Social Domination', *Journal of Political Power*, 6(2): 170–99.

Thompson, M. J. (2018) 'The Two Faces of Domination in Republican Political Theory', *European Journal of Political Theory*, 17(1): 44–64.

Tilly, C. (1991) 'Domination, Resistance, Compliance … Discourse', *Sociological Forum*, 6(3): 593–602.

Tilly, C. (1998) *Durable Inequality*. Berkeley, CA: University of California Press.

Urbinati, N. (2002) *Mill on Democracy: From the Athenian Polis to Representative Government*. Chicago, IL: University of Chicago Press.

Urry, J. and Wakeford, J. (eds.) (1973) *Power in Britain: Sociological Readings*. London: Heinemann Educational.

van den Berg, A. (1998) 'Is Sociological Theory Too Grand for Social Mechanisms?', in Hedström and Swedberg (eds.) 1998.

Vico, G. (1963[1744]) *La Scienza nuova secondo l'edizione del 1744*. Milan: Rizzoli.

Wacquant, L. (2003) *Body and Soul: Notebooks of an Apprentice Boxer*. New York: Oxford University Press.

Walker, J. L. (1966) 'A Critique of the Elitist Theory of Democracy', *American Political Science Review*, 60: 285–95; reprinted in Scott (ed.) 1994.

Wartenberg, T. E. (1990) *The Forms of Power: From Domination to Transformation*. Philadelphia, PA: Temple University Press.

Wartenberg, T. E. (ed.) (1992) *Rethinking Power*. Albany, NY: State University of New York Press.

Weber, M. (1978[1910–4]) *Economy and Society*, ed. G. Roth and C. Wittich. Berkeley, CA: California University Press.

Wertheimer, A. (1987) *Coercion*. Princeton, NJ: Princeton University Press.

West, D. (1987) 'Power and Formation: New Foundations for a Radical Concept of Power', *Inquiry*, 30: 137–54.

White, D. M. (1971) 'Power and Intention', *American Political Science Review*, 65 (3): 749–59.

White, D. M. (1972) 'The Problem of Power', *British Journal of Political Science*, 2(4): 479–90.

White, M. (1978) *Power Politics*, ed. H. Bull and C. Holbraad. Leicester: Leicester University Press and Royal Institute of International Affairs.

Williams, G. A. (1960) 'The Concept of "Egemonia" in the Thought of Antonio Gramsci: Some Notes on Interpretation', *Journal of the History of Ideas*, 21(4): 586–99.

Williams, J. (2018) *Stand Out of Our Light: Freedom and Resistance in the Attention Economy*. Cambridge: Cambridge University Press.

Willis, P. (1977) *Learning to Labour*. Westmead: Saxon House.

Wilson, F. and Thompson, P. (2001) 'Sexual Harassment as an Exercise of Power' *Gender, Work and Organization*, 8(1): 61–83.

Wolf, E. R. (1999) *Envisioning Power: Ideologies of Dominance and Crisis*. Berkeley, CA: University of California Press.

Wolf, E. R. (2001) *Pathways of Power: Building an Anthropology of the New World: Essays by Eric R. Wolf with Sydal Silverman*. Berkeley, CA: University of California Press.

Wolfe, A. (2000) *New Afterword to Mills 1956*. New York: Oxford University Press.

Wolfinger, R. E. (1971a) 'Nondecisions and the Study of Local Politics', *American Political Science Review*, 65: 1063–80.

Wolfinger, R. E. (1971b) 'Rejoinder to Frey's "Comment"', *American Political Science Review*, 65: 1102–4.

Wollstonecraft, M. (1988[1792]) *A Vindication of the Rights of Women, with Strictures on Political and Moral Subjects*, ed. Carol H. Poston, Second Norton Critical Edition. New York: W. W. Norton.

Wrong, D. (1979) *Power: Its Forms, Bases and Uses*. Oxford: Basil Blackwell.

Young, R. A. (1978) 'Steven Lukes's Radical View of Power', *Canadian Journal of Political Science*, 1: 639–49.

Young, I. M. (1988) 'Five Faces of Oppression', *The Philosophical Forum*, 19: 270–90; reprinted in Wartenberg (ed.) 1992.

Young, I. M. (1990) *Justice and the Politics of Difference*. Princeton, NJ: Princeton University Press.

Ypi, L. (2020) 'On Dominated Dominators'. Colloquium lecture by Lea Ypi (LSE London), organized by the Department of Ethics, Social and Political Philosophy, University of Gronigen. https://www.rug.nl/filosofie/organization/news-and-events/news/events/2020-all/lea-ypi-on-dominated-dominators?lang=en.

Zuboff, S. (2019) *The Age of Surveillance Capitalism*. New York: Public Affairs.

國家圖書館出版品預行編目資料

權力：基進觀點（第三版）/ 史蒂芬．路克斯 (Steven Lukes) 著；林葦芸，陳雅馨譯．-- 三版．-- 臺北市：商周出版，城邦文化事業股份有限公司出版：英屬蓋曼群島商家庭傳媒股份有限公司城邦分公司發行，民 110.08
面：　公分
譯自：Power : a radical view, 3rd ed.
ISBN 978-626-7012-43-7（平裝）
1. 權力　2. 政治科學
571.9　　110011572

權力：基進觀點（第三版）

原著書名／Power: A Radical View (Third Edition)
作　　者／史蒂芬．路克斯（Steven Lukes）
譯　　者／林葦芸、陳雅馨
審　　訂／張鐵志
責任編輯／李尚遠、楊如玉、劉俊甫

版　　權／黃淑敏、劉鎔慈
行銷業務／周佑潔、周丹蘋、賴晏汝
總 編 輯／楊如玉
總 經 理／彭之琬
事業群總經理／黃淑貞
發 行 人／何飛鵬
法律顧問／元禾法律事務所　王子文律師
出　　版／商周出版
城邦文化事業股份有限公司
台北市民生東路二段 141 號 9 樓
電話：(02) 25007008　傳真：(02) 25007759
E-mail：bwp.service@cite.com.tw
發　　行／英屬蓋曼群島商家庭傳媒股份有限公司城邦分公司
台北市民生東路二段 141 號 2 樓
書虫客服服務專線：(02) 25007718、(02) 25007719
24 小時傳真專線：(02) 25001990、(02) 25001991
服務時間：週一至週五上午 09:30-12:00；下午 13:30-17:00
劃撥帳號：19863813；戶名：書虫股份有限公司
讀者服務信箱：service@readingclub.com.tw
城邦讀書花園：www.cite.com.tw
香港發行所／城邦（香港）出版集團有限公司
香港灣仔駱克道 193 號東超商業中心 1 樓
電話：(852) 25086231　傳真：(852) 25789337
E-mail：hkcite@biznetvigator.com
馬新發行所／城邦（馬新）出版集團
Cité (M) Sdn. Bhd. (458372U)
11, Jalan 30D/146, Desa Tasik, Sungai Besi,
57000 Kuala Lumpur, Malaysia.
電話：(603) 90578822　傳真：(603) 90576622

封面設計／李東記
排　　版／豐禾工作室
印　　刷／高典印刷事業有限公司
經 銷 商／聯合發行股份有限公司　電話：(02) 29178022　傳真：(02) 29110053
地址：新北市 231 新店區寶橋路 235 巷 6 弄 6 號 2 樓

■ 2021 年（民 110）8 月三版　　Printed in Taiwan

定價／ 320 元

ISBN 978-626-7012-43-7